世界贸易组织发展报告 2023

World Trade Organization Development Report 2023

屠新泉 等 著

对外经济贸易大学出版社
中国·北京

图书在版编目（CIP）数据

世界贸易组织发展报告. 2023 / 屠新泉等著. —北京：对外经济贸易大学出版社，2024.1
ISBN 978-7-5663-2574-7

Ⅰ. ①世… Ⅱ. ①屠… Ⅲ. ①世界贸易组织–研究报告–2023 Ⅳ. ①F743.1

中国国家版本馆 CIP 数据核字（2024）第 018384 号

世界贸易组织发展报告 2023
World Trade Organization Development Report 2023

屠新泉 等 **著**
责任编辑：高 卓

出版发行：对外经济贸易大学出版社
社　　址：北京市朝阳区惠新东街 10 号
网　　址：www.uibep.com
资源网址：www.uibepresources.com

邮政编码：100029
邮购电话：010－64492338
发行部电话：010－64492342
E-mail：uibep@126.com

成品尺寸：170mm×230mm
印　　张：15.75
字　　数：274 千字
ISBN 978-7-5663-2574-7

印　　刷：北京九州迅驰传媒文化有限公司
版　　次：2024 年 1 月北京第 1 版
印　　次：2024 年 1 月第 1 次印刷
定　　价：68.00 元

内 容 提 要

世界贸易组织（World Trade Organization，WTO）是三大国际经济组织之一，是中国参与全球经济治理的重要平台。本报告内容共分三篇：第一篇为宏观经贸形势，内容主要有2022年全球经济贸易发展回顾与展望、2022年中国经济贸易发展回顾与展望；第二篇为世界贸易组织的发展，详细分析了2022年世界贸易组织的新发展，货物贸易协议，贸易救济措施，服务贸易、投资与知识产权，争端解决，贸易政策审议等世界贸易组织主要议题的发展与演变；第三篇为贸易与环境专题，主要内容包括国际贸易与气候变化、塑料污染与环境可持续塑料贸易非正式对话、欧盟碳定价政策的全球影响与中国应对。

Abstract

The World Trade Organization (WTO) is one of the three major international economic organizations and an important platform for China to participate in global economic governance. The content of this report is divided into three parts. The first part is the macro economic and trade situation, mainly including the review and prospect of global economic and trade development in 2022, and the review and prospect of China's economic and trade development in 2022. The second part is the development of WTO, which analyzes in detail the new development of WTO, goods trade agreements, trade remedy measures, trade in services, investment and intellectual property rights, dispute settlement mechanism, trade policy review mechanism. The third part is on trade and environment topics, which includes international trade and climate change, informal dialogue on plastic pollution and environmentally sustainable plastics trade, and EU carbon pricing policy: global impacts and China's response.

前言

世界贸易组织（WTO）是根据乌拉圭回合谈判达成的《建立世界贸易组织协定》于 1995 年 1 月 1 日成立，取代了 1948 年 1 月 1 日起实施的关税与贸易总协定（General Agreement on Tariffs and Trade，GATT），并以乌拉圭回合谈判达成的一整套协定和协议条款作为国际法律规则，对各成员之间在经济贸易关系方面的权利和义务进行监督、管理的正式国际经济贸易组织。它是世界上唯一的专门从事制定和管理国际贸易规则的国际机构，是多边贸易体制的法律基础和组织基础；它是各成员政府讨论和解决相互贸易议题的场所，核心是由世界贸易伙伴谈判、签署并经其立法机构批准的一系列 WTO 协定、协议；它规定了各成员对协定、协议的义务，以决定各成员政府如何制定和实施国内贸易法律规章和制度，目的是利于货物和服务生产者、出口者和进口者管理其商务，并允许政府努力实现其社会和环境目标。WTO 的建立，标志着一个完整的、更具活力和永久性的多边贸易体制的诞生，它在监督、协调、管理世界经济秩序和多边贸易法律关系方面起到了十分重要的作用。

自 1995 年 1 月 1 日正式成立以来，WTO 在削减全球贸易壁垒、促进国际贸易发展方面取得了巨大的成就。但当前，WTO 正面临发展的挑战，多哈回合谈判发起以来出现的困境提醒人们，世界需要一个更加包容、均衡和持久的且能造福于全人类和平与发展的全球化。作为经济全球化的重要载体，WTO 需要加大自身改革，才能更好地实现其设立时的目标与宗旨。

为持续跟踪研究 WTO 的发展演变情况，了解主要成员对 WTO 的态度和政策调整，为中国更好地参与全球经济治理提出应对之策，在教育部哲学社会科学研究发展报告项目的支持下，由教育部人文社科重点研究基地——对外经济贸易大学中国世界贸易组织研究院组织撰写年度《世界贸易组织发展报告》。在撰写过程中，课题组力求做到“国际视野、中国立场、和谐发展”，强调理论联系实际，不断改进科研之风，形成相对稳定的研究团队，建立动态专题数据库，发布高水平咨询性专家建议。报告的突出特点是：以服务于国家重大战略需要和重大现实问题为导向；以数据库建设为支撑，做到定量与定性结合；强化应用性、研究性，避免年鉴化和学理化。

报告在体系结构设计上基本上按照主报告、分报告框架展开，每年包括 1～3 个专题研究。《世界贸易组织发展报告 2023》内容共分三篇，主要包括：宏观经贸形势、世界贸易组织的发展、贸易与环境专题。

《世界贸易组织发展报告 2023》课题组由对外经济贸易大学中国世界贸易组织研究院院长屠新泉教授领衔，李杨教授负责统稿，各篇参与人如下：第一篇为周念利、李杨、李思蕙、贾志博、杨晨、于明正、刘飞燕、杨宇霄、刘旭；第二篇为杨荣珍、李思奇、李小帆、李建桐、秦若冰、戴臻、曾瑞、孙梦迪、于诗文、刘丽、郝文博、吴佳琦、刘洪晖、闫兴真、张富秋、王秋丹、李凯悦、杨文伟；第三篇为屠新泉、李杨、刘斌、杜映昕、郭梓晗、甄洋、侯秉玺、段文庆、郭宇同、李菲菲、刘思璇、袁婷婷、张天雨。

在撰写过程中，本报告得到教育部社科司、商务部世界贸易组织司、商务部政策研究室、商务部贸易救济调查局、商务部条约法律司以及商务部国际贸易经济合作研究院等有关部门领导和专家的指导和大力支持，在此表示感谢。课题组每位成员都本着认真负责的态度，力争精益求精，然能力所限难免有谬误之处，还请各位读者批评指正。

对外经济贸易大学中国世界贸易组织研究院院长
屠新泉

目　录

第一篇　宏观经贸形势

第二篇　世界贸易组织的发展

第三篇　贸易与环境专题

第一篇

宏观经贸形势

第一章

2022 年全球经济贸易发展回顾与展望

第一节　2022 年全球经济发展回顾与展望

一、2022 年全球经济发展回顾

2022 年，对于全球经济是曲折而又艰难的一年，全球经济下行，通胀压力激增，各国物价水平飞涨，全球央行加息频繁，金融市场大幅波动，国际货币汇率大幅调整，世界经济前景困难重重。

（一）全球经济下行趋势明显

根据国际货币基金组织（IMF）2023 年 4 月发布的《世界经济展望》显示，2022 年全球经济增长率为 3.4%，相比 2021 年全球经济增长率（5.9%）降低了 2.5 个百分点。其中，发达经济体增长 2.7%，新兴市场和发展中经济体增长 4.0%，新兴市场和中等收入经济体增长 3.9%，低收入发展中经济体增长 5%①。

发达经济体中，美国经济 2022 年上半年持续走低，下半年逐步回升，采购经理人指数（PMI）反映了服务业和制造业的萎缩趋势。美国经济分析局（BEA）公布的数据显示，2022 年美国国内生产总值（GDP）增长了 2.2%②。2022 年美国四个季度的实际 GDP 同比分别增长－1.6%、－0.6%、3.2%和 2.9%。2022 年

---

① IMF. World Economic Outlook Update (May 2023) [EB/OL]. https://www.imf.org/zh/Publications/WEO/Issues/2023/04/11/world-economic-outlook-april-2023.

② U.S. Bureau of Economic Analysis (April 2023) [EB/OL]. https://www.bea.gov/news/blog/2023-03-31/gross-domestic-product-state-and-personal-income-state-year-2022.

美国供应管理协会（ISM）公布的数据显示，12 月美国服务业 PMI 为 49.6，创下 2022 年全年最低，低于荣枯线（50），比 11 月下降了 6.9 个百分点，是美国近两年半该项指标的首次收缩[①]。回顾 2022 年美国服务业 PMI，1—9 月保持在 55 以上，10 月降至 54.4，11 月回升至 56.5。服务业占美国 GDP 的 85%，美国为抵抗经济衰退，2022 年持续扩张服务业。全美最大的服务业——房地产和租赁部门，占服务业的 13.7%，在 18 个服务业部门中，12 月份的 PMI 指数下滑幅度最大。一方面是受假期影响，房地产和租赁部门的销售业务减少；另一方面是由于美联储收紧的货币政策，其中高额的抵押贷款利率大大减缓了销售的速度。ISM 商业调查委员会主席 Anthony Nieves 强调，服务业 PMI 的收缩不会持续很久，大概只会经历 2～3 个月。除此之外，信息产业也经历了波动，大幅裁员也使得 PMI 下滑。制造业 PMI 在 2022 年 11 月、12 月均低于荣枯线，分别为 49 和 48.4。美国制造业两个月的收缩加剧了对美国经济衰退的担忧，制造业务调查委员会主席 Timothy R. Fiore 指出，此次制造业收缩较为温和，未来方向主要取决于买方。制造业指数的下滑反映了美国需求端的疲软，美国联邦政府在 2022 年 12 月底公布了 1 046 万个就业岗位以此提振市场，但因为在通胀明显降温前，不太可能降息，抹去了增加就业而提振市场的部分优势。

欧盟统计局发布的数据显示，2022 年欧元区 GDP 同比增长 3.5%，欧盟 GDP 同比增长 3.6%[②]。根据 GDP 总量增速测算，欧盟 2022 年第一季度环比增长 0.7%、同比增长 5.7%；第二季度环比增长 0.7%，同比增长 4.4%；第三季度环比增长 0.4%，同比增长 2.6%；第四季度环比降低 0.1%，同比增长 1.7%。从 2022 年第四季度 GDP 的增速来看，爱尔兰的 GDP 同比增长 13.1%，排名第一；爱沙尼亚的 GDP 同比降低 2.4%，排名垫底。根据爱尔兰央行报告，爱尔兰的经济支柱信息通信产业的增加值占经济总增加值的 9.6%，2022 年第四季度在信息通信技术产业就业人数增长至 16.46 万人，增幅达到 29.2%[③]。根据爱沙尼亚统计局数据，2022 年爱沙尼亚工业企业总产值同比下降 1.9%，其中，采矿业增长 7.3%，能源

① Institute for Supply Management (January 2023)［EB/OL］. https://www.ismworld.org/supply-management-news-and-reports/news-publications/inside-supply-management-magazine/blog/2023/2022-01/report-on-business-roundup-december-2022-services-pmi/.

② Eurostat (May 2023)［EB/OL］. https://ec.europa.eu/eurostat.

③ Central Bank of Ireland (March 2023)［EB/OL］. https://www.centralbank.ie/docs/default-source/publications/quarterly-bulletins/quarterly-bulletin-signed-articles/the-role-of-ict-services-sector-irish-economy.pdf.

生产下降 5.4%，制造业下降 2.7%[①]。欧盟经济规模排名前三位的国家分别是德国、法国和意大利，其中，德国 GDP 在第四季度实现了 1 万亿欧元的突破，创下欧元区历史新高。根据德国联邦统计局数据，2022 年德国经济稳步复苏，GDP 比上年增长 1.9%，相比起新冠（COVID-19）疫情暴发前的 2019 年增长 0.7%，其中，服务业和制造业实现稳步增长，而建筑业因为成本端的原材料、劳动力、建筑等升高而出现下降[②]。2022 年，欧元区制造业 PMI 自 7 月开始均低于荣枯线，11 月制造业 PMI 全年最低（47.3）。欧元区服务业 PMI 从 9 月开始也均低于荣枯线，10 月服务业 PMI 全年最低（48.2）。2022 年第三、四季度，俄乌冲突给欧洲经济造成的负面冲击持续发酵，欧元区制造业从第三季度初开始恶化，另外尽管欧洲央行大幅加息，但是由于能源和食品价格的持续上涨导致通胀水平始终维持在高位。

2022 年，日本实际 GDP 增长 1.1%，增幅低于 2021 年的 1.6%，其中，第一季度日本 GDP 增速为 0.7%，第二季度为 1.5%，第三季度为 1.6%，第四季度为 0.4%。全球经济前景的不确定性和高通胀影响日本经济的复苏，预计日本等发达经济体将陷入衰退，疲软的经济数据给日本央行带来了挑战，在不影响脆弱经济复苏的前提下，实现超宽松货币政策正常化。从分部门来看，个人消费同比增长 2.1%，设备投资同比增长 1.8%，住宅投资同比减少 4.7%，货物及服务出口同比增长 4.9%。日本 2022 年 11 月和 12 月制造业 PMI 均低于荣枯线，分别为 49 和 48.8，制造业活动受其国内和国际需求环境疲软影响，连续两个月萎缩，是日本 26 个月以来的最大降幅。因新冠疫情影响，日本服务业受到相当显著的冲击，服务业 PMI 在 2022 年第一季度和 8 月均低于荣枯线，其中，2 月达到最低（44.2）。

根据英国国家统计署发布的数据，2022 年，英国 GDP 增长 4.1%，比 2021 年的增速（7.5%）降低了 3.4 个百分点。2022 年，英国四个季度的 GDP 环比增速分别为 0.5%、0.1%、－0.1%和 0.1%[③]。

IMF 的统计数据显示，2022 年，新兴经济体和发展中经济体总体经济增速放缓，但是沙特阿拉伯表现突出，经济增速领跑全球新兴经济体。2022 年，亚

① EESTI STATISTIKA (June 2023)［EB/OL］. https://www.stat.ee/.

② Statistisches Bundeesamt (June 2023)［EB/OL］. https://www.destatis.de/DE/Home/_inhalt.html.

③ Office for National Statistics (June 2023)［EB/OL］. https://www.ons.gov.uk/.

洲新兴经济体和发展中经济体的经济增速为 4.4%，比 2021 年下降了 2.8 个百分点。其中，中国和印度的经济增速分别为 3.0%和 6.8%，分别比 2021 年降低了 5.1 个百分点和 2.2 个百分点。2022 年，中国经济面临需求收缩、供给冲击和预期转弱三重压力叠加，在宏观调控层面坚持落实“六稳”“六保”。印度虽然在全球经济动荡的 2022 年仍然保持着 6.8%的经济增速，但是其飙升的通胀率却有可能影响未来的经济活动。2022 年印度批发物价指数（WPI）创下 17 年新高，达到 15.1%，另外 2022 年多个月份消费者价格指数（CPI）超过 6%，而印度央行指定的涨幅范围限制为 2%～6%。除此之外，印度 25 岁以下人口数量占其总人口的 40%，但是失业率高达 45.8%，在未来 10 年，印度适龄劳动者数量有望突破 10 亿，居高不下的失业率给印度经济埋下了隐患。欧洲新兴经济体和发展中经济体的经济增速为 0.8%，相较于 2021 年下跌了 5.7 个百分点，其中，俄罗斯的经济增速为－2.1%，相较于 2021 年下跌了 6.6 个百分点。2022 年，受全球经济复苏进程缓慢及因俄乌冲突而受到了西方严厉制裁的影响，俄罗斯的能源出口和金融业遭受负面冲击。拉丁美洲和加勒比地区经济增长 4.0%，相较于 2021 年下降了 2.8 个百分点。由于 2022 年处于后疫情时期，“反弹效应”耗尽，外部需求减弱和限制性货币政策导致消费和投资水平下降，拉丁美洲和加勒比地区的主要经济体的经济增速均放缓。其中，巴西和墨西哥 2022 年经济增速分别为 2.9%和 3.1%，分别比 2021 年下跌了 2.1 个百分点和 1.6 个百分点；但是巴拿马 2022 年的经济增速却表现亮眼，达到 8.4%，领跑该地区经济增长，2022 年巴拿马运河财政为国家贡献了近 25 亿美元，创下了历史新高。中东和中亚地区的经济增速为 5.3%，比 2021 年提升了 1.1 个百分点。其中，沙特阿拉伯表现突出，增速达到 8.7%，比 2021 年提升了 5.5 个百分点，石油收入占沙特阿拉伯总收入的 68.2%，国际石油产量的增加和油价的走高助推了沙特阿拉伯经济的增长；同时政府出台一系列经济刺激政策产生积极效应，2022 年的卡塔尔世界杯，沙特阿拉伯旅游部允许海外球迷免费申请沙特阿拉伯旅游签证，并延长签证有效期，吸引了众多国内外游客，推进了 2022 年沙特阿拉伯旅游业的发展。撒哈拉以南非洲地区经济增速为 3.9%，基本与 2021 年的经济增速持平。其中，南非的经济增速为 2.0%，比 2021 年下降 2.6 个百分点；尼日利亚经济增速为 3.3%，比 2021 年增加了 0.3 个百分点。

（二）通胀率激增

高通胀率是 2022 年全球经济最突出的特点。受到俄乌冲突、新冠疫情、大国博弈等因素冲击，CPI 在全球范围内大幅上涨，除中国在这一轮全球通胀阶段维持较为稳定外，全球大部分国家和地区的通胀率都创下了历史新高。

根据经济合作与发展组织（OECD）发布的数据，发达经济体 2022 年通胀率涨幅严重①。美国 CPI 增长率从 2021 年的 4.7%上升到 2022 年的 8.0%，在 2022 年 6 月达到了全年峰值(9.1%)，后半年直到 12 月才从 7%以上的高位降到 6.5%，持续高通胀水平令美国经济承压，民众消费的日常食品等必需品价格较上年同期上涨了 1 倍多，美联储在 2022 年 3 月启动了新一轮加息周期，希望通过适当收紧货币政策将通胀拉回到 2%的目标。欧元区调和消费者物价指数（HICP）从 2021 年的 2.6%上升到 2022 年的 8.4%。2022 年，德国的 HICP 从 2021 年的 3.2%上升到 8.7%，法国的 HICP 从 2021 年的 2.1%上升到 5.9%，意大利的 HICP 从 2021 年的 1.9%上升到 8.7%，分别较 2021 年上升了 5.5 个、3.8 个和 6.8 个百分点。德国通胀率水平创下了历史纪录，能源和食品价格高涨是 2022 年德国通胀持续攀升的主要原因，“高价黄瓜”成为德国社交媒体的热门话题，2022 年 1 根黄瓜的价格从往年的 0.7 欧元上升至 3.29 欧元，高涨的物价水平使得消费者购买力下降，进一步造成欧元区消费的持续萎缩。2022 年英国 HICP 从 2021 年的 2.6%上升到 9.1%，上升了 6.5 个百分点。2022 年 10 月底，英国通胀率达到 11.1%，创下了 40 年来的最高水平，比其央行设定的 2%的目标高出 4 倍多，英国是 2022 年因为通胀受到经济影响最严重的国家之一。为应对高通胀率，英国央行将基准利率从年初的 0.25%提高到 12 月的 3.5%；而与此同时个人房贷利率也在同比升高，英国房价 2022 年上涨了 4.4%。2022 年，日本 CPI 从 2021 年的−0.3%上升至 2.5%，提升了 2.8 个百分点。在全球经济通胀上行的情况下，日本也受到了影响，从前两年的通缩态势扭转为通胀态势，而根据日本经济新闻统计，2022 年也成为日本约 40 年来利率上涨最急剧的一年。

主要新兴经济体中，俄罗斯的 CPI 增长率从 2021 年的 6.69%上升至 2022 年的 13.71%。印度的 CPI 增长率从 2021 年的 4.89%上升至 2022 年的 6.7%。中国 2022 年 CPI 涨幅为 2%，分类别来看，交通通信价格、鲜果价格、全年工业生产者出厂价格和全年工业生产者购进价格涨幅较大，分别为 5.2%、12.9%、4.1%和 6.1%；中国全年 CPI 单月涨幅均低于 3%，大幅低于美国、欧元区、英国等发达经济体，也明显低于印度、巴西、南非等新兴经济体，成为 2022 年全球物价

① OECD，https://data.oecd.org.

的重要“稳定器”，这得益于党中央、国务院对于粮食和能源产供储销体系的建设和重要民生商品和大宗商品的价格调控。南非 2022 年通胀率达 6.9%，比 2021 年高出 2.4 个百分点，这是自 2009 年以来最大的涨幅。拉美地区，巴西 2022 年物价环比增长 0.62%，通胀率达到 5.79%，物价高于巴西央行设定的目标（3.5%），也超过了设定的上浮的限值（5%）。墨西哥在 2022 年的 CPI 达到 5.5%，比此前墨西哥央行的预测值（4%）大幅上调，为此墨西哥央行至 2022 年 3 月 24 日即已连续七次上调基准利率以应对通胀压力。

2022 年延续了 2021 年的高通胀率水平，全球范围通胀率持续攀升，多个国家和地区的通胀水平创下了历史新高。2022 年通胀一定程度上是延续和放大了 2021 年全球通胀的结果，原因主要来自三个方面：一是俄乌冲突的巨大推动作用。俄罗斯是国际重要的石油、天然气等能源和主要粮食出口国，乌克兰也是主要粮食出口国。但是俄乌冲突后，西方国家对俄罗斯的能源出口进行抵制，造成国际能源供给减少，导致国际能源价格飙升；乌克兰的粮食出口也受到严重影响。随着能源和粮食价格的上涨，核心消费物价也随之上涨，逐步提高了通胀水平。二是需求端的拉动作用，因为全球新冠疫情防控逐步走向尾声，需求端逐步开始恢复，但是因为疫情的冲击很多国家的劳动力减少，劳动力市场供给紧张，工厂供给的恢复速度小于需求端的需求增速，在 2021 年全球通胀开始之后，2022 年需求的进一步恢复对全球通胀又起到了进一步的拉动作用。三是大国博弈提高了全球贸易的供应成本，从而推高物价，特别是美国将国际供应链当成政治控制的工具，供应链从注重效率变为为注重安全和政治资源重新配置，导致贸易成本进一步上升，推高了全球通胀水平。

（三）世界经济增长的挑战

1. 全球经济增幅放缓

根据 IMF 的统计数据，2022 年世界产出增长率只有 3.4%，相较于 2021 年的 6.2%，低了 2.8 个百分点。受新冠疫情和俄乌冲突的影响，全球经济呈现出 21 世纪以来除了 2008 年金融危机和 2020 年疫情初期以外的最疲弱表现。不管是发达经济体还是新兴市场和发展中经济体，2022 年，经济增长都是在曲折中前行的，发达经济体增速仅有 2.7%，比 2021 年的 5.4%下降了一半，而新兴市场和发展中经济体则从 2021 年的 6.7%下降至 3.9%，降低了 2.8 个百分点。世界货物和服务贸易额直接腰斩，从 2021 年的 10.4%下降至 2022 年的 5.1%，发达经济体的出口额和进口额增长率均值从 2021 年的 9.4%降至 2022 年的 5.9%；新兴市场和发展中经济体的出口额和进口额增长率均值从2021年的12.1%降至2022年的3.8%。

2. 高利率、高通胀冲击全球经济活动

2022年，世界多国通胀率创下历史新高。根据IMF的统计数据，全球CPI从2021年的4.7%上升至2022年的8.7%，其中发达经济体CPI从2021年的3.1%上升至2022年的7.3%，增长了4.2个百分点；新兴市场和发展中经济体的CPI从2021年的5.9%上升至2022年的9.8%，增长了3.9个百分点，其中，德国、英国、日本、南非等国家的通胀率都创下了历史新高。

2022年，世界各国央行加息总计210次，核心原因是为了应对2022年严重的通胀。其中，美国总计加息7次，并将联邦基金利率上调到4.25%～4.50%，达到了自2008年金融危机以来的最高水平。为了阻挡美国加息"收割机"，多国央行不得不提前采取加息行动，包括欧洲、英国、冰岛、挪威、韩国、加拿大、新西兰、巴林、匈牙利、秘鲁、阿根廷、波兰、南非等经济体。英国央行2022年总计加息9次，基准利率提升至3.5%，也达到了自2008年以来的最高水平；韩国央行也出现了历史上首次的连续6次加息，将央行基准利率上调了0.25个百分点，达到3.25%；日本央行也在2022年将之前－0.25%～＋0.25%的长期利率变动幅度放宽到－0.5%～＋0.5%。新兴市场央行在2022年总计加息93次，加息共7 425个基点，是2021年加息（2 745个基点）的2.7倍。

3. 美元大幅升值带动全球债务风险

为应对2022年通胀，美联储总计加息7次，加息共425个基点，强势美元正在不断升值，进而导致全球债务风险加剧，给全球范围带来破坏性影响。根据联合国贸易和发展会议（UNCTAD）2022年10月发布的报告，全球90个发展中国家的货币对美元贬值，其中有34国的货币至少贬值了10%，美元的大幅升值，使得众多发展中国家持有的美元债务膨胀。根据IMF的统计数据，低收入国家中的60%和新兴市场经济体中的30%正处于或者接近债务困境①。自美联储2022年加息以来，全球央行已经净抛售了7 369亿美元的美国国债，全球官方机构加快从美国国债和债券的最大买家变成最大净卖家。

4. 逆全球化趋势严重

在新冠疫情的冲击下，逆全球化已经出现，随着2022年俄乌冲突的爆发，

① UNCTAD. Trade and Development Report 2022—Development Prospexts in a Fractured World: Global Disorder and Regional Responses［R］. Geneva: United Nations Publication, 2022:46.

逆全球化的趋势变得更加严重，俄罗斯与美欧的关系逐渐演变成为对抗和对立。以美国为首的西方各国正在逐步从金融、投资、能源、技术和产品出口等多方面打压俄罗斯和中国，而俄罗斯正努力拓展东亚、东南亚、南亚、中亚、西亚、非洲和拉美等地区市场，来应对西方的制裁和封锁。逆全球化给全球各国带来负面影响，俄罗斯的通胀率维持高位，经济体量缩水 4.5%。欧洲的能源价格和工业成本大幅增加，物价飞涨，高通胀限制消费者的购买力，延缓了疫情之后全球经济复苏的步伐。与此同时，各国的贸易保护主义抬头，美国总统拜登在 2022 年 8 月签署《通胀削减法案》，允许美国政府大力补贴国内电动汽车和电池等行业。美国、欧洲都致力于减少在战略进口物资方面对别国的依赖程度，将贸易制裁的手段更加频繁地用作外交政策工具。2022 年，地缘政治冲突和新冠疫情造成的供应链受阻，助长了全球范围保护主义的倾向，出现了全球脱钩的趋势，而去全球化和碎片化将对新兴市场和发展中经济体造成最严重的打击。

（四）全球金融市场呈现下跌趋势

万得（Wind）数据显示，美洲地区，2022 年，道琼斯指数累计下跌 8.78%，纳斯达克综合指数下跌 33.10%，标普 500 指数累计下跌 19.44%，阿根廷梅尔瓦指数涨幅达 142.0%，多伦多 300 指数下跌 8.7%，墨西哥 S&P/BMV IPC 指数下跌 9.03%。亚太主要股市，除 A 股外，2022 年，韩国综合指数下跌 24.89%，日经 225 指数下跌 9.37%，孟买敏感 30 指数上涨 4.4%，澳洲标普 200 指数下跌 5.45%，香港恒生指数下跌 15.5%。欧洲地区，英国富时 100 指数增长 0.91%，法国 CAC40 指数下跌 9.50%，莫斯科证交所俄罗斯指数下跌 43.12%，西班牙 IBEX35 指数下跌 5.56%。在国际油价方面，2022 年，布伦特原油现货均价为 100 美元/桶，西得克萨斯中间基原油（WTI）现货均价为 95 美元/桶，WTI 期货累计上涨 6.71%，布伦特原油期货累计上涨 10.45%。

根据国际金融协会（IIF）发布的《全球债务监测》报告，2022 年全球债务总额的名义美元价值略低于 300 万亿美元，比 2021 年下降了 4 万亿美元[①]。这种全球债务的降低主要由发达国家推动，发达国家的总体债务达到 200 万亿美元，比 2021 年下降了 6 万亿美元。但是发展中国家的债务则创下了 98 万亿美元的历史新高，其中，俄罗斯、印度、墨西哥和越南的债务增幅最大。由于当地对美元汇率的急剧贬值，许多发展中国家的外债负担逐渐恶化。2022 年全球债务占全球 GDP 的比重为 238%，比 2021 年（248%）下降了 10 个百分点。其

① Institute of International Finance, https://www.iif.com/Products/Global-Debt-Monitor.

中，发达经济体整体下降了 20 个百分点，达到 390%；而新兴市场经济体整体债务增长了 2 个百分点，达到 250%。

二、全球经济发展展望

（一）全球大部分经济体前景暗淡

根据联合国发布的《2023 年世界经济形势与展望》报告，预计 2023 年全球经济增速预计为 1.9%，成为数十年来增速最低的年份，不管是发达经济体还是发展中经济体都将在 2023 年面临经济持续衰退的风险①。预计到 2024 年，部分不利因素将被减弱，经济增速回升至 2.7%，但是各国货币政策的持续收紧情况和俄乌冲突的后续走向以及供应链的未来发展将会极大地影响 2024 年全球经济的增速。根据世界银行（WB）2023 年 6 月发布的《全球经济展望》报告，预计 2023 年全球经济增速为 2.1%，相较于 2023 年 1 月的预测增速（1.7%）上调了 0.4 个百分点，因为 2023 年上半年的经济总体表现韧性超过预期；另外，预测 2024 年全球经济增长 2.4%，比 1 月预测的 2.7%下调了 0.3 个百分点，是考虑到全球紧缩性货币政策给世界经济带来了拖累②。

根据 IMF 于 2023 年 4 月发布的《世界经济展望》报告，预计 2023 年全球经济增长率为 2.8%，比 2022 年（3.4%）下降了 0.6 个百分点，2024 年的全球经济增长率预计为 3.0%，预计比 2023 年（2.8%）提升 0.2 个百分点。其中，发达经济体 2023 年增速预计为 1.3%，比 2022 年（2.7%）降低了 1.4 个百分点，2024 年的增速预期为 1.4%，比 2023 年提升了 0.1 个百分点。美国、欧元区、德国、法国、意大利、日本和英国在 2023 年的增速预期分别为 1.6%、0.8%、−0.1%、0.7%、0.7%、1.3%、−0.3%，相较于 2022 年分别降低 0.5 个、2.7 个、1.9 个、1.9 个、3 个、−0.2 个（日本提高了 0.2 个百分点）、4.3 个百分点。由于美国制造业新订单指数、消费者信心指数等指标表现出了走低趋势，反映出的美国经济水平将在 2023 年持续下行。欧元区则面临着能源缺口和贸易逆差对制造业带来的产量减少甚至停产的风险，相较于美国，欧元区面临着更加严峻的经济衰退风险。对于新兴市场和发展中经济体，IMF 预计 2023 年增长 3.9%，相较于 2022 年的 4%降低了 0.1 个百分点。其中，中国和印度 2023 年预计分别增长 5.2% 和 5.9%，相较于 2022 年分别增加了 2.2 个百分点和降低了 0.9 个百分点。考虑

① UN. World Economic Situation and Prospects 2023［EB/OL］. https://www.un.org/zh/desa/wesp_2023.

② World Bank. Global Economic Prospects 2023［EB/OL］. https://www.shihang.org/zh/home.

到中国新冠疫情防控措施逐步优化，中国经济将会在2023年经历较快反弹，其中房地产投资的负增长率将会缩窄，2023年的消费复苏将会成为推动经济增长的重要引擎。俄罗斯预计2023年增速为0.7%，比2022年的－2.1%增长2.8个百分点。巴西和墨西哥在2023年预计分别增长0.9%和1.8%，相比2022年分别降低了2个和1.3个百分点。沙特阿拉伯在2023年预计增速为3.1%，相比2022年的8.7%，降低了5.6个百分点。2023年，国际油价开始走低，而欧佩克成员并没有对石油减产达成协议，沙特阿拉伯独撑危局。在2023年6月4日召开的欧佩克＋第35届部长级会议上，欧佩克＋表示不改变2023年下半年的石油产量，仅有沙特阿拉伯自愿减产，背后体现出世界经济和石油消费增长的乏力。南非2023年增速预计达到0.1%，相比于2022年的2.0%降低了1.9个百分点。未来南非经济将面临全球增速放缓、国有企业效率低下、气候变化等冲击和挑战。

（二）全球通胀水平回落，大宗商品价格下降

随着全球整体疫情形势逐步好转，各国供给端逐步恢复，同时2022年各国央行的频繁加息措施，从需求端给通胀进行总体降温，使2023年通胀能回落。美联储在2023年放缓加息节奏，通胀率也逐步下行。欧盟核心通胀率也预计在2023年年终达到峰值。俄罗斯、土耳其、巴西等国也逐步开始降息进程，通过低利率带动国内经济复苏。IMF预计2023年的通胀水平将降至6.6%，相比较2022年的8.8%，降低2.2个百分点，但是仍然高于新冠疫情暴发前的3.5%水平。北美地区预计2023年通胀水平降至5%，西欧地区降至5.3%，东南亚地区降至5.1%。根据IIF的预测分析，2023年发达经济体通胀率将从2022年的7.1%降至2023年的4.1%，发展中经济体通胀率将从2022年的10.5%降至2023年的8.2%。

根据世界银行《大宗商品市场展望》报告，2023年全球大宗商品价格将快速下跌，整体降幅达到21%，其中，2023年粮食价格预计下降8%，能源价格预计下降26%，布伦特原油预计下降16%，美欧地区天然气价格预计减半，煤炭价格降幅达到42%，化肥价格预计达到37%[①]。虽然2023年大宗商品价格预期降低，但仍然高于2015—2019年的平均水平。根据美国标普全球商品洞察公司发布的《2023年能源展望》报告，2023年大宗商品市场将经历长时间的调整和

① World Bank. Commodity Markets Outlook［EB/OL］. https://www.shihang.org/zh/home.

再平衡，其中，石油供应增长速度将放缓，天然气、煤炭和原油价格将低于2022年的平均价格，但是西方对俄罗斯的石油出口制裁将给2023年的石油供应带来最大的不确定性①。

（三）政治冲突增加全球经济不确定性

2022年爆发的俄乌冲突对全球供应链产生冲击，目前仍然没有任何局势稳定的现象，预计2023年西方国家不会因为俄乌形势的变化，而减弱对俄罗斯的经济制裁。从俄乌冲突爆发之初，以美国为首的北约和其同盟国便致力于与俄罗斯全面“脱钩”，从经济制裁、能源出口限制到价格限制等措施诸多。美国执意将中国视为竞争对手，企图对中国产业链实现全面封锁，对于半导体制造设备，直接采用违背国际公平的竞争手段，在高端芯片领域及制造业中采取“去中国化”策略。美国试图依靠政治手段主导新一轮的全球化，重新构建排除中国和俄罗斯在外的全球产业链、供应链，长期来看会给世界经济带来负面影响。2023年持续的地缘冲突仍会困扰世界的能源和粮食供应问题，进而给生活成本和债务问题带来极大的不确定性。

第二节　2022年全球贸易发展回顾与展望

全球正处于战略变化和高度动荡的时期，新冠疫情对贸易的影响逐步减弱，然而俄乌冲突等给全球地缘政治带来很大的不确定性和不可预测性。在地缘政治冲突风险加大的背景下，全球贸易也将受到严重冲击，原有的产业链正在变化调整。随着世界各国央行大幅提高利率以抑制通胀，全球贸易也将面临越来越大的衰退威胁，数字经济将成为重组全球要素资源、重塑全球经济结构、改变全球贸易格局的关键力量。

一、2022年全球贸易发展回顾

（一）全球贸易总额创历史新高

根据联合国贸易和发展会议发布的《全球贸易更新》报告，2022年，全球

---

① S&P Global Commodity Insights［EB/OL］. https://www.spglobal.com/commodityinsights/en/energy-transition-service?utm_source=google&utm_medium=cpc&utm_content=emea_energytransition_alwayson_googlesearch_2023&utm_term=programs&utm_campaign=2023customermarketing-emea_etxsell&gclid=EAIaIQobChMI2LGl8YG6_wIVxfZRCh165wl-EAAYASAAEgKNRvD_BwE.

贸易总额达到了创纪录的 32 万亿美元，其中，商品贸易约为 25 万亿美元，较 2021 年增长约 10%；服务贸易总额约为 7 万亿美元，较 2021 年增长约 15%[①]。全球贸易量创历史新高主要归功于 2022 年上半年的强劲增长，随着世界经济形势变化和不确定性增加，2022 年下半年，贸易总额增速明显放缓，“绿色产品”贸易表现强劲，全年保持强势增长。

2022 年，全球贸易规模增长的一个重要原因是全球能源价格上涨。2021 年以来，由于经济快速复苏、疫情因素等影响，能源价格一直在上涨。2022 年，俄乌冲突爆发后，俄罗斯作为原油资源大国，出口受限导致原油价格暴涨：同时，俄罗斯暂停向欧洲供应天然气，导致能源局势急剧升级为全球性的能源危机。天然气价格创下历史新高，电力价格也随之上升，油价创下 2008 年以来的最高水平。能源价格上涨导致制造业成本增加、产品价格提升，从而带动了全球贸易额的增长。由于全球能源价格提升、利率上涨、一部分经济体持续通胀、俄乌冲突，使全球金融条件持续收紧，对全球投资和贸易流动性产生了很大的负面影响。从 2022 年第二季度开始，全球贸易额增速开始放缓，导致全年累计增速开始下降。

2022 年新冠疫情尚未结束，俄乌冲突爆发和全球供应链扰动，贸易增长亦在金融环境收紧、地缘政治动荡等诸多挑战下超预期大幅放缓，世界经济呈现出 21 世纪以来除 2008 年、2020 年以外的最疲弱增长约 1/3 的经济体连续两个季度负增长[②]。

从各季度数据来看，2022 年第一季度，全球贸易总额达到 7.7 万亿美元，较 2021 年第一季度增长约 1 万亿美元，较 2021 年第四季度增长约 2.5 亿美元。商品贸易和服务贸易在 2022 年第一季度都有所增长，商品贸易总额达到 6.1 万亿美元，较 2021 年第一季度增长约 25%，较 2021 年第四季度增长约 3.6%；服务贸易总额达到 1.6 万亿美元，较 2021 年第一季度增长约 22%，较 2021 年第四季度增长约 1.7%。在 2022 年第一季度，贸易额比 2019 年新冠病毒大流行前的水平高出约 30%，相比之下，贸易交易量的增长幅度要低得多，仅为 6%，贸易额和交易量之间的差异是由于大宗商品特别是能源产品价格的上涨以及普遍的通

---

① UNCTAD. Global Trade Update (March 2023) [EB/OL]. https://unctad.org/system/files/official-document/ditcinf2023d1_en.pdf.

② 姜云飞. 荆棘在途的世界经济：新挑战、新趋势、新动力——2023 年世界经济分析报告 [J]. 世界经济研究，2023（1）：3－11＋134.DOI:10.13516/j.cnki.wes.2023.01.001.

胀[①]。下半年由于奥密克戎病毒变异株传播速度加快、俄乌冲突形势持续深入等原因，全球贸易增速放缓甚至出现负增长，2022 年第三季度商品贸易较第二季度下降了约 1%。同期，服务贸易增长了约 1.3%。2022 年第四季度，商品贸易较第三季度降低了 2 500 亿美元，服务贸易则基本持平，第四季度全球国际贸易的低迷反映在主要经济体的进出口趋势上。除俄罗斯的进口外，几乎所有主要经济体的商品贸易都大大低于上一季度的水平，中国的商品贸易进口额较上一季度降低 5%，较 2021 年同期降低 6%，美国商品贸易进口额较上一季度降低 5%，较 2021 年同期上涨 3%，美国商品贸易出口额较上一季度降低 6%，较 2021 年同期上涨 9%，欧盟商品贸易进口额较上一季度降低 8%，较 2021 年同期上涨 8%。

（二）全球贸易结构差异明显

1. 贸易复苏趋势存在地区分化

全球货物进出口贸易总量在 2022 年显著增长，已经超越到新冠疫情前的水平，尤其是发达经济体与新兴经济体，大部分贸易额均已明显高于新冠疫情前的水平，实现了贸易复苏。

中国海关总署公开的信息显示，中国 2022 年的商品进出口总额攀升至 6.31 万亿美元的高位，上涨 4.4%，继续在全球各国中位居榜首。其中，商品出口额接近 3.594 万亿美元，同比上涨 7%；商品进口额约为 2.716 万亿美元，小幅提升 1.1%；出口增长率再度超过进口，外贸顺差额扩大至 8 776 亿美元，创下历史新高。美国 2022 年的商品进出口总额扩大至 5.363 万亿美元，同比增长 16.3%。采用经过日历与季节调整的标准，美国商品出口额在 2022 年约为 3.277 万亿美元，商品进口额接近 2.09 万亿美元——对外商品贸易逆差超过了 1.19 万亿美元，增幅再度达到两位数。德国按美元计算的 2022 年进出口总额约为 3.228 万亿美元，同比提升 5.7%，其中，德国 2022 年商品出口额约为 1.656 万亿美元，增幅放缓至 1.5%。荷兰 2022 年的对外货物贸易额已突破 1.8 万亿美元大关。其中，商品出口额超过 9 650 亿美元，上涨 15%左右；进口接近 9 000 亿美元，增长 19% 左右。日本 2022 年按美元计价的外贸总额约为 1.654 万亿美元，同比上涨 7.9%。其中，日本商品出口额约为 7 516 亿美元，减少 0.9%；商品进口额在能源和食品上涨推动下，实现了 9 000 亿美元的突破。以经济合作与发展组织公开的信息为参考，法国 2022 年商品进出口总额约为 1.433 万亿美元，位居全球第六的位

① UNCTAD. Global Trade Update (July 2022)［EB/OL］. https://unctad.org/system/files/official-document/ditcinf2022d2_en.pdf.

置，其中，出口 6 163 亿美元，进口高达 8 168 亿美元，逆差额扩大至 2 005 亿美元。韩国则以 1.415 万亿美元的进出口商额排在全球第七的位置；第八名为意大利，2022 年的商品进出口总额约为 1.347 万亿美元；英国降至第十，商品进出口总额约为 1.242 万亿美元①。

联合国贸易和发展会议发布的《全球贸易更新》报告显示，2022 年第一季度，发展中国家和发达国家的商品贸易水平都明显高于 2021 年的水平。2022 年第一季度，来自发展中国家的商品出口额比 2021 年第一季度增长了约 25%。相比之下，发达国家的这一数字约为 14%。2022 年第一季度，发展中国家（南—南）之间的贸易比 2021 年同期高出约 23%，比新冠疫情暴发前的水平高出约 42%。东亚以外的南—南贸易在去年增长得更加强劲，现在已经恢复到与东亚经济体接近的贸易水平②。2022 年第三季度，发展中国家和发达国家的全球商品贸易价值均显著高于 2021 年第三季度的水平。发展中国家（南—南）之间的贸易比 2021 年同期高出约 13%。不包括东亚经济体在内的南—南贸易增长 19%。对于发达国家和发展中国家，2022 年第三季度与第二季度相比，进出口贸易额均有明显下降，如果东亚经济体被排除在外，发展中国家的贸易下降则更为显著③。2022 年第四季度，全球贸易的普遍下降对发展中国家的打击比发达国家更严重，发展中国家之间的南—南贸易比上一季度下降了约 6%，发展中国家的贸易表现低于平均水平，主要是由于东亚经济体的贸易负增长，2022 年第四季度与 2021 年同期相比，这一特点则更为明显，因为发展中国家（不包括东亚）的贸易增长远远高于发展中国家的平均增长④。

2. 各行业贸易增速不一

2022 年全球服务贸易向好局面明显，四个季度进出口均呈正增长，且增长速度已经明显高于货物贸易。分季度来看，全球服务出口贸易额第一季度增长率为 16.7%，第二季度增长率为 14.3%，第三季度增长率为 9.5%，第四季度增长

---

① UNCTAD, https://unctadstat.unctad.org/EN.

② UNCTAD. Global Trade Update (July 2022)［EB/OL］. https://unctad.org/system/files/official-document/ditcinf2022d2_en.pdf.

③ UNCTAD. Global Trade Update (December 2022)［EB/OL］. https://unctad.org/system/files/official-document/ditcinf2022d4_en.pdf.

④ UNCTAD. Global Trade Update (March 2023)［EB/OL］. https://unctad.org/system/files/official-document/ditcinf2023d1_en.pdf.

率为 1.6%。其中，交通运输服务出口四个季度增长率分别为 39.9%、35.0%、21.0%、－4.3%，旅游服务出口四个季度增长率分别为 74.5%、108%、51.4%、37.7，其他服务出口四个季度增长率分别为 6.5%、0.4%、－0.6%、－1.6%①。货物出口贸易四个季度同比增长率分别为 3.24%，2.14%、3.90%和－2.51%；服务贸易四个季度进口增长率分别为 19.7%、17.6%、14.1%和 3.6%，货物贸易进口增长率分别为 5.28%、3.61%、5.98%和－0.15%②。

新冠疫情以来，全球供应链、产业链严重受损，远程会议、线上教育、远程医疗、协同办公、共享平台等众多服务贸易新模式得以催生，使得服务贸易的发展势头已经明显超过传统货物贸易，2021 年全球服务贸易出口额为 7.17 万亿美元，已经远超 2019 年的 6.3 万亿美元。

分行业来看，2022 年伊始，大部分行业的对外贸易都在复苏，但增速不一。联合国贸易和发展会议发布的《全球贸易更新》报告指出，在 2022 年第一季度，大多数经济部门的贸易价值同比都出现了大幅增长。其中，农业产品同比增长 10%，较 2019 年第一季度增长 36%；服装行业同比增长 10%，较 2019 年第一季度增长 18%；化学行业同比增长 39%，较 2019 年第一季度增长 20%；能源行业增长最多，同比增长 68%，较 2019 年第一季度增长 59%；金属行业同比增长 26%，较 2019 年第一季度增长 55%；矿产行业同比增长 3%，较 2019 年第一季度增长 38%；生物制药行业同比增长 6%，较 2019 年第一季度增长 38%，通信设备同比下降 20%，较 2019 年第一季度下降 4%；交通运输行业下降最多，同比下降 29%，较 2019 年第一季度下降 50%。道路车辆行业则较去年同期保持平稳，较 2019 年第一季度增长 14%③。

总体而言，燃料价格持续上涨是能源行业贸易价值强劲上涨的主要原因，金属和化学品的贸易增长也高于平均水平。相比之下，交通运输行业的贸易则继续受到疫情影响，飞机订单量仍然保持在较低水平，通信设备的贸易也仍低于 2021 年和 2019 年的水平。最后，全球半导体短缺和物流中断则继续对道路车辆和精密仪器的贸易产生负面影响。

2022 年第四季度，贸易总量的下降影响了大多数行业，但也有一些例外。

---

① UNCTAD. International Trade in Services［EB/OL］. https://unctad.org/system/files/official-document/statinf2023d2_en.pdf.

② UNCTAD, https://unctadstat.unctad.org/EN.

③ UNCTAD. Global Trade Update (July 2022)［EB/OL］. https://unctad.org/system/files/official-document/ditcinf2022d2_en.pdf.

运输和道路车辆的贸易出现了大幅增长，而农业食品、药品和通信设备的贸易则保持不变。与 2021 年第四季度相比，大多数行业在 2022 年第四季度的贸易价值都较低，仅有能源行业和道路车辆行业仍有大幅上升。具体而言，农业产品同比增长 1%，较上一季度增长 1%；服装行业同比减少 9%，较上一季度减少 19%；化学行业同比减少 5%，较上一季度减少 9%；能源行业同比增长 24%，较上一季度减少 10%；金属行业同比减少 11%，较上一季度减少 11%；矿产行业同比减少 10%，较上一季度减少 8%；生物制药行业同比减少 16%，较上一季度增长 1%；通信设备同比下降 34%，较上一季度增加 2%；交通运输行业同比下降 6%，较上一季度增加 14%。道路车辆行业同比增长 7%，较上一季度增加 5%①。

3. 全球贸易绿色化转型加速

当前，世界百年未有之大变局加速演进，新一轮科技革命和产业变革深入发展，不断推动经济社会数字化、信息化转型，国际力量对比深刻调整。世纪疫情影响深远，逆全球化思潮抬头，局部冲突和动荡频发，全球性问题加剧，国际多边及双边贸易规则变化日趋频繁，各国博弈日渐激烈。后疫情时代，世界各国高度重视可持续发展，绿色复苏则成为可持续发展的必然选择。全球绿色复苏正在带来巨大的产业新机遇，可再生能源发电、新能源汽车、碳捕获技术等绿色低碳领域发展空间广阔②。

2023 年 3 月，联合国贸易和发展会议发布的《全球贸易更新》指出，在环境产品的推动下，2022 年的全球贸易变得更“绿”了。报告中所指的环境产品或绿色产品（又称环境友好型产品）的划分依据为 OECD 的环境商品综合清单，此类产品与传统的贸易相比使用的资源更少，污染物排放也更少。按照统计，2022 年全球的环境产品贸易额达到 1.9 万亿美元，占到工业制成品贸易的 10.7%。2022 年，全球贸易的商品结构性调整明显。以月度贸易额为依据，分别对比不同种类的商品，按照商品价值计算，2022 年 1 月贸易额为 100，2022 年的环境产品贸易额自 4 月开始加速，8 月达到 103.6，此后仍保持相对平稳增长至 12 月的 104.2。与之形成鲜明对比的是其他工业制成品，自 1 月的 100 开始到 6 月和 7 月升至全年最高值 100.9，随后明显下探，到 12 月已经降至 99.5。

---

① UNCTAD. Global Trade Update (March 2023) [EB/OL]. https://unctad.org/system/files/official-document/ditcinf2023d1_en.pdf.

② 李晓依，许英明，肖新艳，张剑. 绿色贸易发展：国际格局、中国趋势和未来方向 [J]. 国际贸易，2023（4）：40－50.DOI:10.14114/j.cnki.itrade.2023.04.008.

全球经济的绿色转型加速，为满足基础设施建设和消费端的需求，促使各类环境产品的贸易提速。绿色经济重新定义了国际贸易网络中各方的比较优势关系，也形成了新的发展动力机制。在绿色产品的国际贸易中，不论处于哪个阶段，都有可能同时受益于与环境相关的货物贸易和服务贸易。环境产品生产和技术创新应用方面的先发经济体，充分发挥自身技术和创新优势，扩大相关产品或服务的出口；消费绿色产品或服务的经济体，迫切需要通过进口环境产品，满足经济绿色转型和发展的需求，缩短绿色转型的周期，支持本国经济的“绿色化”。技术的发展为绿色产品供需的匹配与满足创造了更多新的方式，进一步支持了绿色贸易的加速发展。与2021年相比，2022年的全球各大类商品的贸易额几乎都出现了下降，唯独道路交通工具出现增长，环境产品发挥了重要作用。电动和混合动力汽车贸易额同比增长了25%，非塑料包装贸易同比增长了20%，风力发电机贸易则增长了10%。绿色发展的共识加强和产品、服务的规模效应降低了绿色经济的成本，进一步增加了绿色贸易发展的市场动力。

面对全球气候变暖带来的严峻挑战，每个国家、每个人都不可能“独善其身”。联合国贸易和发展会议在《2023年技术和创新报告》中预测，2030年之前，包括电动汽车、太阳能和风能、绿色氢能等绿色技术将创造2.1万亿美元的产值，超过当前水平的4倍。受此推动，国际贸易也将与更为绿色的全球经济密切相关。一方面，更为绿色的全球经济将重塑全球供应链，为供应链上各方的协同发展创造更为持续和强劲的市场需求，拉动和促进绿色贸易发展；另一方面，绿色贸易本身在市场竞争作用的激励下强化创新，通过比较优势形成互补、互利合作，为绿色经济的转型升级提供资源、技术和工具的支持，以供给支持需求的优化转变①。

二、全球贸易展望

2022年以来，世界主要经济体逐步放松入境限制，发达经济体及部分发展中经济体甚至取消入境限制。世界卫生组织（WHO）于2022年9月宣称因新冠病毒致死的周统计人数降至最低，这显示新冠病毒大流行即将结束，全球贸易或将呈现增长势头，但是2023年1月世界银行发布的《全球经济展望》报告指出，在通胀高企、利率上升、投资减少的背景下，全球经济增速正在急剧放缓，

① UNCTAD. Technology and Innovation Report 2023［EB/OL］. https://unctad.org/tir2023.

预计 2023 年全球经济增速仅为 1.7%，区域贸易和绿色贸易或将成为全球贸易复苏的关键因素[①]。

（一）俄乌冲突将持续对全球贸易格局产生负面影响

俄罗斯和乌克兰两国凭借自身的天然优势，在国际能源和粮食出口贸易中都占据着重要地位，冲突的爆发必然会造成能源和粮食的供应减少，进而推动能源资源和农产品等大宗商品的市场价格快速上涨，甚至造成国际市场出现通胀[②]。从能源资源角度看，俄乌冲突会直接造成国际能源销售价格的快速上涨，能源的供给和需求产生错位。

俄罗斯自身石油资源的存储量十分丰富，是全球石油第二大生产国，占全球总生产量的 6%，也是世界上最主要的石油出口国之一。除了石油，俄罗斯的天然气储存量也十分丰富，约占全球天然气总存储量的 25%，其出口量约占世界天然气出口总量的 12%。俄乌冲突发生后，面对美欧的制裁，俄罗斯大幅减少能源资源的出口，国际贸易中的能源供应量大幅降低，导致国际市场的能源价格不断上涨[③]。其次，欧盟国家由于自身地理位置的限制，能源存储量较少，因此对国际市场的依赖程度较高，而俄罗斯则是国际市场中原油和天然气的主要出口国，对俄罗斯来说，能源出口贸易是其重要的支柱型产业。在这种情况下，美欧与俄罗斯相互实施的经济制裁，必然会造成世界能源资源的供给和需求不平衡，国际能源贸易市场的供应链风险会进一步增加。

从石油、天然气市场看，2023 年全球风险仍将有增无减。2022 年全球液化天然气（LNG）市场趋紧和主要石油生产国减产，使世界首次陷入了“真正的全球能源危机”。俄乌冲突期间，欧洲 LNG 进口量的增加以及亚洲燃料需求的反弹，将使能源市场更加紧张，2023 年可能仅有 200 亿立方米的新 LNG 产能进入市场[④]。

---

① World Bank. Global Economic Prospects (January 2023)［EB/OL］. https://openknowledge.worldbank.org/server/api/core/bitstreams/254aba87-dfeb-5b5c-b00a-727d04ade275/content.

② 聂新伟，卢伟. 俄乌冲突对全球能源格局影响及我国的应对建议［J］. 能源，2022（5）：63－65.

③ 王明利，鄢朝辉. 俄乌冲突对世界及我国食物安全的影响与应对策略［J］. 经济纵横，2022（7）：97－106＋2. DOI:10.16528/j.cnki.22-1054/f.202207097.

④ World Economic Forum. The Global Risks Report 2023 (18th Edition)［EB/OL］. https://www3.weforum.org/docs/WEF_Global_Risks_Report_2023.pdf?_gl=1*otmv7c*_up*MQ..&gclid=EAIaIQobChMIo-z2qZW0_wIViXyLCh0m6An0EAAYASAAEgIV4_D_BwE.

2022 年 11 月，全球制造业 PMI 为 48.7，连续 6 个月环比下降，连续 2 个月低于荣枯线。同时，2022 年全球 GDP 增速呈现逐季下行态势，特别是第四季度下行压力较大。因此，2023 年全球经济将负重前行，延续低增长态势。IMF 预测，2023 年全球经济增长率为 2.7%，全球至少 1/3 的国家将陷入经济衰退；世界银行将 2023 年全球经济增长预期从 3%下调到了 1.9%[①]；OECD 认为，2023 年全球经济增长将放缓至 2.2%[②]。

（二）新兴市场贸易和区域贸易协定将赋能全球贸易

与国际金融危机前的 2007 年相比，2021 年美国、欧元区、英国的外商直接投资降幅均超过 50%，而中国、印度尼西亚、越南等国增长幅度均超过 50%。全球化的深度发展为新兴市场带来机遇，中国、越南等国家在全球供应链中的作用愈发显著。对于全球跨境直接投资来说，投资新兴市场既能够带来较高的资产回报率，又能够充分利用新兴市场的资源优势并挖掘当地市场潜力。

由于新冠疫情和地缘政治风险带来的能源危机和地缘矛盾冲突加剧，全球贸易市场将向“加速区域化”的格局演进。区域贸易协定（RTA）是国际贸易中的一个关键因素，随着全球多边贸易自由化受阻，区域贸易协定逐渐成为一国开展经济战略合作与竞争的重要手段。全球各国都不断通过签署双边和多边形式的区域贸易协定来建立区域性经济合作机制和平台，开拓外部市场和资源，为自身经济发展创造外部条件，区域贸易协定逐渐成为国际经贸关系的中心。

根据 WTO 统计，截至 2022 年 12 月，向 WTO 通报的区域贸易协定的总生效量达 582 个，其中正在实施的有 355 个，约是 10 年前的 1.5 倍。2022 年，中国对区域全面经济伙伴关系协定（RCEP）其他 14 个成员国的进出口额为 12.95 万亿元，增长约 7.5%[③]。自 2023 年 1 月 2 日起，RCEP 对印度尼西亚生效，随着 RCEP 政策红利持续释放，对区域内贸易的促进作用将持续显现，进一步赋能全球贸易。

（三）清洁能源产业贸易潜力十足

近年来，越来越多的国家把环境保护作为经济发展战略的重要组成部分，通

---

① https://www.imf.org/en/Publications/WEO.

② https://www.oecd.org/economic-outlook/september-2022/.

③ 金观平. RCEP 政策红利持续释放［N］. 经济日报，2023-06-08（1）.

过制定“低碳经济”政策，积极推动低碳绿色增长。根据政府间气候变化专门委员会（UNFCC）于2022年11月发布的《国家自主贡献综合报告》，截至2022年10月23日，193个《巴黎协定》缔约方提交了国家自主贡献信息，约占全球温室气体排放量的94.9%[①]。尤其是为了应对全球金融危机，一些国家更是把开发新能源、发展低碳产业作为重振经济的重要动力。未来全球贸易将向低碳化趋势发展，高碳产品可能会面临碳关税，这就要求国际贸易产品全生命周期实现绿色化。在此背景下，新能源汽车、光伏等清洁能源产业将迎来发展机遇，2021年，清洁能源领域的全球直接投资规模为2011年的4倍。中国汽车工业协会（简称中汽协）的统计数据显示，2022年，中国汽车出口突破300万辆，达到311.1万辆，同比增长54.4%，有效拉动行业整体增长。其中，新能源汽车出口67.9万辆，同比增长1.2倍[②]。比亚迪则是其中的佼佼者，在全球范围内设立了30多个工业园，生产的新能源汽车足迹遍布70多个国家和地区，超过400个海外城市，2022年全年累计出口新能源汽车近5.6万辆，同比增长307.2%。中国新能源汽车的骄人成绩也侧面证明了清洁能源赛道的火热和光明的前景。

第三节　2022年全球直接投资发展回顾与展望

一、2022年全球直接投资发展回顾

相比于2021年的反弹上升，全球外国直接投资（FDI）在2022年一季度后面临下行压力，绿地投资、国际项目融资交易和跨境并购在3月后出现了反向变化，呈现出不同程度的下降趋势。

（一）全球FDI反向变动

2021年FDI增长强劲，联合国贸易和发展会议发布的《2022年世界投资报告》显示，2021年全球流量呈现高速增长达1.58万亿美元，同比增长64.3%，已经恢复到新冠疫情前水平[③]。2021年FDI的快速复苏得益于蓬勃发展的并购活动、宽松的融资条件和重大基础设施的刺激计划引发的国际项目融资的快速增

① https://unfccc.int/NDCREG.

② http://www.caam.org.cn/tjsj.

③ UNCTAD. World Investment Report 2022: International Tax Reforms and Sustainable Investment［EB/OL］. https://unctad.org/system/files/official-document/wir2022_en.pdf.

长。虽然经济复苏惠及所有地区，但近四分之三的增长集中在发达经济体，FDI总量可达7 460亿美元[①]。

2022年全球商业和投资环境发生巨变，诸多不利因素给FDI前景蒙上阴影：俄乌冲突影响了区域稳定性，增添了粮食能源安全风险；大国之间地缘政治博弈仍在延续，各方分歧难以弥合；全球通胀率大幅提升，通胀形势不容乐观；全球主要央行不断加息；融资条件恶化，金融市场传达负面情绪；投资者对经济衰退来临的担忧。众多危机影响下，全球FDI呈现疲软迹象。联合国贸易和发展会议发布的《全球投资趋势监测》指出，2022年第二季度的全球FDI流量比第一季度下降了31%，比2021年的季度平均值减少了7%[②]。2022年全球FDI流量则较上年下降了24%，只达到1.286万亿美元，全球FDI发展放缓[③]。

（二）绿地投资复苏缓慢，跨境并购和国际项目融资交易下降明显

《全球投资趋势监测》的初步数据显示，2022年上半年绿地项目投资持续上升，增长率为6%，价值大幅增加了54%，恢复到了新冠疫情前水平[④]。但是第二季度过后绿地投资表现较弱，在下半年再次下降。与绿地投资相比，国际项目融资交易和跨境并购的下降幅度更加明显。2022年以来，尽管全球经济逐步向疫情前水平回归，但是由于受到金融条件恶化、利率上升和风险增加等因素的直接影响，全球跨境并购额下降了6%，国际项目融资交易下降了30%以上。

从不同经济体看，美国作为最大的并购市场，2022年跨境并购额同比下降了50%。欧洲地区新型绿地投资数量下降了15%，其中，除了意大利投资数量增加11%外，大多数经济体都处于下降趋势。中国绿地投资数量下降了31%，而国际项目融资数量提高了11%。印度则从黯淡的全球直接投资中脱颖而出，其绿地投资数量较2021年增加1倍，同时国际项目融资同比增加34%。东盟经

① UNCTAD. World Investment Report 2022: International Tax Reforms and Sustainable Investment［EB/OL］. https://unctad.org/system/files/official-document/wir2022_en.pdf.

② UNCTAD. Global Investment Trend Monitor, No. 42［EB/OL］. https://unctad.org/system/files/official-document/diaeiainf2022d4_en.pdf.

③ OECD.Global FDI Flows Slowed Down in 2022, But New Investment Showed Modest Growth［EB/OL］. https://www.oecd.org/daf/inv/investment-policy/FDI-in-Figures-April-2023.pdf.

④ UNCTAD. Global Investment Trend Monitor, No. 44［EB/OL］. https://unctad.org/system/files/official-document/diaeiainf2023d1_en.pdf.

济体跨境并购额大幅下跌了 74%，而相反，绿地投资依然增长强劲，相比上年增加了约 21%。巴西不同投资方式之间同样差距明显，其绿地投资数量增长了近三分之一，但是国际项目融资交易却下跌了 17%[①]。

（三）国际气候变化投资遇冷，可持续发展目标受挫

国际气候变化投资在 2015 年巴黎气候峰会后表现为上升趋势，2021 年项目总价值达到新冠疫情前水平的两倍。然而这种强劲在 2022 年面临着危机：由于区域冲突形势恶化，粮食、能源和金融三重危机共同作用，跨境投资面临着下行压力，虽然能源危机在一定程度上加速了全球绿色能源转型，但是短期内气候变化投资仍无法摆脱低迷的 FDI 的影响。联合国贸易和发展会议公布的投资数据显示，2022 年第一季度后，气候变化投资的新项目数量（包括缓解领域和适应领域）不断减少，其中，占据国际气候投资绝大部分的缓解领域 1—9 月的项目数量较上年同期减少了 7%，适应领域方面的数量则降低了 12%[②]。可再生能源部门的国际项目融资作为近年来缓解气候变化的大部分投资也受到影响，2022 年可再生能源的国际项目融资数量下降了 5%，价值也下降了近 40%[③]。

国际气候变化投资的下降趋势影响到了采掘业和以化石燃料为基础的能源生产。一方面，2022 年前三季度这些行业的项目数量减少了约 16%；另一方面，能源价格暴涨带来的暴利正重新推动全球对化石燃料的投资。已有迹象表明，采掘业的跨境并购价值正在增长，在 2022 年前三季度上升了 6 倍。由于可再生能源的增长失去动力以及石油、天然气等不可再生能源价格高涨，从化石燃料投资转向绿色投资以支持可持续发展目标的实现可能受挫。

（四）不同经济体外国投资明显分化

2022 年，流向发达经济体的 FDI 下降，第二季度发达国家 FDI 流入量约为 1 370 亿美元，同比减少了 22%[④]。尽管美国仍是全球第一大 FDI 目的地，但今

① UNCTAD. Global Investment Trend Monitor, No. 44［EB/OL］. https://unctad.org/system/files/official-document/diaeiainf2023d1_en.pdf.

② UNCTAD. Global Investment Trend Monitor, No. 43［EB/OL］. https://unctad.org/system/files/official-document/diaeiainf2022d5_en.pdf.

③ UNCTAD. Global Investment Trend Monitor, No. 44［EB/OL］. https://unctad.org/system/files/official-document/diaeiainf2023d1_en.pdf.

④ UNCTAD. Global Investment Trend Monitor, No. 42［EB/OL］. https://unctad.org/system/files/official-document/diaeiainf2022d4_en.pdf.

年流入美国的 FDI 减少了 21%。由于美国通胀不断攀升且长期维持在高位，政治失能且两党派之间矛盾加剧，同时还深陷地缘对抗，2022 年，美国的跨境并购额减少了一半以上，FDI 约为 3 180 亿美元。同样位于北美的加拿大 FDI 流入量也出现下滑，流入量比上年下降了大约 20 个百分点。除此之外，欧盟 FDI 流入量大幅下跌，从 2021 年的 1 680 亿美元降至 –1 480 亿美元。主要原因是卢森堡地区的大量撤资，若不包含这一国家，欧盟 FDI 流入量将增加 22%。另外，部分欧洲国家表现突出，如意大利 FDI 流入量由 2021 年 –90 亿美元增长至 200 亿美元，瑞典 FDI 流入量增长了 134%[①]。

初步数据显示，2022 年，流入发展中经济体的 FDI 略有增加，第二季度增幅 6%，达到 2 200 亿美元。流入发展中经济体 FDI 也呈现分化，几个大型新兴经济体的 FDI 持续增长。其中，印度增长了 12%，阿根廷增长了 122%，巴西受到收益再投资和公司内部债务变动的影响，FDI 总额创自 2012 年以来历史新高，增至 905.7 亿美元，与上年 464 亿美元相比几乎翻番，增幅高达 95.2%[②]。另外，部分发展中经济体 FDI 较去年下降，中国 FDI 流入量为 1 800 亿美元，同比下降 48%，南非 FDI 没有重现 2021 年的反常高水平，资金流入大幅下跌了 78%，由 2021 年 410 亿美元降为 90 亿美元[③]。

二、全球直接投资展望

（一）全球直接投资仍需应对各种风险挑战

1. 世界经济面临较大下行压力，全球跨境投资动能不足

当前世界经济运行中的各种短期问题和长期因素交织叠加，全球经济增长面临的不利因素相对以往增多，FDI 面临增长动力不足的风险。虽然紧缩的货币政策效果初步显现，主要经济体经济表现出一定韧性，通胀预期有所下降，但是距离央行的目标水平尚有距离，未来仍需在抑制通胀与经济“软着陆”中艰难寻求平衡，金融环境依旧脆弱。再叠加债务危机、主要经济体加息、俄乌冲突

---

① OECD.Global FDI Flows Slowed Down in 2022, But New Investment Showed Modest Growth［EB/OL］. https://www.oecd.org/daf/inv/investment-policy/FDI-in-Figures-April-2023.pdf.

② OECD.Global FDI Flows Slowed Down in 2022, But New Investment Showed Modest Growth［EB/OL］. https://www.oecd.org/daf/inv/investment-policy/FDI-in-Figures-April-2023.pdf.

③ OECD.Global FDI Flows Slowed Down in 2022, But New Investment Showed Modest Growth［EB/OL］. https://www.oecd.org/daf/inv/investment-policy/FDI-in-Figures-April-2023.pdf.

带来的能源价格高企和粮食安全等负面因素，跨国企业的投资意愿不断降低，现有数据表明，全球绿地投资、跨境并购和国际项目融资的疲软趋势或将在 2023 年持续下去。

2. 国际税收改革塑造了税收新规则

OECD 和 G20 国家通过关于税基侵蚀和利润转移（BEPS）项目来力促支柱二（Pillar II）的推广。Pillar II 提议对大型跨国公司的海外利润征收最低 15% 的所得税，这项改革计划于 2023 年或是 2024 年实施，目的是阻止跨国公司将利润转移到低税率国家。《2022 年世界投资报告》指出，这项改革使跨国公司海外利润将被征收更高的税，在更大的利润基础上支付东道国税率，有利于减少各国之间具有破坏性的税收竞争，并限制各国竞相吸引 FDI 而导致的企业所得税税率竞相降至最低①。但是从吸引投资的角度来看，国际税收改革在带来机遇的同时也带来了挑战，Pillar II 改革对各国投资促进政策提出了更高的要求。随着吸引投资的竞争从税收杠杆转向其他投资决定因素，各国投资吸引政策也需要从财政激励转向金融激励，但许多国家由于无法承担与基础设施提供或补贴有关的大量财政承诺而使自身陷于不利地位。特别是部分发展中国家，他们受限于实施必要改革的能力和法律，从而失去了相关 FDI 收入。

3. 全球经贸投资政策加速调整并产生长期影响

近年来，全球跨境投资环境出现一些显著变化。一方面，部分发达经济体强化了投资监管。美国等部分发达经济体将加强外资安全审查提升到战略竞争层面，且这一趋势未来可能仍会延续。在这一情况下，原本正常的经贸投资合作不断受限，发展中经济体与部分发达经济体之间的资本、创新要素流动的阻力增加，在这些经济体的投资模式及其全球投资布局也将受到影响。另一方面，全球大范围内正在出现新一轮引资和留资政策竞争。在全球跨境投资下降、政治环境高度不确定的大背景下，利用外资促进经济恢复和发展成为许多发展中经济体和发达经济体政策关注的焦点。尤其是许多发展中经济体加快改革开放，竞相出台利用外资的规划和政策，形成愈加强烈的竞争态势。投资政策的加速调整增加了全球投资环境的不确定性，对跨国公司稳定预期和扩大投资产生不利影响，全球直接投资前景仍不明朗。

① UNCTAD. World Investment Report 2022: International Tax Reforms and Sustainable Investment［EB/OL］. https://unctad.org/system/files/official-document/wir2022_en.pdf.

（二）全球直接投资发展同样面临机遇

1. 亚洲经济体崛起

根据联合国贸易和发展会议公布的数据，2022 年上半年，全球 FDI 流量总额为 8 720 亿美元，同比下滑 7%，而东亚地区吸收 FDI 额 1850 亿美元，同比逆势增长 5%。在全球经济增速显著放缓、通胀大幅走高、地缘政治冲突的大背景下，亚洲经济体的发展韧性已经凸显。2022 年 1 月 1 日，RCEP 的正式生效也为亚洲经济增长和合作注入新动能。一方面，RCEP 对于各成员对外贸易的促进效应初显。2022 年 1 月至 11 月，日本、韩国、新加坡、泰国、马来西亚和越南等 RCEP 生效较早的成员出口贸易分别较 2021 年同比增长 18.9%、7.76%、18.1%、18.4%、27.2%和 15.1%。另一方面，RCEP 的生效实施也使跨国公司加大了对亚洲地区的投资。马来西亚、新加坡吸收 FDI 额分别为 315 亿美元和 72.8 亿美元，同比增长分别为 62.2%和 20.1%，泰国同比增长 73.5%。目前来看，诸多不利因素增加了长期投资的不确定性，全球经济增长的前景仍不容乐观，而亚洲地区跨境投资的表现成为全球经济为数不多的亮点，同时也将成为未来一个时期全球 FDI 增长的强大引擎。

2. 跨境并购等 FDI 形式或将蓬勃发展

非绿地形式的 FDI，如兼并和收购，在 2023 年可能会蓬勃发展。短期来看，2023 年初的全球经济前景仍有很多不确定性，如全球对经济衰退的担忧、各国央行为遏制突破历史高位的通胀而进行的持续加息、地缘政治紧张、监管趋严等。但往往在外部环境充满不确定性的情况下，并购交易获得成功的概率更高，因为此时资产价格处于多年来的低位，企业估值进行下调，市场上的困境资产和低估值资产增多，市场卖家将更多地剥离企业集团自身非核心资产、高端资产或者盈利不达标的资产，这使投资方有机会获得更高的回报和快速增长的机会。普华永道第 26 期《全球首席执行官调查报告》显示，并购活动在不利的经济环境下仍具有吸引力，虽然 73%的企业高管对全球经济增长并不乐观，但 60%的企业高管仍打算在 2023 年通过并购去应对潜在经济挑战和市场波动①。

3. 信息技术、可再生能源发展等领域将继续推动 FDI 的发展

当前，以信息技术深度应用为主要特征的新一轮技术革命正在快速发展。信

① https://www.pwc.com/gx/en/issues/c-suite-insights/ceo-survey-2023.html.

息技术水平作为目前影响世界各国国家竞争力的重要因素，进一步推动着全球形成新的国际投资和贸易趋势。世界范围内的投资布局受此影响也将调整，人工智能、区块链、云计算、网络安全、物联网、量子计算和机器人技术将成为2023 年全球直接投资的重要主题。此外，俄乌冲突引发的全球能源危机除了对全球产业链和地缘政治有深刻影响外，也为可再生能源带来了前所未有的发展势头。对一些国家，特别是欧洲国家来说，化石燃料供应中断凸显了可再生能源在能源安全方面的优势，这促使各国和企业实施投资可再生能源的计划。2022 年全球可再生能源获得的新投资额突破新纪录，各大巨头企业通过跨境并购一些可再生能源公司，达到增添自身能源多样性和降低未来化石能源碳锁定风险的效果。

（三）后疫情时代全球 FDI 恢复性增长呈分化态势

1. 发达经济体仍将是 FDI 流入主要目的地

新冠疫情沉重打击了全球经济，后疫情时代世界经济发展面临的不确定性和不稳定性空前增多，地缘政治格局、产业链供应链布局正加速重构，各方利益处于重新分配阶段。在此过程中，发达经济体能更为有效地应对风险，其经济复苏的步伐以及吸引外资的能力更强。首先，相较于发展中经济体，发达经济体经济治理能力更强，能够有效运用量化宽松等刺激手段推动经济从新冠疫情中恢复，更大力度地吸引国际资本聚集。此外，得益于强劲释放的需求，低廉的融资成本以及政府的有效支持，在发达经济体经营的跨国企业利润增长更为迅速，这也将有力提升发达经济体相较于发展中经济体的外资吸引力。《2023 年外商直接投资信心指数报告》表明，2023 年发达经济体仍是 FDI 流入的重要对象。在 FDI 信心指数前 25 位的经济体中，发达经济体有 19 个，前 10 位中，除中国之外都是发达经济体，且美国连续 11 年信心指数排名第一①。

2. 新兴经济体中中国 FDI 增长前景乐观

2023 年中国外商直接投资信心指数上升，排名从 2022 年的第 10 位上升至 2023 年的第 7 位，同时在新兴经济体中中国位居首位②。上述变化反映出中国调整疫情防控政策后，投资者对中国经济反弹以及 FDI 流入持乐观态度。为了更大力度地吸引和利用外资，中国推进了各项改革与鼓励政策，不断优化外商直接投资行业结构：中国对标国际先进市场规则，清理了一些与国际贸易和投资

① https://www.kearney.com/foreign-direct-investment-confidence-index.

② https://www.kearney.com/foreign-direct-investment-confidence-index.

通行规则不相匹配的规则，积极加入全面与进步跨太平洋伙伴关系协定（CPTPP）等高标准经贸协议，推动制度型开放进一步开放；中国根据外资发展重点和要求不断调整政策导向，引导外资投向先进制造业和现代服务业；中国还将加大现代服务业开放力度，进一步缩减外资准入负面清单，同时将出台一系列促进外商投资的相关配套政策以及财税政策，提升投资便利化水平。随着中国不断扩大对外开放，不断优化外商投资营商环境，未来中国仍将长期成为外商投资的热土。

第二章

2022年中国经济贸易发展回顾与展望

第一节　2022年中国经济发展回顾与展望

一、2022年中国经济政策

（一）2022年中国的财政政策

1. 提升效能、支持经济稳定恢复发展

2022年，在党中央集中统一领导下，财政部门深入贯彻党的二十大精神，按照党中央、国务院决策部署，坚持稳中求进工作总基调，完整、准确、全面贯彻新发展理念，加快构建新发展格局，扎实推进稳经济一揽子政策和接续措施落地见效，积极的财政政策提升效能，更加注重精准、可持续。预算执行中，财政部门主动作为、应变克难，加强经济形势和财政收支分析研判，中央财政加强财政资源统筹，通过特定国有金融机构和专营机构依法上缴近年结存利润、调入预算稳定调节基金等，保持适当支出强度。同时，优化财政支出结构，重点保障党中央、国务院决策部署的重大政策、重要改革和纳入国家"十四五"规划的重点项目，加大重点领域的支持力度。严格规范盘活资金资产使用，优先用于稳增长、稳市场主体、保就业等支出，提高财政资金配置效率和使用效益。全年全国预算执行情况和经济发展状况基本匹配，为高效统筹疫情防控和经济社会发展提供了必要的财力支撑。

2. 围绕市场主体需求精准施策，着力稳住宏观经济大盘

市场主体是经济发展的重要力量。2021年，财政部门直面市场主体需求出

招发力，创新政策实施工具，及时果断实施减税、退税、降费、缓费等各项政策措施，新的组合式税费支持政策、稳经济一揽子政策和接续措施分批推出，财政宏观调控有力有效，为支持企业纾困解难、保市场主体就业、助力稳住宏观经济大盘等发挥了关键作用。一方面，大规模实施减税退税降成本，各项税费政策措施早出快出，形成组合效应，新增减税降费超 1 万亿元，在减轻企业负担、激发创新活力、优化经济结构、促进居民消费等方面发挥了重要作用。另一方面，实施社保费阶段性降费和缓缴，强化稳岗支持保就业，全面实施就业优先政策，2022 年中央财政下达就业补助资金 617.58 亿元，同比增长 9.1%。提前下达 2023 年就业补助资金 432.3 亿元，支持各地落实各项就业创业扶持政策。使用超过 1 000 亿元失业保险基金支持稳岗和培训。指导地方统筹用好就业补助资金、职业技能提升行动资金、失业保险基金等，提升资金效能。

（二）2022 年中国的货币政策

2022 年，面对复杂多变的国际环境和艰巨繁重的国内改革发展任务，在以习近平同志为核心的党中央坚强领导下，中国统筹疫情防控和经济社会发展，加大宏观调控力度，应对超预期因素冲击，发展质量稳步提升，就业物价基本平稳，经济社会大局保持稳定。中国人民银行坚持以习近平新时代中国特色社会主义思想为指导，坚决贯彻党中央、国务院的决策部署，主动作为、靠前发力，加大稳健货币政策实施力度，坚决支持稳住宏观经济大盘。

1. 公开市场操作

2022 年，中国人民银行密切关注国内外宏观经济金融形势变化，在运用降准、中期借贷便利（MLF）、再贷款等多种方式投放中长期流动性的基础上，每日开展公开市场操作，结合一级交易商需求情况灵活精准把握操作力度和节奏，及时调整操作期限品种，对冲财政税收、政府债券发行、年末时点等短期因素的影响，保持银行体系流动性合理充裕。2022 年，公开市场 7 天期逆回购操作中标利率两次下行共 20 个基点，有利于增强市场信心，带动降低综合融资成本，为实体经济提供有力支持。全年银行间市场存款类机构 7 天期回购加权平均利率（DR007）均值 1.76%，比 2021 年降低 41 个基点，季末、年末等时点利率运行更加平稳。

2. 金融机构存款准备金率

2022 年，中国人民银行两次下调金融机构人民币存款准备金率，支持实体经济发展，促进综合融资成本稳中有降。降准是货币政策常规操作，目的是加强跨周期调节，优化金融机构的资金结构，提升金融服务实体经济能力。为加大对小微企业和“三农”的支持力度，4月全面降准的同时，对没有跨省经营的城商行和存款准备金率高于5%的农商行，再额外下降0.25个百分点。2022年两次人民币降准释放长期流动性约1.03万亿元。此外，两次下调金融机构外汇存款准备金率，加强金融机构外汇流动性管理。5月15日和9月15日分别下调外汇存款准备金率1个、2个百分点，由9%下调至6%，共释放外汇流动性约270亿美元。

3. 积极发挥结构性货币政策工具作用

积极运用支农支小再贷款、再贴现、抵押补充贷款等工具，引导金融机构加大对国民经济重点领域、薄弱环节和区域协调发展的支持力度。运用支农支小再贷款引导地方法人金融机构扩大对乡村振兴的信贷投放，扶贫再贷款按照现行规定进行展期，支持巩固脱贫攻坚成果。发挥金融支持有效投资的积极作用，运用抵押补充贷款支持开发性政策性金融机构为基础设施重点领域设立金融工具和提供信贷支持。2022年末，全国支农再贷款余额为6 004亿元，支小再贷款余额为14 171亿元，扶贫再贷款余额为1 463亿元，再贴现余额为5 583亿元，抵押补充贷款余额为31 528亿元。

继续运用普惠小微贷款支持工具，持续支持小微企业发展。工具实施以来，中国人民银行累计提供激励资金274.6亿元，支持地方法人金融机构增加普惠小微贷款共计16 054亿元。

并行实施碳减排支持工具和支持煤炭清洁高效利用专项再贷款，支持经济向绿色低碳转型。工具实施以来，中国人民银行通过两个工具分别累计发放资金3 097亿元、811亿元，合计3 908亿元。为保持金融对绿色发展、能源保供等领域的支持力度，碳减排支持工具将延续实施至2024年末，支持煤炭清洁高效利用专项再贷款延续实施至2023年末。

加快实施科技创新、普惠养老、交通物流、设备更新改造等专项再贷款政策。这些工具实施以来，中国人民银行分别累计发放资金2 000亿元、7亿元、242亿元、809亿元。为增强金融支持交通物流保通保畅的力度，交通物流专项再贷款将延续实施至2023年6月末，并将中小微物流仓储企业等纳入支持范围。

设立保交楼贷款支持计划，支持金融机构向已售逾期难交付住宅项目发放保交楼贷款。按照国务院常务会议决定，中国人民银行按照精准滴灌、正向激励和市场化原则，设立保交楼贷款支持计划，额度为2 000亿元。2022年12月，中国人民银行印发《关于设立保交楼贷款支持计划有关事宜的通知》，明确专项再贷款采取“先贷后借”的直达机制，按季度发放，支持金融机构于2022年11

月 1 日至 2023 年 3 月 31 日期间发放的“保交楼”专项贷款。金融机构自主决策、自担风险发放“保交楼”专项贷款后，向中国人民银行申请资金支持。对于符合要求的贷款，中国人民银行按贷款本金的 100%予以资金支持。

二、2022 年中国经济发展状况

2022 年是党和国家历史上极为重要的一年。党的二十大胜利召开，描绘了全面建设社会主义现代化国家的宏伟蓝图。面对风高浪急的国际环境和艰巨繁重的国内改革发展稳定任务，在以习近平同志为核心的党中央坚强领导下，全党全国人民迎难而上，全面落实疫情要防住、经济要稳住、发展要安全的要求，统筹国内国际两个大局，统筹疫情防控和经济社会发展，统筹发展和安全，加大宏观调控力度，应对超预期因素冲击，发展质量稳步提升，科技创新成果丰硕，改革开放全面深化，就业物价基本平稳，粮食安全、能源安全和人民生活得到有效保障，保持了经济社会大局稳定。

总体来看，面对新冠疫情等国内外多重超预期因素冲击，国民经济顶住压力持续发展，经济总量再上新台阶。2022 年，国内生产总值 1 210 207 亿元，按不变价格计算，同比增长 3%，四个季度分别同比增长 4.8%、0.4%、3.9%、2.9%；城镇新增就业 1 206 万人，年末城镇调查失业率降至 5.5%；居民消费价格上涨 2%；货物进出口总额增长 7.7%；财政赤字率控制在 2.8%，中央财政收支符合预算、支出略有结余；国际收支保持平衡，人民币汇率在全球主要货币中表现相对稳健；粮食产量 68 653 万吨，比 2021 年增产 368 万吨；生态环境质量持续改善。

（一）农业生产全面丰收，工业生产持续发展，服务业逐步恢复

2022 年，国内生产总值 1 210 207 亿元，同比增长 3.0%。其中，第一产业增加值 88 345 亿元，同比增长 4.1%；第二产业增加值 483 164 亿元，增长 3.8%；第三产业增加值 638 698 亿元，增长 2.3%。第一产业增加值占国内生产总值比重为 7.3%，第二产业增加值的比重为 39.9%，第三产业增加值的比重为 52.8%。

农业基础地位进一步夯实，全年粮食增产丰收，畜牧业生产稳定增长。压紧压实粮食生产责任，加大支农惠农政策力度，提高农业综合生产能力。2022 年，粮食产量 68 653 万吨，同比增产 0.5%，连续 8 年稳定在 65 000 万吨以上。大豆油料产能提升工程扎实推进。2022 年，全国大豆、油料产量分别同比增长 23.7%、1.1%。畜牧业生产稳定增长，猪牛羊禽肉产量增长 3.8%。

工业生产持续发展，高技术制造业和装备制造业较快增长。2022 年，全国

规模以上工业增加值同比增长3.6%。分三大门类看，采矿业增加值增长7.3%，制造业增加值增长3.0%，电力、热力、燃气及水生产和供应业增加值增长5.0%。高技术制造业、装备制造业增加值分别增长7.4%、5.6%，增速分别比规模以上工业快3.8、2.0个百分点。分经济类型看，国有控股企业增加值增长3.3%；股份制企业增加值增长4.8%，外商及港澳台商投资企业增加值下降1.0%；私营企业增加值增长2.9%。分产品看，新能源汽车、移动通信基站设备、工业控制计算机及系统产量增加值分别增长97.5%、16.3%、15.0%。12月，规模以上工业增加值同比增长1.3%，环比增长0.06%。1－11月，全国规模以上工业企业实现利润总额77 180亿元，同比下降3.6%。

服务业逐步恢复，现代服务业增势较好。全年批发和零售业增加值114 518亿元，同比增长0.9%；交通运输、仓储和邮政业增加值49 674亿元，同比下降0.8%；住宿和餐饮业增加值17 855亿元，同比下降2.3%；金融业增加值96 811亿元，同比增长5.6%；房地产业增加值73 821亿元，同比下降5.1%；信息传输、软件和信息技术服务业增加值47 934亿元，同比增长9.1%；租赁和商务服务业增加值39 153亿元，同比增长3.4%。全年规模以上服务业企业营业收入同比增长2.7%，利润总额同比增长8.5%。

（二）固定资产投资平稳增长，高技术产业投资增势较好

2022年，全国居民人均可支配收入36 883元，比2021年名义增长5.0%，扣除价格因素，实际增长2.9%。分城乡看，居民收入增长与经济增长基本同步，农村居民收入增长快于城镇。城镇居民人均可支配收入49 283元，比2021年名义增长3.9%，扣除价格因素，实际增长1.9%；农村居民人均可支配收入20 133元，比2021年名义增长6.3%，扣除价格因素，实际增长4.2%。按收入来源分，2022年，全国居民人均工资性收入20 590元，增长4.9%，占可支配收入的比重为55.8%；人均经营净收入6 175元，增长4.8%，占可支配收入的比重为16.7%；人均财产净收入3 227元，增长4.9%，占可支配收入的比重为8.7%；人均转移净收入6 892元，增长5.5%，占可支配收入的比重为18.7%。

2022年，全国居民人均消费支出24 538元，同比增长1.8%，扣除价格因素，实际下降0.2%。其中，人均服务性消费支出10 590元，同比下降0.5%，占居民人均消费支出的比重为43.2%。按常住地分，城镇居民人均消费支出30 391元，增长0.3%，扣除价格因素，实际下降1.7%；农村居民人均消费支出16 632元，增长4.5%，扣除价格因素，实际增长2.5%。全国居民恩格尔系数为30.5%，其中，城镇为29.5%，农村为33.0%。

投资持续增长，结构持续优化。2022 年，全社会固定资产投资 579 556 亿元，同比增长 4.9%；固定资产投资（不含农户）572 138 亿元，同比增长 5.1%。分区域看，东部地区投资增长 3.6%，中部地区投资增长 8.9%，西部地区投资增长 4.7%，东北地区投资增长 1.2%。分领域看，第一产业投资 14 293 亿元，同比增长 0.2%；第二产业投资 184 004 亿元，同比增长 10.3%；第三产业投资 373 842 亿元，同比增长 3.0%。分行业看，房地产投资总额大幅降低，投资结构趋于优化。全年房地产开发投资 132 895 亿元，同比下降 10.0%。其中，住宅投资 100 646 亿元，同比下降 9.5%；办公楼投资 5 291 亿元，同比下降 11.4%；商业营业用房投资 10 647 亿元，同比下降 14.4%。公共管理、卫生、居民服务以及信息传输、软件和信息技术服务业等领域投资增速较快，分别为 42.1%、26.1%、21.8%和 21.8%。

（三）居民消费价格温和上涨，工业生产者价格涨幅回落

2022 年，全年 CPI 同比上涨 2.0%。低于 3%的预期目标，在全球通胀高企的情况下，中国物价保持了平稳温和。分类别看，食品烟酒价格上涨 2.4%，衣着价格上涨 0.5%，居住价格上涨 0.7%，生活用品及服务价格上涨 1.2%，交通通信价格上涨 5.2%，教育文化娱乐价格上涨 1.8%，医疗保健价格上涨 0.6%，其他用品及服务价格上涨 1.6%。在食品烟酒价格中，猪肉价格下降 6.8%，粮食价格上涨 2.8%，鲜菜价格上涨 2.8%，鲜果价格上涨 12.9%。扣除食品和能源价格后的核心 CPI 上涨 0.9%。

（四）财政收入与就业形势总体维持稳定

2022 年，财政收入维持稳定，全国一般公共预算收入 203 703 亿元，同比增长 0.6%。其中，中央一般公共预算收入 94 885 亿元，同比增长 3.8%；地方一般公共预算本级收入 108 818 亿元，同比下降 2.1%。全国税收收入 166 614 亿元，同比下降 3.5%；非税收入 37 089 亿元，同比增长 24.4%。

全国一般公共预算支出 260 609 亿元，同比增长 6.1%，为高效统筹疫情防控和经济社会发展提供了必要的财力支撑。从支出结构上看，教育、社会保障和就业、卫生健康、交通运输以及债务付息支出增长较快，同比分别增长 5.5%、3.8%、8.1%、17.8%、8.7%。中央一般公共预算本级支出 35 570 亿元，同比增长 3.9%；地方一般公共预算支出 225 039 亿元，同比增长 6.4%。

2022 年，在新冠疫情反复冲击下，经济活动严重受限，企业停工停产情况严重，财政收支在保障民生、稳定就业、维护经济增长基本盘中发挥了重要作用，全年就业主要指标运行平稳，全国城镇新增就业 1 206 万人，超额完成 1 100

万人的全年预期目标，全国城镇调查失业率平均值为 5.6%；2022 年重点群体就业基本稳定，脱贫人口务工规模 3 278 万人，同比增加 133 万人。

三、中国经济发展展望

2022 年，高效统筹疫情防控和经济社会发展取得积极成效，稳住了宏观经济大盘，经济总量持续扩大，发展质量稳步提高，全年 GDP 同比增长 3%，人均 GDP 达 1.27 万美元；全年 CPI 同比增长 2%，城镇新增就业 1 206 万人，年末外汇储备余额达到 31 277 亿美元（稳居世界第一）。就业稳、物价稳、国际收支持续改善，经济运行总体稳定。在百年未有之大变局和世纪疫情叠加的复杂局面下，面对疫情散发多发、极端高温天气等诸多超预期因素冲击，能够交出这样的成绩单殊为不易。

国际形势依然复杂严峻，全球经济增长前景仍存在高度不确定性，全球利率持续处于高位，可能带来一系列震荡与风险；国际地缘政治冲突仍处于易发高发状态。针对当前的外部不确定性，以及国内消费与投资复苏依然存在内生动力不足的问题，中国政府应该果断实施更具扩张性的财政货币政策，以帮助总需求尽快恢复至潜在增速附近。

此外，国内需求收缩、供给冲击、预期转弱三重压力仍然较大，经济恢复基础仍不牢固。下阶段，要坚持以习近平新时代中国特色社会主义思想为指导，全面贯彻落实党的二十大精神和中央经济工作会议部署，坚持稳字当头、稳中求进，更好统筹疫情防控和经济社会发展，更好统筹发展和安全，全面深化改革开放，大力提振市场信心，着力稳增长、稳就业、稳物价，推动经济运行整体好转，努力实现质的有效提升和量的合理增长。

从下阶段情况看，尽管外部环境更趋复杂严峻，国内经济发展也面临压力，但中国经济长期向好基本面没有改变，韧性强、潜力大、活力足的特点也没有改变，支撑高质量发展的条件也没有改变。随着促进发展的积极因素累积增多，经济有望继续恢复向好。

第二节　2022 年中国对外贸易发展回顾与展望

一、2022 年中国对外贸易政策回顾

2022 年，受国际环境更趋复杂严峻和国内疫情冲击明显的超预期影响，稳

外贸压力增加。在以习近平同志为核心的党中央坚强领导下，中国统筹国内国际两个大局，统筹疫情防控和经济社会发展，统筹发展和安全。2022 年，国家出台了稳经济一揽子政策和接续措施，在外贸领域涉及保通保畅、加大财税金融支持力度、鼓励外贸新业态发展、支持外贸企业保订单拓市场、不断提升贸易安全和便利化水平等。随着政策的不断出台和实施，中国外贸进出口顶住多重超预期因素的冲击，规模再上新台阶，质量稳步提升。

（一）探求更高水平的自主开放

1. 进一步降低关税

自中国加入 WTO 以来，积极履行加入 WTO 时的关税减让承诺。2021 年，中国关税总水平由 2001 年的 15.3%降至 7.4%。2022 年，中国的关税总水平继续维持在 7.4%。2022 年以来，中国多次下调部分商品的进口关税。自 2022 年 1 月 1 日起，中国对 954 项商品实施了低于最惠国税率的进口暂定税率，包括对新型抗癌药氯化镭注射液实施零关税，降低颅内取栓支架、人造关节等部分医疗产品的进口关税，降低部分消费品的进口关税等。同时，中国严格根据 WTO 框架下扩大信息技术协定产品范围的谈判成果要求，自 2022 年 7 月 1 日起，对 62 项信息技术产品的最惠国税率实施第七步降税。此外，对于双边贸易协定和多边贸易协定中的协定汇率，中国也采取了进一步降低关税的措施。

2. 促进贸易便利化进程

第一，进一步精简进出口环节监管证件，简化进出口程序。近年来，中国口岸管理部门大力精简进出口环节的监管证件。目前，进出口环节需要验核的监管证件已从 2018 年的 86 种精简至 41 种，减少了 52.3%。截至 2021 年底，进出口环节共有 41 种监管证件需验核，除音像制品（版权引进）批准单、军品出口许可证、进口产品国外官方机构签发的证书未实现联网外，其余 38 种监管证件，已全部可通过“单一窗口”网上申请、网上办理，并实现联网核查。同时，推进简政放权，下大气力取消行政许可事项，截至 2022 年底，仅保留 10 项行政许可事项。另外，完善海关行政审批网上办理平台，企业办理手续更加便捷。大力推进“双随机、一公开”监管，覆盖了海关 28 项行政执法检查事项。

第二，进一步压缩进出口货物整体通关时间。2022 年，海关总署联合国家有关部门推出十条便利化措施，深化国际贸易“单一窗口”建设，巩固压缩整体通关时间成效。加大口岸通关现场人力和资源投入，在符合条件的港口深入推进进口货物“船边直提”、出口货物“抵港直装”试点，支持扩大“离港确认”

等模式的试点范围，全力保障口岸通关环节安全畅通，提高进出口货物的便利化水平。2022 年 12 月，全国进口、出口整体通关时间分别为 32.02 小时和 1.03 小时，分别比 2017 年缩短了 67.1%和 91.6%。

第三，进一步推广国际贸易“单一港口”。2022 年，海关落实“放管服”改革，指导 9 万余家企业以“多证合一”方式办理报关单位备案。推进全业务领域一体化改革，基本满足企业“一站式”业务办理需求，贸易便利化水平进一步提升。

第四，加强与境外海关开展经认证的经营者（AEO）互认合作。中国海关自 2008 年实施 AEO 制度以来，一直大力推进 AEO 国际互认，着力提升中国企业境内外通关便利化水平，降低企业通关成本，增强企业在国际市场的竞争力。截至 2022 年底，中国海关已经与全球 22 个经济体、48 个国家（地区）签署 AEO 互认协议，其中包括欧盟在内的 13 个经济体、39 个国家（地区）已正式实施 AEO 互认安排。

3. 调整贸易开展模式

近年来，随着互联网等数字技术的不断发展以及中国制度型开放稳步推进，外贸新业态新模式快速发展，成为中国推进高水平对外开放的重要力量。外贸新业态新模式包括跨境电商、市场采购、海外仓、外贸综合服务、保税维修、离岸贸易六类。

近年来，中国积极开展和扩大跨境电子商务、市场采购贸易模式的试点。在跨境电子商务方面，“跨境电商综合试验区”自 2015 年 3 月启动，截至 2022 年 12 月，全国共有 165 个跨境电商综试区，覆盖了 31 个省份，形成了陆海内外联动、东西双向互济的开放格局。另外，2022 年，中国多地推动跨境电商海外仓模式落地，以苏州和青岛为例，2022 年 9 月和 12 月，两地首票跨境电商特殊区域出口海外仓零售（“1210 出口”）业务先后落地。相较传统模式，“1210”出口模式更为便利。就市场采购贸易方式而言，自 2013 年在浙江义乌实行市场采购贸易方式试点（以下简称“试点”）以来，经过多年发展，试点单位已达 39 家，覆盖东、中、西部 21 个省份。中国海关统计数据显示，2022 年，跨境电商、市场采购贸易方式等外贸新业态进出口规模超过 3 万亿元，占外贸的比重超过 7%。其中，跨境电商进出口（含 B2B）2.11 万亿元，同比增长 9.8%。其中，出口同比增长 11.7%，进口同比增长 4.9%，越来越多的“中国制造”通过跨境电商进入国际消费品市场。

4. 建立高标准自由贸易试验区

建立自由贸易试验区是中国政府在新发展形势下推进改革开放的一项重大举措。从 2013 年 9 月 29 日中国（上海）自由贸易试验区正式挂牌成立至今，全国已设立 21 个自由贸易试验区及海南自由贸易港，形成了覆盖东西南北中的试点格局。开放新高地“多点开花”，为中国经济高质量发展及世界经济复苏注入正能量。

2022 年，21 家自由贸易试验区实现进出口总额 7.5 万亿元，同比增长 14.5%，占全国进出口总额的 17.8%；实际使用外资 2 225.2 亿元，占全国的 18.1%。其中，高技术产业实际使用外资 863.4 亿元，同比增长 53.2%。同时，自由贸易试验区坚持以制度创新推动政府治理能力提升，带动营商环境不断优化。截至 2022 年底，各省、自治区、直辖市已经累计向自由贸易试验区下放超过 5 400 项省级管理权限，大幅减少了审批层级。此外，各自由贸易试验区主动作为，积极推动跨区域协同创新。

5. 国际经贸活动彰显高水平开放

近年来，中国自主举办多场国际经贸活动来扩大开放，向世界展示中国兑现了“中国开放的大门只会越开越大”的承诺。2022 年，中国高水平对外开放不止步，成功举办了进博会、广交会、服贸会、消博会，释放出中国坚持对外开放、加强国际经贸合作的积极信号，彰显了中国以高水平对外开放促改革、促发展、促创新的坚定决心。

（二）着力深化双边、多边、区域合作关系

近年来，中国一直着力构建开放型经济体制，深化多双边和区域经济合作。在此基调下，中国以共建“一带一路”为重点，坚持“引进来”和“走出去”并重，形成陆海内外联动、东西双向互济的开放格局。同时，中国积极拓展平等、开放、合作的全球伙伴关系，与多国达成区域贸易协定，促进贸易自由化、便利化，并且积极推动加入高标准经贸协定。

1.“一带一路”建设硕果累累

推动共建“一带一路”高质量发展是践行构建人类命运共同体的重大举措。截至 2022 年底，中国已同 151 个国家、32 个国际组织签署了 200 多份共建“一带一路”合作文件。

2022 年，中国与“一带一路”沿线国家贸易规模创历史新高，进出口总额达 13.83 万亿元，占中国外贸总额的 32.9%，较上年提升了 3.2 个百分点。2022 年，中国企业在“一带一路”沿线国家非金融类直接投资 1 410.5 亿元，较上年

增长 7.7%，占同期总额的 17.9%，主要投向新加坡、印度尼西亚、马来西亚、泰国、越南、巴基斯坦、阿联酋、柬埔寨、塞尔维亚和孟加拉国等国。同时，中国企业在“一带一路”沿线国家新签对外承包工程项目合同 5 514 份，新签合同额 8 718.4 亿元，较上年增长 0.8%，占同期中国对外承包工程新签合同额的 51.2%。[①]

2022 年，“一带一路”标志性项目——雅万高铁 2 号隧道工程顺利完工，实现了雅万高铁全线重难点工程全部突破，全线架梁通道贯通。同时，中国累计与共建“一带一路”国家签署海关检验检疫合作文件 73 份，推动 60 种农产品食品检疫准入或实现贸易。此外，中国积极推进共建“一带一路”国家标准领域对接合作，已有超过三分之一的“一带一路”沿线国家在建重点基础设施项目采用中国标准，中国行业或企业在全球市场主导能力显著提升。

2. RCEP 成果显著

2022 年 1 月 1 日，RCEP 正式生效实施。2022 年，中国对包括东盟在内的 RCEP 其他 14 个成员贸易额达 12.95 万亿元，增长 7.5%，占中国外贸总额的 30.8%。中国对 RCEP 其他成员贸易增速超过两位数的达到了 8 个，其中，对印度尼西亚、新加坡、缅甸、柬埔寨、老挝的贸易增速均超过了 20%。2022 年的贸易数据显示，RCEP 区域产业密切度在增强。中国对 RCEP 其他成员贸易中间产品 8.7 万亿元，增长 8.5%，占同期中国对其他成员贸易总额的 67.2%，从主要商品看，中国对 RCEP 其他成员出口机电产品、劳动密集型产品分别增长 13.2% 和 20.7%，其中，电子元件、蓄电池、汽车分别增长 15%、50.3%和 71.6%。[②]

3. 自由贸易协定不断推进

近年来，中国不断推进自由贸易区发展。2022 年 4 月，中国—新西兰自由贸易协定已实施升级。2022 年 11 月召开的中国—东盟领导人会议宣布共同推进中国—东盟自贸区 3.0 建设。截至 2022 年底，中国已与 26 个国家和地区签署了 19 个自由贸易协定，其中，90%以上的产品关税将降至零。

4. 金砖国家峰会巩固既定伙伴关系

2022 年 6 月 23 日，中国成功主办金砖国家领导人第十四次会晤，五国领导人围绕“构建高质量伙伴关系，共创全球发展新时代”的主题，就践行多边主义、团结抗击疫情、促进经济复苏、推进高效务实合作、加快落实 2030 年可持

① 中华人民共和国商务部，http://www.mofcom.gov.cn/article/tongjiziliao/dgzz/202302/20230203384453.shtml.

② 中华人民共和国商务部，http://chinawto.mofcom.gov.cn/article/e/s/202301/20230103379112.shtml.

续发展议程、深化人文交流、完善机制建设等深化对话合作，推动构建更加全面、紧密、务实、包容的高质量伙伴关系。会晤通过并发表《金砖国家领导人第十四次会晤北京宣言》。6 月 24 日，金砖五国领导人同其他 13 个具有广泛代表性的新兴市场国家和发展中国家领导人就促进全球发展达成重要共识。会议发表《全球发展高层对话会主席声明》，并发布 32 项成果清单。

5. 继续推进加入 CPTPP 和 DEPA 的进程

2022 年 8 月 18 日，数字经济伙伴关系协定（DEPA）联委会宣布中国加入数字经济伙伴关系协定工作组正式成立，中国将在工作组框架下与 DEPA 成员展开实质性谈判，推进加入进程。商务部于 10 月 27 日表示，中国愿通过持续深化改革，努力全面达到全面与进步跨太平洋伙伴关系协定（CPTPP）规则标准，并在市场准入领域做出超过中方现有缔约实践的高水平开放承诺。

（三）坚决维护多边贸易体制和规则

WTO 成立以来，为推动全球贸易发展、保障充分就业、促进经济增长和提高生活水平等做出了重要贡献。但近年来，WTO 遭遇内外压力，多边贸易体制面临诸多挑战。中国是多边贸易体制的坚定支持者，中国呼吁各国要支持以世界贸易组织为核心的多边贸易体制，维护全球产业链供应链安全稳定，做大合作蛋糕，让发展成果更好惠及各国人民。

中国始终是多边主义的积极支持者、多边贸易体制和规则的坚定捍卫者，是 WTO 的坚定维护者和支持者。近年来，中国积极发挥负责任大国作用，为 WTO 改革建言献策。2019 年 5 月，中国向 WTO 正式提交了《中国关于世贸组织改革的建议文件》，全面阐述了中国的 WTO 改革主张。2020 年 4 月，中国和欧盟等一些成员在上诉机构瘫痪的情况下，一道推动建立了临时上诉仲裁安排。2021 年 12 月 2 日，由中国、欧盟、美国等 67 个 WTO 成员共同发表《关于完成服务贸易国内规制谈判的宣言》，正式宣布成功解锁服务贸易国内规制联合声明倡议谈判，明确相关谈判成果将纳入各方现有多边承诺。在 2022 年 6 月举行的 WTO 第十二届部长级会议上，中国代表团全程参与各议题磋商，在 WTO 改革、疫情应对、粮食安全、渔业补贴、电子商务等议题上，推动会议达成相关共识。12 月 16 日，WTO 成员在日内瓦实质性结束《投资便利化协定》文本谈判。《投资便利化协定》是中国在 WTO 主动设置、积极引领的首个谈判议题。超过 110 个成员联署并参与该议题谈判。未来，中国将更加积极参与 WTO 改革，推动 WTO 在完善全球经济治理、促进经济全球化和世界经济繁荣稳定方面发挥更大作用。

二、2022年中国对外贸易发展

（一）2022年中国对外贸易发展总体情况

2022年，世界政治局势动荡不安，俄乌冲突持续发酵、欧洲能源危机问题凸显、欧美等发达国家加快收紧宏观政策等，一定程度上影响全球经济格局，使世界进出口贸易走向更加扑朔迷离。但中国高效统筹新冠疫情防控和经济社会发展、陆续推出并加快落地多项稳外贸政策，最终外贸实现新突破，进出口规模、质量、效益同步提升，外贸实现稳定增长。

中国海关统计显示，2022年中国外贸进出口总值42.07万亿元，比2021年增长7.7%。其中，出口23.97万亿元，增长10.5%；进口18.1万亿元，增长4.3%。同时，中国外贸结构持续优化，一般贸易进出口26.81万亿元，比2021年增长11.5%。中国对东盟、欧盟、美国分别进出口6.52万亿元、5.65万亿元、5.05万亿元，分别增长15%、5.6%、3.7%。东盟继续为中国第一大贸易伙伴，占中国外贸总值的15.5%。同期，中国与“一带一路”沿线国家进出口合计13.83万亿元，比2021年增长19.4%。中国与RCEP其他14个成员合计进出口12.95万亿元，比2021年增长7.5%。[①]

（二）2022年中国货物贸易发展

2022年，中国不断推进外贸体制改革创新，货物贸易实现跨越式发展，贸易结构持续优化，国际市场不断拓展，为经济社会发展做出了重要贡献。2022年，中国进出口总值首次突破40万亿元关口，在2021年高基数基础上继续保持了稳定增长，规模再创历史新高，连续6年保持世界第一货物贸易国地位。据统计，2022年中国货物贸易进出口总值42.07万亿元，比2021年增长7.7%。其中，出口23.97万亿元，增长10.5%；进口18.1万亿元，增长4.3%。进出口相抵，贸易顺差58 630亿元。

1. 贸易伙伴多元发展

东盟、欧盟、美国继续保持中国前三大贸易伙伴位置。东盟连续三年成为中国第一大贸易伙伴。2022年，中国对东盟、欧盟、美国分别进出口6.52万亿元、5.65万亿元和5.05万亿元，分别增长15%、5.6%和3.7%。同期，中国对“一带一路”沿线国家进出口增长19.4%，占中国外贸总值的32.9%，较上年提升3.2个百分点；对RCEP其他成员进出口增长7.5%。

---

① 中华人民共和国中央人民政府，https://www.gov.cn/xinwen/2023-01/14/content_5736849.htm.

2. 贸易方式持续优化

贸易方式进一步优化，一般贸易增长快、比重不断上升。2022 年，中国一般贸易进出口 26.81 万亿元，增长 11.5%，占进出口总值的 63.7%，较上年提升 2.2 个百分点。其中，出口 15.25 万亿元，增长 15.4%；进口 11.56 万亿元，增长 6.7%。同期，加工贸易进出口 8.45 万亿元，占进出口总值的 20.1%。

3. 外贸主体活力持续增强

随着一系列助企纾困政策措施落地见效，外贸市场主体活力有效激发。2022 年，中国有进出口实绩的外贸企业 59.8 万家，增加 5.6%。其中，民营企业 51 万家，增加 7%，进出口 21.4 万亿元，增长 12.9%，占进出口总值的 50.9%，提升 2.3 个百分点。同期，外商投资企业进出口 13.82 万亿元，国有企业进出口 6.77 万亿元，分别占进出口总值的 32.9%和 16.1%。①

4. 出口产品结构变化显著

2022 年，中高技术产品出口在中国货物贸易进出口中占据重要地位。2022 年，中国机电产品进出口 20.66 万亿元，增长 2.5%，占进出口总值的 49.1%。此外，新能源产品出口实现超高速增长。太阳能电池、锂电池、新能源汽车出口分别增长 67.8%、86.7%、119.0%。高新技术产品也在中国出口总值中占据较大比重，达到 26.45%。同期，劳动密集型产品出口保持稳定增长，总值达到 4.28 万亿元，同比增长 8.9%，占中国出口总值的 17.9%；箱包、鞋、陶瓷、玩具、服装分别增长了 32.6%、24.4%、10.2%、9.1%、6.7%。

（三）2022 年中国服务贸易发展

2022 年，中国服务贸易保持较快增长，服务进出口总值 59 801.9 亿元，同比增长 12.9%。其中，服务出口 28 522.4 亿元，同比增长 12.1%；进口 31 279.5 亿元，同比增长 13.5%；逆差 2 757.1 亿元。

1. 中国知识密集型服务进出口稳定增长

2022 年，中国知识密集型服务进出口 25 068.5 亿元，同比增长 7.8%。其中，知识密集型服务出口 14 160.8 亿元，同比增长 12.2%；出口增长较快的领域是知识产权使用费、电信计算机和信息服务，分别增长 17.5%、13%；知识密集型服务进口 10 907.7 亿元，同比增长 2.6%；进口增长较快的领域是保险服务，增速达 35.8%。

---

① 中华人民共和国中央人民政府，https://www.gov.cn/xinwen/2023-01/13/content_5736993.htm.

2. 旅行服务进出口继续恢复

2022 年，中国旅行服务总体呈现恢复态势，全年旅行服务进出口 8 559.8 亿元，同比增长 8.4%。[①]

三、中国对外贸易发展展望

2022 年，新冠疫情形势延宕反复、地缘政治冲突升级、重大气候灾害频发，这些带有不确定性的短期因素不断涌现，同时一些深层次矛盾和结构性问题也日益凸显，全球经济增长面临的不利因素相对以往增多，世界经济处于下行通道。但在全球经贸环境动荡的大背景下，中国外贸顶住多重超预期压力，规模首破 40 万亿元关口，实现了稳定增长。

2023 年 1 月，联合国发布的《世界经济形势与展望》报告预测，2023 年世界经济增长将从 2022 年的约 3%降至 1.9%。国际货币基金组织（IMF）发布的《世界经济展望》显示，2023 年，全球经济增长预计放缓至 2.9%。就中国而言，随着 2022 年 12 月新冠疫情防控政策的大幅调整，以及中央经济工作会议对宏观政策力度的积极定调，2023 年经济运行过程中疫情影响将会逐渐减弱，货币、财政、地产、产业等各项政策将积极生效，市场主体信心提升，内需随着消费恢复而逐步扩大，经济增长稳步修复。但经济的重新开放预计不会一帆风顺，增长率可能仍远低于疫情前的 6%～6.5%，联合国预测 2023 年中国经济增长将达到 4.8%。

2023 年是全面贯彻落实党的二十大精神的开局之年。2022 年 12 月召开的中央经济工作会议提出，2023 年要“更好统筹发展和安全，全面深化改革开放，大力提振市场信心，把实施扩大内需战略同深化供给侧结构性改革有机结合起来”，努力在 2023 年维持高质量稳定增长。

第三节　2022 年中国利用外资回顾与展望

一、2022 年中国利用外资政策调整

党的二十大报告明确指出，中国坚持对外开放的基本国策，坚定奉行互利共赢的开放战略。2022 年中央经济工作会议进一步强调，坚持推进高水平对外开

① 中华人民共和国中央人民政府，https://www.gov.cn/xinwen/2023-01/30/content_5739184.htm.

放，稳步扩大规则、规制、管理、标准等制度型开放。

（一）明确发展路径，多举措稳外资

第一，扩大高水平对外开放，完善外资支持政策。落实好 2021 年版全国和自由贸易试验区外资准入负面清单，确保汽车制造等领域开放举措落地见效，吸引更多跨国公司投资。修订扩大《鼓励外商投资产业目录》，充分发挥土地、税收等优惠政策效应，引导外资更多投向先进制造、现代服务、高新技术、绿色低碳、数字经济等领域和中西部地区。

第二，提升服务外资水平，强化平台作用。完善重点外资项目工作专班机制，对外资企业遇到的困难问题，快速响应、及时解决，为企业稳定经营提供服务保障；加强重点外资项目用地、用能、环保、人员出入境等方面的保障，推动项目早签约、早投产、早达产。发挥自由贸易试验区、自由贸易港、服务业扩大开放综合试点示范等开放平台作用，对接高标准国际经贸规则，加快推动制度型开放。落实好国家级经开区新版考核评价办法，大力发展开放型经济，打造稳外贸稳外资“主阵地”。

第三，加强投资促进，优化营商环境。办好第二十二届中国国际投资贸易洽谈会，举办多种形式的招商活动，促进重点产业外资项目对接。组织开展“跨国公司地方行”活动，为地方招商引资提供更好支持。实施好《中华人民共和国外商投资法》及《中华人民共和国外商投资法实施条例》，持续完善配套规定。充分发挥外资企业投诉工作机制作用，加大外商投资合法权益保护力度，落实好外资企业国民待遇。努力营造更加优良的营商环境，让中国始终成为外商投资的热土。

第四，提升引资质量，追赶发展机遇。加快形成陆海内外联动、东西双向互济的新开放格局。加快制度创新步伐，提升内陆自由贸易试验区可持续发展能力。在“一带一路”倡议下，积极谋划对接，大力改善营商环境，抓住数字经济和网络经济的后发追赶机遇，为接纳高质量外资项目塑造良好的产业环境。在准入前国民待遇加负面清单监管模式基础上平等对待外资企业，不断深化“放管服”改革，降低外资企业跨国经营的外部环境风险。

（二）放宽市场准入，扩大对外开放

为贯彻落实党中央、国务院决策部署，国家发展改革委、商务部于 2022 年 10 月 28 日发布《鼓励外商投资产业目录（2022 年版）》（以下简称《鼓励目录》），自 2023 年 1 月 1 日起施行。

新版《鼓励目录》总条目 1 474 条，较上一个版本条目数净增加 239 条，增幅达19.4%，增加的条目数达到了近年来新高。特别是中西部地区外商投资优势产业目录共955条，较上一个版本条目数新增了200条，增幅达26.5%，根据不同区域优势实施针对性鼓励外商投资政策的态度明显。在以下几个方面做出了调整：一是持续鼓励外资投向制造业。全国目录继续将制造业作为鼓励外商投资的重点方向，提升产业链供应链水平，新增或扩展元器件、零部件、装备制造等有关条目。二是持续引导外资投向生产性服务业。全国目录将促进服务业和制造业融合发展作为修订重点，新增或扩展专业设计、技术服务与开发等条目。同时充分挖掘中西部、东北各省份在劳动密集型产业方面的比较优势和潜力，新增了相关条目，鼓励承接劳动密集型加工贸易相关产业梯度转移的政策态度明显。这有利于促进当地就业，推动区域协调发展。三是持续优化利用外资区域布局。结合各地劳动力、特色资源等比较优势扩大中西部目录鼓励范围。再次展示了中国坚持高水平对外开放，加快构建以国内大循环为主体、国内国际双循环相互促进的新发展格局的坚定决心，对于提振外资企业预期和信心、促进外资企业更好参与中国经济高质量发展具有积极意义。四是推动对外资企业更好参与中国绿色发展。为更好实现绿色发展，吸引跨国公司来华投资合作，《鼓励目录》在全国目录中增加了许多节能环保相关条目，充分践行了推动绿色发展促进人与自然和谐共生的理念，有助于进一步推进生态优先、节约集约和绿色低碳发展①。

（三）推进自由贸易试验区改革，扩大开放先行先试

国家发展改革委、商务部于2021年12月27日发布《自由贸易试验区外商投资准入特别管理措施（负面清单）（2021年版）》。建设自由贸易试验区，是以习近平同志为核心的党中央在新时代推进改革开放的重要战略举措，是服务国家重大战略、跨区域协同创新的重大举措。2022年1月1日起，新版自由贸易试验区外资准入负面清单施行，实现了制造业条目清零、服务业持续扩大开放。21家自由贸易试验区全年实际使用外资2 225.2亿元，占全国实际使用外资的18.1%。同时自由贸易试验区坚持以制度创新推动政府治理能力提升，带动营商环境不断优化②。

---

① 国家发展改革委、商务部发布《鼓励外商投资产业目录（2022年版）［EB/OL］. http://sg.mofcom.gov.cn/article/sxtz/zgyshj/202212/20221203371611.shtml.

② 人民网. 2022年中国商务运行总体实现稳中有进［EB/OL］. http://yn.people.com.cn/n2/2023/0203/c372455-40287503.html.

2022 年，商务部和有关部门推动出台了支持自由贸易试验区建设的文件 56 份，赋予了自由贸易试验区更多先行先试的改革任务。截至 2022 年底，各省、自治区、直辖市已经累计向自由贸易试验区下放的省级管理权限超过 5 400 项，大幅减少了审批层级。山东、广西等地还创新开展了“负面清单”式的放权。自由贸易试验区积极探索破除阻碍国内外创新资源和要素集聚的体制机制性障碍，推动新产业、新业态、新模式加快发展，初步建成了一批具有较强竞争力的产业集群。比如，重庆西永片区形成了年产 1 亿台件以上的千亿级智能终端产业集群；湖北武汉片区大力发展光电子信息产业，聚集相关企业超过 16 000 家。

（四）优化外商引资结构，助力制造业转型升级

为贯彻落实党中央、国务院关于稳外资、促服务的决策部署，加大制造业引资力度，推动利用外资高质量发展，国家发展改革委、商务部等部门于 2022 年 10 月 25 日联合印发了《关于以制造业为重点促进外资扩增量稳存量提质量的若干政策措施》①（以下简称《若干政策措施》）。一是优化投资环境，扩大外商投资增量。深入实施外资准入负面清单，尽快将开放政策转化为实实在在的外资项目。高标准落实外资准入后国民待遇，保障外商投资企业依法依规平等享受支持政策。推动外资项目签约落地，加大项目政策支持和服务保障力度。强化土地要素保障，保障制造业外资项目合理需求。开展国际产业投资合作系列活动，加强与外商投资企业、有关商会和国际组织的对话交流。提升国际投资公共服务平台效能，强化重点展会投资促进服务功能。二是加强投资服务，稳定外商投资存量。便利国际商务人员往来，用好用足中外人员往来“快捷通道”。加强货运物流保通保畅，保障外商投资企业生产物资和产品运输通畅。强化外商投资企业金融支持，按照市场化原则为符合条件的外商投资企业提供优质金融服务和融资支持。鼓励外商投资企业利润再投资，落实好以分配利润直接投资暂不征收预提所得税等政策。支持制造业外商投资企业进出口，为企业提供贸易通关等方面的服务和指导。三是引导投资方向，提升外商投资质量。优化外商投资结构，实施好鼓励外商投资产业目录配套政策。支持外商投资创新发展，鼓励外资在华设立研发中心，深化科技开放合作。加快外商投资绿色低碳升级，引导外资积极参与碳达峰碳中和战略。引导制

① 国家发展改革委等部门印发《关于以制造业为重点促进外资扩增量稳存量提质量的若干政策措施》的通知［EB/OL］. https://www.ndrc.gov.cn/xwdt/tzgg/202210/t20221025_1339090.html.

造业外商投资企业国内梯度转移，推动跨国公司到产业发展基础较好的中西部和东北地区发展。

《若干政策措施》要求，各有关部门、各地方要高度重视，加强配合，做好外资扩增量、稳存量、提质量各项工作，营造更加优化的政策环境，稳定外商投资预期，提振外商投资信心，推动利用外资高质量发展，支持外商投资企业更好融入国内大循环，促进国内国际双循环。吸引外资大省要充分发挥优势，加大引资力度，增强对全国稳外资的带动作用。

二、2022 年中国利用外资政策回顾

（一）利用外资规模稳中有升

2022 年，全国实际使用外资稳定增长，引资规模再创历史新高。在 2021 年两位数增速的基础上，2022 年吸收外资继续保持稳定增长，实际使用外资 12 326.8 亿元人民币，按可比口径同比增长 6.3%（折合 1 891.3 亿美元，增长 8%）[①]，引资规模依然保持世界前列。欧洲对华投资 121 亿美元，大幅增长 70%。东盟对华投资也保持高增速，同比增长 8.2%。合同外资 1 亿美元以上大项目实到外资 6 534.7 亿元人民币，增长 15.3%，占全国实际使用外资的 53%，为稳外资提供了重要支撑。

（二）外资来源地结构

2022 年，外资投资主要来源地普遍增长。投资增幅较大的来源地有韩国、德国、英国等，分别增长 64.2%、52.9%和 40.7%。分区域看，欧盟、“一带一路”沿线国家、东盟对华投资分别增长 92.2%、17.2%和 8.2%。2022 年，外商直接投资新设立企业 38 497 家，比上年下降 19.2%。其中，“一带一路”沿线国家对华直接投资（含通过部分自由港对华投资）新设立企业 4 519 家，下降 15.3%。

（三）利用外资的行业结构

2022 年，引资结构持续优化。外商投资企业投资金额最多的行业是制造业，实际使用外资 3 237 亿元，同比增长 46.1%，占全国的 26.3%，较 2021 年提升 7.8 个百分点，是 2022 年外商投资增长最快的行业，尤其是得益于外资准入限制的全面放开，汽车制造业引资大幅增长 263.8%。计算机通信制造、医药制造领域引资分别增长 67.3%和 57.9%。此外，外商直接投资额排名第二位、第三位

① 国务院新闻办公室新闻发布会. 国新办举行 2022 年商务工作及运行情况新闻发布会［EB/OL］. http://www.scio.gov.cn/xwfbh/xwbfbh/wqfbh/49421/49554/index.htm.

的行业是租赁和商务服务业（2 148 亿元）及信息传输、软件和信息技术服务业（1 548 亿元）。高技术产业成为重要的增长点。高技术产业实际使用外资 4 449.5 亿元，增长 28.3%，带动吸收外资的质量进一步提升。其中，高技术制造业、高技术服务业引资分别增长 49.6%和 21.9%。科技成果转化服务、研发与设计服务等领域引资也实现了快速增长，增幅分别为 35%和 26.4%。电力、热力、燃气及水生产和供应业外商企业 523 家，比上年增长 12.5%，实际使用外资 276 亿元，比上年增长 10.8%。

（四）利用外资的区域结构

从区域分布看，2022 年东、中、西部引资全面增长。东、中、西部地区实际使用外资分别增长 4.7%、21.9%和 14.1%[①]，中、西部地区分别高于全国平均水平 15.6 个百分点和 7.8 个百分点。东部省份中，江苏省的引进外资接近了 2 000 亿元。广东、上海、山东、浙江、北京引资规模也都超过了 1 亿元。中西部省份中，山西、河南、广西、湖南、陕西分别增长 229.6%、119.8%、49.1%、41.3% 和 33.6%，中西部地区的引资潜力得到了进一步释放。

三、2022 年中国利用外资政策展望

（一）持续扩大对外开放，优化引资结构

外资工作要更大力度吸引和利用外资，坚决贯彻落实党的二十大精神和中央经济工作会议要求，坚持稳字当头、稳中求进，围绕稳存量、扩增量、提质量，多措并举，不断提高利用外资的质量和水平。合理缩减外资准入负面清单，进一步放宽准入门槛，加大现代服务业开放力度。积极推动加入 CPTPP 和 DEPA 等高标准经贸协议，主动对照相关规则、规制、管理、标准，稳步扩大制度型开放。加大自由贸易试验区、自由贸易港、服务业扩大开放示范试点、国家级经开区等开放平台先行先试力度，加快试点经验复制推广。

同时，实施好新版《鼓励目录》以及制造业、研发中心等专项政策，引导外资投向先进制造、现代服务、节能环保、科技创新等重点领域，优化区域引资结构，巩固东部沿海地区引资优势，提升中西部和东北地区引资能力。

① 中华人民共和国商务部. 营商环境［EB/OL］. http://sg.mofcom.gov.cn/article/sxtz/zgyshj/202303/20230303398363.shtml.

（二）全球经济衰退风险加剧，国际关系仍存在不确定性

全球经济衰退风险增加，可能会降低跨国企业投资意愿，影响全球跨国投资正常开展。中美博弈竞争和地缘政治冲突加剧，跨国公司出于降低产业链供应链成本和风险的考虑，推动供应链多元化、近岸化，导致中国稳外资压力加大。各国引资竞争加剧，一些国家出台优惠政策、补贴政策吸引外商投资，对中国引资形成了竞争格局。

党中央和国务院将进一步对吸引和利用外资进行部署，预计将在稳步扩大规则、规制、管理、标准等制度型开放，放宽外资市场准入，吸引外资优化制造业投资布局，深入推进服务业扩大开放综合试点，推动投资自由化便利化等方面推出一些新的引资政策，稳定外商投资和信心。着力稳存量、促增量、提质量，2023 年外资稳增长可期。

第四节 2022 年中国对外投资发展回顾与展望

一、2022 年中国对外投资面临的挑战

2022 年，中国对外投资平稳发展，稳中有进，全行业对外直接投资 9 853.7 亿元人民币，增长 5.2%（折合 1 465 亿美元，增长 0.9%）。中国对外投资虽然保持了稳定增长的局面，但同时也面临诸多挑战。一方面，新冠疫情反复冲击使世界经济下行、复苏动力不足，深刻影响了国际投资的环境，对投资需求和供给造成了极大的冲击；另一方面，地缘局势紧张与经济格局演变叠加，粮食、能源、债务多重危机同步显现也给中国对外直接投资带来严重的不确定因素。

（一）新冠疫情延宕反复加剧世界经济下行

2022 年度虽然是疫情第三年，各国也采取逐渐放开的政策，但对全球经济的冲击却是更大的，各国持续的低迷消费与投资也形成了放大效应，许多经济领域都出现了凋敝状，尤其体现在房地产、贸易等产业上。

根据联合国贸易和发展会议发布的《2023 年世界投资报告》显示，2022 年全球 FDI 较上年下降 12%，降至 1.3 万亿美元。这与新冠疫情存在一定的关系。首先，疫情的突发性和难以预测性使不确定性增加，而不确定性与交易成本存在紧密关联，故对外投资目的国疫情暴发极可能导致中国跨国企业经营的交易

成本上升。具体而言，疫情会导致企业员工的染疫不确定性上升从而带来额外的防疫成本；疫情造成的局部隔离会引发中间产品的调配和运输的不确定性上升从而增加物流成本；疫情对人员行动限制的不确定性也会影响劳动力市场的短期供给，导致企业的用工成本增加。其次，由于疫情具有蔓延和社会恐慌特征，或引发经济秩序的混乱，随着疫情的恶化与扩散，政府出于阻断疫情传播和稳定公众情绪的现实考虑可能采取交通管制、社交禁令等强力管制措施，从而企业的研发、采购、生产、销售、资金筹集及物流活动均可能陷于停顿，进而造成跨国企业全球价值链的断裂，此类负面效应会对对外投资造成一定的阻碍。最后，由于疫情的生物传染性使其极易通过国际贸易商品流动在国家间快速蔓延，染疫国的出口商品及其运输包装、工具等很可能成为病菌附着媒介，导致其出口阻力增大，这主要来源于两个因素：一方面，各国出于对疫情跨国传播的隐忧，对来自染疫国的进口货物及物流运输诸环节执行更严格的检疫、消毒和无害化处理，这延迟了产品的出口时间，提升了出口成本；另一方面，疫情会使染疫国的产品被贴上负面形象的原产国标签，相关产品的进口国可能会做出更多进口限制，产生变相贸易壁垒。跨国企业极有可能因此放弃原本的对外投资计划。

（二）地缘政治冲突等国际环境恶化影响海外投资

2022 年 2 月 24 日，俄乌冲突爆发。这是冷战结束以来最大的地缘政治冲突，正推动国际战略力量和格局进行深度调整。俄乌冲突已持续超过一年并愈演愈烈，国际安全形势愈发尖锐对立。这场冲突严重加剧了国际政治中的集团对抗和阵营对立。围绕俄乌冲突，以联合国安理会为核心的大国协商一致原则面临困境，集团对抗日益取代机制合作。同时，其反向助推全球性军备竞赛。受俄乌冲突刺激，北约成员国军事化程度明显提升，英、法、德等军事大国纷纷上调军费比例。此外，美西方对俄史无前例的全方位经济金融制裁，破坏国际贸易规则，增大国际债务和金融领域风险，造成国际产业链供应链断裂，加剧世界能源和粮食危机，令经济全球化遭受历史性重创。这进一步削弱了全球安全架构的基础，对全球安全治理体系形成巨大冲击。国际投资环境存在极大的不确定性，给中国对外直接投资造成严峻的挑战。

二、2022 年中国对外投资政策调整

面对中国对外投资受到的诸多挑战，尤其是在新冠疫情的反复冲击下，党中

央、国务院高度重视对外投资，连同各有关部门连续出台相关政策促进、规范和保障企业跨国经营活动，促进对外投资合作健康发展。

（一）促进对外投资合作建设项目绿色转型和可持续发展

2022 年 1 月，生态环境部、商务部联合印发《对外投资合作建设项目生态环境保护指南》进一步规范企业对外投资合作中的环境保护行为，优化境外投资建设项目全生命周期生态环境管理。近年来，一系列指导政策的递进，持续反映了绿色发展新理念与新要求。世界资源研究所支持和参与研究的《“一带一路”项目绿色发展指南》《企业及金融机构应用手册》及促进中国企业海外可再生能源投资的政策研究、中国海外园区低碳化研究、中国可再生能源对外援助等项目，可为企业参与境外投资与建设项目，提高生态环境表现，打造“一带一路”绿色发展样板提供支持。

《对外投资合作建设项目生态环境保护指南》主要是在以下三个方面为中国企业以更高质量、更优水平拓展对外合作提供指引：第一，进一步明确适用对象，提供清晰的项目环境管理流程框架。明确适用于中国企业在境外开展投资建设的新建（含改建、扩建）类项目、收购并购类项目以及承包工程类项目；提出境外项目全生命周期生态环境管理流程，分别就项目投资建设前、施工期、运营期、关闭退出等主要环节提出了生态环境管理的要求。第二，全面阐述生态环境的内涵，突出体现在重点项目的应用。以系统性的视角明确了生态环境内涵，即应包括污染防治、应对气候变化、生态系统和生物多样性保护等方面。同时，对绿色基建、绿色能源、绿色交通等领域提出了针对性指导，支持中国对外投资合作可持续发展和绿色“一带一路”建设。第三，夯实提高境外项目生态环境管理水平的工作要求。再次明确鼓励项目采用国际通行标准或中国更严标准开展生态环境保护相关工作，在企业环境管理责任理念、内部管理体系、行动落实和信息披露沟通等方面做出规范，进一步强化企业对境外项目的环境保护主体责任，增强管理意识与能力。

（二）依托“一带一路”建设深化区域经济合作

2022 年 9 月 16 日，上海合作组织成员国元首理事会第二十二次会议在撒马尔罕成功举行。习近平主席发表重要讲话，指出要继续加强共建“一带一路”倡议同各国发展战略和地区合作倡议对接，拓展小多边和次区域合作，打造更多合作增长点。这为上海合作组织成员国深化区域经济合作提供了重要指引。

本次峰会达成丰富务实的经贸成果，发表了多份声明和文件。一是《上海合作组织成员国元首理事会关于维护供应链安全稳定多元化的声明》，商定通过发展物流基础设施、推动贸易便利化等，保障供应链稳定。二是《上海合作组织成员国服务贸易合作框架》，明确服务贸易领域开展合作的原则、领域、路径和机制。三是《上海合作组织基础设施发展规划》，强调提高交通基础设施效率，推动智能交通、绿色发展、旅游等领域基础设施建设。四是《2023—2025 年上海合作组织区域内贸易发展联合行动计划》，商定促进贸易投资合作，密切商协会合作，探讨简化海关程序等。习近平主席还在讲话中提出，中方将于 2023 年举办上合组织产业链供应链论坛，这将为区域各国探讨加强产业链供应链合作提供有益平台。

（三）促进各国双向投资合作

2022 年 9 月 8 日，第二十二届中国国际投资贸易洽谈会于福建厦门举办。以“全球发展：共享数字机遇、投资绿色未来”为主题的第二十二届中国国际投资贸易洽谈会，紧盯数字化转型和绿色双碳新趋势新赛道，围绕高水平开放和投资贸易合作，服务高质量共建“一带一路”、金砖合作、RCEP 经贸交流合作，持续传递中国投资好声音，拓展双向投资新机遇。据初步统计，480 多个项目在大会期间达成合作协议，协议总投资额达 3 420 亿元，有力促进了双向投资发展，密切了对外经济交流合作。

本届投洽会紧紧围绕国家战略，向世界展现了中国持续扩大高水平开放，携手各方共创新机遇、共享新未来的坚定信心和务实行动，汇聚起全球扩大相互开放和投资的强大共识，勾画出数字经济和绿色未来的美好愿景。大会期间举办了 2022 国际投资论坛、鼓浪屿论坛等 41 场重要的研讨活动、50 多场投资洽谈及项目对接会，吸引 90 多个国家和地区、800 多个工商经贸团组、4 000 多家企业、约 6 万名客商线上线下参展参会。

三、2022 年中国对外投资发展

2022 年，克服外部环境的不利影响，中国对外投资平稳发展，稳中有进，全行业对外直接投 1 465 亿美元，增长 0.9%。其中，对外非金融类直接投资 1 168.5 亿美元，增长 2.8%。对外承包工程完成营业额 1 549.9 亿美元，与上年基本持平；新签合同额 2 530.7 亿美元，下降 2.1%。中国对外投资主要呈现以下特点。

（一）对“一带一路”沿线国家投资合作稳步推进

经过 9 年多的发展共建，“一带一路”倡议已经在基础设施建设、产业集聚、经济发展和民生改善等方面产生了综合效应，成为备受欢迎的国际公共产品和合作平台。2022 年，中国企业在“一带一路”沿线国家非金融类直接投资达到

209.7 亿美元，同比增长 3.3%，占同期总额的 17.9%，与上年基本持平。同时，中国在“一带一路”沿线国家对外承包工程的完成营业额达 849.4 亿美元，新签合同额为 1 296.2 亿美元，分别占同期总额的 54.8%和 51.2%。截至 2021 年末，中国境内投资者在“一带一路”沿线国家设立的境外企业超过 1.1 万家，约占中国境外企业总量的四分之一。

随着国际形势的深刻复杂变化，“一带一路”高质量共建在中国对外投资中的地位进一步提升。2022 年，中国与尼加拉瓜、叙利亚、阿根廷、马拉维、巴勒斯坦等国家签署了共建“一带一路”的合作谅解备忘录，并与基里巴斯、阿尔及利亚签署了关于共同推进“一带一路”建设的实施方案或合作计划。截至 2022 年底，中国已经与 150 个国家和 32 个国际组织签署了 200 多份共建“一带一路”的合作文件。雅万高铁项目在印度尼西亚、西哈努克港经济特区项目在柬埔寨等标志性项目稳步推进；由中国企业承建的埃塞俄比亚商业银行新总部大楼正式竣工；贝诺段匈塞铁路、克罗地亚佩列沙茨大桥、柬埔寨金港高速公路等项目也举行通车仪式。中国标准在“走出去”的过程中蓬勃发展，在数百个重点工程中，执行中国标准的项目占比超过三分之一，公路、机场和港口等交通运输工程、民用建筑领域以及石油化工领域的工程项目则有四分之一采用中国标准。

（二）对外投资结构不断优化

中国对外直接投资多个行业呈增长态势。2022 年，中国对制造业的对外直接投资达 216 亿美元，同比增长了 17.4%，占比为 18.5%。与此同时，对批发和零售业的投资达 211 亿美元，同比增长 19.5%；对租赁和商务服务业的投资达 387.6 亿美元，同比增长 5.8%。

新兴领域的投资合作正在稳步扩展。在新一轮科技革命和产业变革蓬勃发展的背景下，全球各国对数字经济、绿色发展等领域的合作兴趣不断增强。中国也积极培育这些领域的对外投资，并与新加坡、俄罗斯等国家签署了数字经济、绿色发展投资合作备忘录，进一步促进了合作关系的发展。2022 年，中国企业宣布的海外并购总额中，53%流入科技、媒体和通信与医疗与生命科学以及先进制造与运输三个行业。2022 年 6 月，中国推动达成了《金砖国家数字经济伙伴关系框架》。同年 11 月，中国在二十国集团（G20）领导人巴厘岛峰会上提出了“数字创新合作行动计划”。习近平主席在 2022 年 11 月的亚太经合组织第二十九次领导人非正式会议上表示，要加强经济技术合作，加速数字化绿色化协同发展，推进能源资源、产业结构、消费结构转型升级，推动经济社会绿色发展。

（三）中国企业国际竞争力进一步增强

2022 年《财富》杂志世界 500 强排行榜中，中国上榜企业数量达到 145 家，连续第四年超过美国（124 家），位居世界第一。中国上榜企业总营收占上榜企业的 31%，首次超过美国（30%），有 14 家中国企业新上榜或重新上榜。中国企业联合会、中国企业家协会发布的“2022 中国跨国公司 100 大及跨国指数”榜单显示，入围门槛较上年提高 23.4%，上榜企业海外资产总额、海外营业收入、海外员工总数分别同比增长 16.6%、26.7%和 5.4%，跨国指数稳步提高。

地方对外投资活跃。地方企业对外投资 939.2 亿美元，较上年增长 13.1%，占总额的 80.4%。其中，东部地区对外投资增长 10.3%，占地方投资的 81.6%，广东、浙江和上海位列地方对外投资前三位。

四、中国对外投资的展望

（一）中国对外投资合作互利共赢效果持续显著

在共建“一带一路”高质量发展中，一批“小而美、见效快、惠民生”的农业生产、医疗卫生、教育减贫项目相继落地，给当地百姓带来了实实在在的获得感。中国积极塑造海外投资的负责任形象。国务院国有资产监督管理委员会于 2022 年 3 月成立社会责任局，强调抓好中央企业社会责任体系构建工作。中国国际贸易促进委员会《中国企业对外投资现状及意向调查报告（2022 年版）》显示，89%的受访企业表示已在东道国履行社会责任，较上年增加 18.4 个百分点；超四成受访企业雇用东道国当地员工比例超过 50%，较上年扩大 4.3 个百分点，表明中国企业在对外投资过程中继续为当地创造了大量工作岗位。《中国企业形象全球调查报告 2022》显示，73%的全球受访者对中国企业的整体印象良好，较上年增加 2 个百分点。

（二）对外投资质量与效益将进一步提高

2022 年 1 月，生态环境部、商务部正式印发《对外投资合作建设项目生态环境保护指南》，为中国企业境外投资建设项目提供具有可操作性的生态环境管理指引；同年 3 月，国家发展改革委等四部门发布《关于推进共建“一带一路”绿色发展的意见》，统筹推进绿色发展重点领域合作并规范企业境外环境行为；同月，国务院国有资产监督管理委员会发布《关于做好 2022 年中央企业违规经营投资责任追究工作的通知》，加大对境外违规经营投资问题线索的查处力度，坚决防止“破窗效应”。中国境外投资监管和风险防范机制逐步完善，中国对外投资质量将持续提升。

（三）对外投资更加便利化

中国积极推进对外投资国际合作机制。2022年1月，RCEP正式生效；商务部等六部门联合印发《关于高质量实施〈区域全面经济伙伴关系协定〉（RCEP）的指导意见》，强调推进对外投资便利化、高质量建设境外经贸合作区、加强对外投资保护。RCEP有效提升了区域内成员之间的投资规模和质量，促进了区域产业链供应链稳定合作。此外，中国加入DEPA工作组于2022年8月成立，相关谈判正在全面推进。2022年12月，WTO成员实质性结束《投资便利化协定》文本谈判。该协定是中国在WTO主动设置、积极引领的首个谈判议题，旨在全球范围内提升投资政策透明度、简化和加快投资审批程序，目前已有超过110个成员联署并参与该议题谈判。这些举措有助于提升全球投资环境的质量和稳定性，并为中国企业拓展海外投资提供更加稳定和可靠的框架和机制。

第二篇

世界贸易组织的发展

第三章

2022 年世界贸易组织的新发展

第一节　2022 年世界贸易组织工作概述

2022 年，受新冠疫情、俄乌冲突等多重因素叠加影响，WTO 的多边贸易体制面临诸多严峻挑战。一方面，新冠疫情造成的影响持续发酵，粮食危机、能源危机、气候变化等全球性问题日益凸显，国际贸易活动严重受阻；另一方面，WTO 自身体系面临功能性障碍，其权威性和有效性受到质疑，WTO 改革进程步履维艰。

尽管如此，2022 年 WTO 在推动贸易规则谈判、加强国际抗疫合作、开展贸易援助等方面仍然发挥了积极作用。2022 年，WTO 第十二届部长级会议（MC12）在瑞士日内瓦顺利召开，会议就新冠疫情应对、粮食安全、渔业补贴、电子商务和世界贸易组织改革等议题取得一系列多边成果。在全球面临多重危机、多边体制面临严峻挑战的困难时刻，此次会议的成果进一步提振了国际社会对多边贸易体制的信心，为应对全球挑战、世界经济复苏注入新动力。2022 年，WTO 继续积极倡导各成员与国际组织合作抗击疫情，确保重要医疗物资等抗疫产品和服务正常跨境流动。2022 年，WTO 举办了多场提升贸易能力的培训和活动，并在 WTO 总部开展了新冠疫情以来首次面对面培训课程，旨在通过贸易援助帮助发展中成员和最不发达成员充分利用多边贸易规则，更好地融入全球贸易市场，提升贸易水平。

一、贸易谈判

2022 年，经过成员多轮谈判，WTO 第十二届部长级会议最终就渔业补贴、粮食安全、电子商务等议题达成一揽子协议。渔业补贴领域，WTO 成员在会议上通过了关于修正《马拉喀什建立世界贸易组织协定》的议定书和《渔业补贴协定》。其中，《渔业补贴协定》是 WTO 成立后达成的第二项关于全球贸易规则的多边协议。该协议旨在禁止成员向非法、未报告和无管制（IUU）的捕捞活动及导致过度捕捞的活动提供补贴，以防止全球渔业资源枯竭。农业领域，WTO 成员通过了《关于紧急应对粮食安全问题的部长宣言》，决心在建立公平和以市场为导向的农产品贸易体制、减少贫困和饥饿人口、促进全球粮食安全和营养均衡、促进可持续农业及粮食体制等方面取得积极进展。此外，会议通过了《关于世界粮食计划署购粮免除出口禁止或限制的部长决定》，以支持世界粮食计划署向各国提供重要的人道主义粮食援助。电子商务工作领域，成员们通过了关于《电子商务工作计划》的部长决定，同意在第十三届部长级会议（MC13）前对电子传输免征关税。

此外，新冠疫苗知识产权豁免、投资便利化等议题也有相关谈判活动。2022 年 10 月 12 日至 13 日，WTO 召开与贸易有关的知识产权协定（TRIPs）理事会会议，会上成员们讨论是否将第十二届部长级会议上关于 TRIPs 豁免有关的决定扩展至新冠诊断和治疗领域。2022 年 12 月 16 日，WTO 成员在日内瓦结束《投资便利化协定》的实质性文本谈判，该协议将有助于发展中成员吸引更多 FDI，创造更多就业机会。

二、执行与监督

（一）WTO 总理事会的工作

2022 年，WTO 总理事会共召开 19 次理事会会议，包括 8 次正式会议和 11 次非正式会议；此外，举行了 14 场团长级非正式会议。2022 年召开的理事会会议重点集中在第十二届部长级会议的前期筹备、会议议程及成果讨论方面，此外还就粮食安全、新冠疫情相关的知识产权等重点议题进行了讨论。

第十二届部长级会议的前期筹备方面，2022 年 6 月 7 日，WTO 召开总理事会特别会议，总干事恩戈齐·奥孔乔－伊维拉（Ngozi Okonjo-Iweala）呼吁各代表团尽快在关键议题上达成一致意见，以期在第十二届部长级会议上取得更多实质性成果。

2022 年 7 月 25 日至 26 日，WTO 召开总理事会会议，总干事伊维拉希望 WTO 成员在第十二届部长级会议取得实质性成果的基础上，继续努力重振世界贸易组织的核心职能，保证 WTO 能持续应对多边贸易机制面临的诸多挑战，为全世界更多的人提供服务。

粮食安全方面，2022 年 3 月 28 日，WTO 召开总理事会非正式会议，总干事伊维拉表示贸易可以帮助 WTO 成员应对新冠病毒大流行和俄乌冲突引发的负面冲击，并呼吁各成员采取一致行动以解决因商品价格急剧上涨而产生的粮食安全问题。

新冠疫情相关的知识产权方面，2022 年 5 月 9 日至 10 日，WTO 召开总理事会会议，WTO 成员一致认为，与欧盟、印度、南非和美国四方进行的非正式磋商所产生的成果文件，为基于文本的新冠知识产权谈判开辟了前景。各成员方对该提案表示欢迎，认为这是一次积极进展，并感谢 WTO 总干事伊维拉等人在推动新冠疫情相关的知识产权豁免方面所付出的努力。

（二）贸易政策监督

1. 2022 年贸易政策审议情况

2022 年 WTO 共完成了 15 个正式成员的贸易政策审议，其中塞舌尔在 2022 年 12 月 5 日至 7 日接受了第一次贸易政策审议。截至 2022 年，贸易政策审议机构共完成 550 次贸易政策审议，覆盖 164 个 WTO 正式成员中的 159 个，其中接受审议次数最多的是美国（15 次），欧盟、日本（各为 14 次），加拿大（11 次）。对最不发达成员的贸易政策审议能够加深这些成员对 WTO 协定的理解，有助于其进一步融入多边贸易体系。截至 2022 年底，在 WTO 现有 35 个最不发达成员中已有 32 个成员接受了贸易政策审议。

2023 年，WTO 计划开展 17 次贸易政策审议，其中安提瓜和巴布达、多米尼克、格林纳达、圣卢西亚、圣基茨和尼维斯、圣文森特和格林纳丁斯以东加勒比国家组织（OECS）的身份接受审议；喀麦隆、中非共和国、乍得、刚果（布）和加蓬作为中非经济和货币共同体（CEMAC）身份联合接受审议；博茨瓦纳、斯威士兰、莱索托、纳米比亚、南非 5 个成员以南部非洲关税同盟（SACU）身份联合接受审议；台湾、澎湖、金门和马祖作为单独关税区接受审议。被审议成员中包含 5 个最不发达国家（LDC）：利比里亚、中非、乍得、刚果（布）和莱索托。新冠疫情使贸易政策审议机制运行受到了各种限制，但秘书处持续同被审查成员密切协商，编写并按时提交审议报告。

2. 2022 年贸易政策监督

2022 年 11 月 22 日，WTO 发布的《贸易监督报告》显示：

第一，当前全球经济发展面临多重风险挑战，经济增长动能将继续放缓。2022 年，受俄乌冲突、气候变化相关事件、食品和能源价格飙升以及新冠疫情的持续影响，预计 2022 年全球商品贸易额将增长 3.5%，2023 年将进一步放缓至 1.0%，远低于此前预测的 3.4%。2022 年 6 月 17 日，WTO 第十二届部长级会议在日内瓦圆满结束，大会取得了关于渔业补贴、新冠疫情应对、粮食安全、WTO 改革、电子传输暂免关税等议题的一系列多边成果。WTO 成员应在第十二届部长级会议成果的基础上，持续保持市场开放，消除供应链瓶颈，合作应对全球挑战。

第二，在审议期间内（2021 年 10 月 16 日—2022 年 10 月 15 日），贸易便利化措施的月平均数量为 31 项，这是自 2012 年以来的最高纪录，其中主要是进口便利化措施。贸易限制措施的月平均数量为 18 项，这是自 2009 年以来审查期间内出口限制数量首次超过进口限制数量。对与疫情相关的贸易措施的监督显示，WTO 成员正逐步淘汰货物、服务和知识产权领域实施的与疫情相关的贸易措施，特别是限制性措施。截至 2022 年 10 月中旬，79.2%的疫情相关的贸易限制措施已被取消，仅保留 27 项出口限制措施和 14 项进口限制措施。对与疫情无关的贸易措施的监督显示，WTO 成员对与疫情无关的货物实施了更多贸易便利化措施，其贸易覆盖面估计为 11 605 亿美元，而贸易限制措施的贸易覆盖面仅为 2 780 亿美元。

第三，审议期间，WTO 成员发起的贸易救济调查数量急剧下降，平均每月仅 10.9 次，这是自 2009 年开始实施贸易监测后的最低水平。对许多 WTO 成员来说，贸易救济行动仍然是一项重要的贸易政策工具，占与疫情无关的货物贸易措施的 37.4%。就贸易救济行动的发起和终止数量而言，反倾销仍然是使用最频繁的贸易救济行动。

（三）区域贸易安排

2022 年生效的区域贸易协定有 44 个，其中关于货物贸易的区域贸易协定为 22 个，关于货物和服务贸易的区域贸易协定为 22 个。截至 2022 年底，关于区域贸易协定的通报达到 809 份，有关货物、服务以及加入现有区域贸易协定的事项都是单独统计通报数量的，如果将这些要素综合在一起，以单一区域贸易协定统计的通报达到 585 份，其中 356 个区域贸易协定仍在有效期。

2022 年，向 WTO 通报的区域贸易协定（包括加入现有的区域贸易协定）包括：东盟—日本自由贸易协定、东盟自由贸易区（AFTA）、塞舌尔加入东部和南部非洲共同市场（COMESA）、欧洲自由贸易联盟（EFTA）—厄瓜多尔自由贸易协定、欧洲自由贸易联盟—海湾阿拉伯国家合作委员会（GCC）自由贸易协定、欧洲自由贸易联盟—厄瓜多尔自由贸易协定、欧洲自由贸易联盟—印度尼西亚自由贸易协定、欧洲自由贸易联盟—土耳其自由贸易协定、印度—阿联酋自由贸易协定、韩国—土耳其自由贸易协定、南部非洲发展共同体（SADC）、土耳其—法罗群岛自由贸易协定、土耳其—塞尔维亚自由贸易协定。截至 2023 年 5 月 25 日，仍在有效期内、正在执行的区域贸易协定 355 个，数量上排名前五位的地区为欧洲（141 个）、东亚（99 个）、南美洲（67 个）、北美洲（50 个）、非洲（45 个）。

（四）贸易、债务与融资工作

贸易融资缺口长期困扰发展中成员，是其面临的主要贸易障碍。在 2001 年 11 月举行的 WTO 第四届部长级会议上，WTO 正式成立了贸易、债务与融资工作组，旨在与其他国际组织一起解决发展中成员因外部债务而限制贸易机会的问题。据亚洲开发银行估计，2018 年全球贸易融资缺口约为 1.5 万亿美元，到 2020 年已升至 1.7 万亿美元。由于避险情绪升温和通胀压力，截至 2022 年 10 月 24 日，这一缺口估计已超过 2 万亿美元①。2022 年 10 月，WTO 和国际金融公司（IFC）②联合发布的《西非贸易融资》报告显示，西非国家经济共同体（ECOWAS）的经济增长受到贸易融资的巨大限制，主要表现为贸易融资申请的高拒绝率、贸易融资业务的低覆盖率以及高昂的融资成本和贸易成本。在报告发布会上，WTO 总干事伊维拉呼吁努力缩小贸易融资缺口，并强调利用技术和培训促进知识转移和协助中小企业进行能力建设的重要性。2022 年，贸易、债务与融资工作组分别于 7 月 12 日和 12 月 8 日举行会议讨论贸易融资方面的问题，以期就 2021 年 6 月的提案《新冠疫情背景下为小微企业和中型企业提供贸易融资相关问题制定路线图和工作方案》达成共识。在会议期间，各成员虽然普遍对该提案表示欢迎，但最终还是无法就该提案达成共识，还有待进一步磋商。

（五）政府采购协议

《政府采购协议》（GPA）是 WTO 的一项诸边协议，目标是促进成员方开放政府采购市场，扩大国际贸易。截至 2022 年 12 月 31 日，《政府采购协议》共有 21 个缔约方，涵盖 48 个 WTO 成员（其中欧盟及其 27 个成员国视为同一缔约方），另有 36 个 WTO 成员（含观察员）及几个国际组织以观察员③的身份参

① Asian Development Blog. Your Questions Answered: What is the Trade Finance Gap and Why Does it Matter? [EB/OL]. https://blogs.adb.org/blog/your-questions-answered-what-trade-finance-gap-and-why-does-it-matter.

② 作为世界银行集团的成员，国际金融公司是专注于新兴市场私营部门的最大全球发展机构，在 100 多个国家开展业务，并利用其资本、专业知识和影响力为发展中国家创造市场和机会。

③ WTO 成员和 WTO 观察员均可通过向政府采购委员会提交书面通知，以观察员身份参加政府采购委员会。

与政府采购委员会。

2022 年，GPA 持续注入新鲜血液。2022 年 9 月 14 日，欧洲复兴开发银行（EBRD）成为政府采购委员会的国际组织观察员。2022 年 9 月 20 日，多米尼加申请以观察员身份参加政府采购委员会。此外，近两年间巴西积极推动加入《政府采购协议》的进程，主动在日内瓦与缔约方组织了两次非正式会议，并于 2021 年 11 月提交了修订后的市场准入条件，于 2022 年 6 月 14 日提交了第二次修订后的市场准入条件（被巴西称为“最终市场准入条件”）。若干缔约方审议后就市场准入条件和问题清单答复提出了问题和意见，随后巴西对大部分的问题和意见做出了书面答复。

2023 年 4 月 17 日至 5 月 12 日，来自 34 个 WTO 成员（含观察员）的 60 多位政府官员参加了 WTO 举行的《政府采购协议》高级在线研讨会，与会者重点围绕提高政府采购程序的透明度和效率、创建开放和竞争的政府采购市场的优势等主题进行了讨论。世界贸易组织副总干事安娜贝尔·冈萨雷斯（Anabel González）在研讨会开幕式上强调了政府采购对经济增长和可持续发展的重要意义以及其在改善基础设施和提供基本公共服务方面的积极作用。

三、争端解决

（一）2022 年争端解决活动

2022 年，WTO 成员共提起 8 项磋商申请（DS608—DS615），较 2021 年减少了 1 项，其中处于磋商阶段的有 6 项（DS608、DS609、DS612、DS613、DS614、DS615），磋商阶段未能解决并进入专家组阶段的为 2 项（DS610、DS611）。从总数量上看，成员们在 2018 年曾向 WTO 提起 38 项磋商请求，而自上诉机构开始停摆后，磋商申请提交数量较前几年大幅下降，近三年的年增量仅为个位数。

（二）上诉机构继续停摆

2022 年，WTO 上诉机构依旧处于停摆状态，相关案件上诉审理因此被搁置。

2022 年 1 月 11 日，印度决定就“印度对出口至巴西、澳大利亚和危地马拉的糖和甘蔗提供国内支持”（DS579、DS580、DS581）一案中的专家组报告提出上诉。2022 年 12 月 12 日，印度尼西亚决定对“欧盟诉印度尼西亚对生产不锈钢所需的原材料实施非法出口限制”（DS592）一案中的专家组报告提出上诉，该争议涉及印度尼西亚实施的两项阻止镍矿石出口的措施。欧盟认为印度尼西亚实施的相关措施不符合《关税及贸易总协定》（GATT）第 11 条第 1 款，而印度尼西亚则声称欧盟未能提供可以证实该项措施违反第 11 条第 1 款的相关证据，并且强调根据第 20 条（d）项上述措施是合理的。专家组报告判定，印度尼西亚未能证明镍矿石的出口禁令和要求在国内加工的措施属于 GATT 第 20 条（d）项规定的措施范围。

鉴于 WTO 上诉机构目前仍处于停摆状态，以上案件的上诉审理将无限期暂停，直至上诉机构恢复正常运作。2022 年 3 月 28 日，WTO 召开争端解决机制会议，会上成员继续推进上诉机构任命工作，强调拖延将损害 WTO 成员利益和整个多边贸易体制。墨西哥在会上介绍了关于启动遴选程序以填补上诉机构空缺的提案。美国重申不支持这一提案，并表示对上诉机构系统性问题的担忧，认为如果要使争端解决机制保持有效性，必须对 WTO 进行根本性改革。在第十二届部长级会议通过的成果文件中，部长们表示已认识到争端解决机制（包括上诉机构）面临的挑战及解决这些问题的紧迫性，承诺就该议题进行后续讨论，以期在 2024 年前建立一个功能完备且运作良好的争端解决系统。

四、发展、扶持与贸易能力建设

（一）贸易与发展

2022 年，贸易与发展委员会就继续推动对发展中成员的特殊待遇、电子商务工作计划等方面展开讨论。2022 年 5 月 16 日，WTO 成员在服务贸易理事会会议上讨论了对最不发达成员提供服务豁免的问题，以促进这类国家更深入地参与服务贸易。为确保服务豁免的有效实施，最不发达成员集团要求服务贸易委员会监测与其服务出口相关的数据，并要求理事会审查关于最不发达成员服务供应商和服务消费者的信息。此外，在 WTO 第十二届部长级会议通过的成果文件中，WTO 成员也重申对发展中成员和最不发达成员的特殊和差别待遇条款是 WTO 及其各项协议的组成部分。

（二）贸易援助

2022 年 7 月 27 日至 29 日，WTO 在日内瓦举办第八届促贸援助全球审议大会，以“增强互联互通的可持续贸易”为主题，围绕贸易援助在支持妇女经济赋权、数字互联互通以及环境可持续发展方面的作用举行了 50 场会议，随后贸易和发展委员会公布了《第八次全球贸易援助审查报告》。此次 2022 年的全球审议是在多重危机叠加的背景下开展的：第一，新冠疫情持续肆虐对各国居民的健康造成威胁，同时也影响了全球贸易的正常往来；第二，全球通胀压力持续高企，特别是粮食和能源价格飙升引发全球经济滞胀风险；第三，俄乌冲突引起了许多国家对全球粮食安全问题的担忧，特别是粮食净进口国家。

（三）技术合作与培训

2022 年，WTO 举办多场技术援助课程和培训活动，以帮助发展中成员和最不发达成员充分融入多边贸易体系。

2022 年 2 月 14 日，来自 40 多个发展中成员和最不发达成员的 84 名高级政府官员开始参加为期 7 周的 WTO 虚拟高管贸易课程，以增强其在 WTO 事务方面的专业知识和向政府建言献策的能力。2022 年 7 月 29 日，来自发展中成员和最不发达成员的 26 名政府官员完成了为期 8 周的高级贸易政策课程，这是自新冠疫情大流行以来在 WTO 总部举办的首次面对面培训课程。通过开展案例研究、实战模拟练习以及学习使用 WTO 数据库和在线分析工具，参会者扩展了法律和经济视角下 WTO 规则的分析和谈判技能。2022 年 12 月 16 日，WTO 为纪念区域贸易政策课程 20 周年举行了纪念活动。到目前为止，WTO 已成功举办了 85 期区域贸易政策课程，为来自发展中成员和最不发达成员的 2 300 多名政府官员提供了贸易相关技能的培训。这些课程的目的是深化政府官员对 WTO 协定的理解，并增强他们参与 WTO 工作的能力。

2022 年，多个发达成员向发展中成员和最不发达成员提供技术援助以帮助其提高贸易能力。2022 年 3 月，日本提供 16 万瑞士法郎用于增强发展中成员的贸易技能；2022 年 6 月，澳大利亚承诺提供约 200 万瑞士法郎来帮助发展中成员和最不发达成员加强其卫生和植物检疫能力，进而促进这些成员的食品安全及相关出口；2022 年 11 月，瑞士政府出资 170 万瑞士法郎用于提高发展中成员的贸易专业知识，以增强发展中成员和最不发达成员的贸易能力；澳大利亚向 WTO 渔业资助机构捐赠约 130 万瑞士法郎，旨在帮助发展中成员和最不发达成员落实第十二届部长级会议通过的渔业补贴协定。

第二节 2022 年世界贸易组织发展概况

一、2022 年 WTO 的运行与经费情况

截至 2021 年 12 月 31 日，WTO 共拥有来自 80 个 WTO 成员的 627 名经常预算工作人员。其中，约 63%为技术官员，约 37%为服务支持人员；女性雇员 345 人，男性雇员 282 人。

2022 年 WTO 总支出预算为 1.972 亿瑞士法郎（见表 3.1），具体包括人员

经费（含人员工资、保险、福利等）13 156.5 万瑞士法郎、临时雇员经费（含短期职员、咨询、翻译、专家组和上诉机构人员经费）1 727.5 万瑞士法郎、一般服务费（含通信、外包服务、能源、文件和出版等）1 562.6 万瑞士法郎、差旅费 790.7 万瑞士法郎、活动经费 21.3 万瑞士法郎、资本性支出（含固定资产购置和设备租赁等）309.5 万瑞士法郎、金融支出（含银行利息税和建筑贷款还款）208.0 万瑞士法郎、专项支出（含上诉机构运行费、部长级会议经费等）1 944.3 万瑞士法郎。

表 3.1　　2022 年 WTO 分项目预算情况　　单位：万瑞士法郎

项目	年度预算
人员经费（含人员工资、保险、福利等）	13 156.5
临时雇员经费（含短期职员、咨询、翻译、专家组和上诉机构人员经费）	1 727.5
一般服务费（含通信、外包服务、能源、文件和出版等）	1 562.6
差旅费	790.7
活动经费	21.3
资本性支出（含固定资产购置和设备租赁等）	309.5
金融支出（含银行利息税和建筑贷款还款）	208.0
专项支出（含上诉机构运行费、部长级会议经费等）	1 944.3
总计	19 720.4

资料来源：根据 WTO 网站资料整理，https://www.wto.org/english/thewto_e/secre_e/budget_e.htm。

WTO 的经费来源主要是各成员缴纳的费用，缴纳份额按国际贸易在全球的占比分配，2022 年缴纳份额排名前三位的分别是美国（2 314.92 万瑞士法郎，占比为 11.841%）、中国（2 059.40 万瑞士法郎，占比为 10.534%）、德国（1 399.78 万瑞士法郎，占比为 7.160%），欧盟作为 WTO 的成员不单独缴纳费用，欧盟成员整体缴纳 5 974.87 万瑞士法郎，占比为 30.562%。

二、WTO 的新成员

2022 年，WTO 没有完成新成员的加入谈判，WTO 正式成员数量仍为 164

个，一些成员启动或恢复“入世”谈判。

东帝汶“入世”谈判工作组在 2022 年 4 月、9 月分别召开了第三次会议和第四次会议，会议上重申其尽快完成“入世”谈判的意愿和决心，以实现在 2023 年加入 WTO 的目标。2023 年 4 月 20 日，东帝汶“入世”谈判组召开第五次会议，总干事伊维拉在会上强调要加快完成东帝汶的“入世”进程，以完善整个多边贸易体制。

2022 年 5 月，科摩罗“入世”谈判工作组召开第七次会议，该次会议在完成“入世”谈判，特别是在双边市场准入支持方面取得了实质性进展。自第六次会议召开后的 8 个月内，科摩罗成功完成了 3 次双边市场准入谈判，取得了重大立法进展。在 2023 年 1 月 19 日科摩罗“入世”谈判工作组召开的第八次会议上，科摩罗代表团承诺将在未来几个月内开展最后的立法和技术工作，以期在 WTO 第十三届部长级会议之前顺利“入世”。2021 年 11 月，土库曼斯坦申请加入 WTO。在 2022 年 2 月的总理事会会议上，WTO 成员同意启动关于土库曼斯坦加入 WTO 的谈判。

此外，阿塞拜疆、巴哈马、白俄罗斯、埃塞俄比亚、苏丹、南苏丹、乌兹别克斯坦、伊朗、伊拉克和塞尔维亚等国的“入世”谈判仍在进行中。截至 2023 年 5 月，“入世”谈判工作组数量为 24 个。

三、WTO 改革

当前，WTO 改革已成为国际社会广为关注的议题，涉及 WTO 工作的方方面面。WTO 成立伊始，成员们就一直在思考如何改进 WTO 规则，以更有效地应对多边贸易体系面临的挑战。然而，近年来，推动 WTO 改革的势头越来越猛，反映为以下四个普遍关注的问题：第一，WTO 成员在发起谈判和缔结贸易协定方面面临新挑战，包括未决问题和新问题；第二，如何加强 WTO 常设机构和委员会的工作，改进现有协议下的通报和透明度工作；第三，发达成员与发展中成员、最不发达成员之间责任分配与差别待遇等问题；第四，如何改进争端解决机制的运作，特别是打破长达 4 年的上诉机构成员遴选僵局。

2022 年 6 月 17 日，WTO 成员在第十二届部长级会议的成果文件中同意对 WTO 的所有职能进行全面审查，以确保其能够更有效地应对多边贸易体系面临的挑战。该审查将通过 WTO 总理事会及其附属机构进行，目的是能够在第十三届部长级会议上提供可能的改革方案。在争端解决方面，部长们同意就争端解决机制的相关问题进行会谈，以确保在 2024 年之前建立起适用全体 WTO 成员的全面且高效运作的争端解决机制。

2023 年 2 月 2 日至 3 日，WTO 成员召开总理事会非正式会议，重点关注 WTO 改革议程的“发展”问题。与会成员分成 4 个小组，就 WTO 的发展、WTO 体制如何促进成员实现自身发展目标以及面临哪些挑战进行了研讨。总干事伊维拉在会议上强调，发展中成员的繁荣将为所有成员创造巨大的机遇，加强双方的贸易伙伴关系和战略合作。

四、WTO 的对外活动

2022 年，WTO 通过举办在线研讨会、主办“公共论坛”、发布研究成果与商业组织、成员政府、国际组织、媒体和公众开展了丰富的线上线下合作与交流。

（一）举办在线研讨会

2022 年，WTO 举办了多场线上研讨会。2022 年 3 月，WTO 举行以“缓解供应链瓶颈，实现可持续未来”为主题的全球供应链线上论坛，WTO 成员以及来自航运、贸易和物流公司的代表就供应链持续中断的原因交换了看法，并共同讨论了如何减轻其对全球贸易和新冠疫情后经济复苏的影响。2022 年 4 月，WTO 举行了粮食安全研讨会，贸易官员、智库专家和政策制定者等相关各方利用国家和区域层面的实证证据，探索粮食安全、政策框架、贸易和市场之间的概念联系，帮助成员理解创纪录的粮食价格和日益恶化的粮食安全环境背后的驱动因素，以及政策和规则如何影响贸易和粮食安全目标的实现。2022 年 10 月，WTO 举办第三届贸易与环境周活动，与会者就如何增强全球贸易的可持续性、弹性、包容性这一问题展开讨论。

（二）举办公共论坛

2022 年 9 月，WTO 举办了题为“实现可持续和包容性复苏：从目标到行动”的年度公共论坛。论坛共包括三个分论坛，主题分别是“利用技术实现包容性复苏”“实现可持续未来的贸易议程”和“构建贸易的未来”。论坛主要探讨了贸易如何为疫情后的经济复苏做出贡献，特别是研究如何通过完善贸易规则和政府政策以创建更具弹性、可持续性和包容性的贸易体系，重点涉及粮食安全、数字贸易、绿色经济转型、渔业补贴协议实施等一系列热点问题。9 月 29 日，以“闯入男性主导的行业”为主题的高级别会议展示了女企业家在男性主导行业中克服障碍的经验，强调了参与贸易可以赋予妇女权利。

（三）发布研究成果

2022 年 1 月，WTO 发布《为最不发达国家增加贸易机会》研究报告。报告回顾了过去十年中最不发达国家在融入全球贸易体系方面取得的进展，同时强调国际社会应予以进一步支持，以帮助其恢复新冠疫情中受到重创的国际贸易。报告显示，过去十年商品价格的波动和新冠疫情导致最不发达国家在全球出口中的份额从 2011 年的 0.95%降至 2020 年的 0.91%，联合国到 2020 年将最不发达国家的出口份额翻一番的目标尚未实现。

2022 年 4 月，国际货币基金组织、经济合作与发展组织、世界银行和世界贸易组织联合发布《补贴、贸易和国际合作》报告。报告指出，为提高全球贸易的透明度、开放性和可预测性，强化补贴规则，减少因使用补贴所产生的贸易摩擦，成员间必须开展广泛的补贴国际合作。

2022 年 5 月，WTO 发布题为《最不发达国家加入世界贸易组织——挑战与机遇》的研究报告，探讨了最不发达国家加入 WTO 面临的机遇与挑战。同时报告通过追溯 WTO 处理最不发达国家加入方式的演变，以及 9 个最不发达国家加入 WTO 的经验，为最不发达国家加入 WTO 制定了最佳方案。2022 年 7 月，WTO 发布了 2022 年版《世界关税概况》，报告全面介绍了 170 多个国家和关税区实施的关税和非关税措施，提供了每个经济体详细的关税相关数据[①]和非关税措施（如反倾销措施、反补贴措施和保障措施）的统计数据。

2022 年 WTO《世界贸易报告》以“气候变化与国际贸易”为主题，探讨了气候变化与国际贸易之间复杂的相互联系，以及国际贸易规则如何有助于应对气候变化。报告包含了四个要点：第一，气候变化正在重塑各国的经济和贸易前景，并对未来的增长和繁荣构成重大威胁；第二，贸易使各国应对气候变化的力量倍增；第三，贸易可以降低减排成本，加快低碳转型和创造绿色就业机会；第四，国际贸易合作可以通过最大限度地减少贸易摩擦和投资者不确定性使气候行动更加有效，使低碳转型更加公正。报告强调为确保贸易和气候变化政策相互支持，需要加强世界贸易组织与区域和国际气候组织之间的合作，进一步促进气候技术的获取和传播。

---

① 关税数据主要包括每个经济体对来自其他 WTO 成员的进口产品可能适用的平均约束关税或最高关税的跨国比较以及实际适用的平均关税。进出口概况中提供了有关进口价值、出口多样化和相关关税数据的跨国比较。

第三节　2022年世界贸易组织的贸易谈判

一、农业

2022年，WTO成员就农业谈判的各项议题进行了密集的讨论，议题包括国内支持措施、基于安全目的的公共粮食储备、棉花、市场准入、出口竞争、特殊保障机制、出口禁令和出口限制。2022年6月，在WTO第十二届部长级会议上，WTO成员取得了三项农业谈判的重要成果，包括一项《关于紧急应对粮食安全问题的部长宣言》，一项《关于世界粮食计划署购粮免除出口禁止或限制的部长决定》，以及一项《关于WTO应对COVID－19大流行和为未来大流行做好准备的部长宣言》。2022年1月、3月、4月、5月、6月、7月，WTO成员在农业委员会会议上进行了深入讨论，以确保第十二届部长级会议在实质性内容、透明度和会后工作方案等方面取得有意义的成果。

（一）国内支持措施

国内支持是农业谈判的关键支柱和讨论焦点。在2022年3月、5月和7月的WTO农业委员会会议上，WTO官员多次呼吁解决扭曲农业贸易的国内支持问题。2022年4月，在WTO农业委员会会议上，部分成员寻求达成一个新的工作计划，重点关注未来补贴减少的程度以及补贴是否与被允许提供的国内支持数量成比例等问题。此外，一些发展中成员强调为解决农业协议中的“历史失衡问题”，应取消允许某些成员提供超过“最低限额”支持的权利。

（二）基于安全目的的公共粮食储备

2022年，各成员继续在专门会议上就粮食安全问题展开讨论。2022年6月，在第十二届部长级会议上通过了一项《关于紧急应对粮食安全问题的部长宣言》和一项《关于WTO应对COVID－19大流行和为未来大流行做好准备的部长宣言》，两项宣言都旨在为应对全球粮食安全挑战和未来流行病做出准备。在6月举行的WTO农业委员会会议上，成员们就针对两份宣言制订的具体工作计划进行了初步讨论。

2022年4月，世界银行、国际货币基金组织、联合国世界粮食计划署（WFP）和世界贸易组织的负责人发表联合声明，敦促采取协调一致的行动，帮助脆弱国家应对日益严重的粮食安全威胁。拟议的行动包括提供紧急粮食供应，部署财政支持，促进贸易畅通以及投资于可持续粮食生产和营养安全。

（三）棉花

2022 年，WTO 棉花议题的谈判主要聚焦于两个问题：一是削减扭曲棉花贸易的国内支持，二是针对发展中成员的棉花发展援助。

在 2022 年 5 月召开的 WTO 棉花会议上，非洲“棉花四国”——马里、乍得、贝宁、布基纳法索以及其他生产棉花的发展中国家呼吁进行棉花贸易改革，包括削减扭曲棉花贸易的国内支持，取缔棉花补贴等。在 2022 年 7 月的棉花合作伙伴会议上，总干事伊维拉敦促捐助机构调动资源支持最不发达国家的棉花项目，并与联合国贸易和发展会议、国际贸易中心的负责人共同发起了关于棉花的“行动呼吁”，以帮助提高最不发达国家棉花项目的竞争力。

2022 年 11 月，在关于棉花贸易的专门讨论中，成员们对未能在第十二届部长级会议上就包括棉花在内的农业谈判工作计划达成一致表示遗憾，这也凸显了提高棉花部门的贸易弹性和加快棉花贸易改革的必要性。此外，会议还讨论了 WTO 秘书处最新编制的“棉花发展援助进展表”中成员们发展援助活动的进展情况。

（四）市场准入

2022 年，成员就市场准入的一系列问题进行了讨论，讨论的内容涉及协调制度更新进展、COVID－19 基本商品分类准则、出口限制的透明度等多个方面。

2022 年 3 月，市场准入委员会正式会议上，WTO 成员讨论了秘书处提交的与 COVID－19 大流行有关的出口限制、出口禁止以及贸易宽松措施的最新情况。[①] 会上，世界海关组织（World Customs Organization，WCO）的代表介绍了协调制度（Harmonized System，HS）更新的最新进展，指出 WCO 仅收到一份关于指定医疗产品分类的提案，同时讨论了 18 项具体贸易问题。2022 年 10 月，市场准入委员会正式会议上，WTO 成员就加强 WCO 协调制度委员会（HSC）和 WTO 在 HS 中关于 COVID－19 基本商品分类问题上的交流合作进行了讨论，同时听取了委员会主席关于该年度 COVID－19 相关商品贸易经验分享会做出的积极贡献的报告。

2022 年，WTO 共举办了 5 次关于 COVID－19 相关商品贸易的经验分享会，讨论的内容涉及如何定义抗击 COVID－19 大流行的“必需品”清单及

① 具体来说，相较于 2020 年，2022 年疫情期间限制出口的产品种类略有变化；贸易宽松措施大多数是旨在降低关键进口产品价格的关税。

其关税分类，如何通过创建关税细目准则来监测和衡量基本商品贸易以抗击COVID－19大流行等问题。

（五）出口竞争

关于出口竞争的农业谈判旨在以2015年内罗毕部长级会议上达成的取消农产品出口补贴的历史性决定为基础，探讨如何加强与出口补贴具有类似效果的出口措施规则，但是WTO成员之间的谈判立场仍然存在分歧，一些成员并不认为这一议题是当务之急。

2022年3月，WTO举行农业委员会第100次会议，成员们通过了《〈内罗毕出口竞争决定〉三年回顾报告（草案）》（G/AG/33），该报告草案提出了鼓励成员全面参与出口竞争调查问卷（ECQ），并简化和提高其透明度的建议。

（六）特殊保障机制

2022年，WTO成员继续在专门会议上对特殊保障机制进行讨论。特殊保障机制允许发展中成员临时提高关税以解决进口激增或价格下降的问题。各成员针对市场准入与特殊保障机制之间的联系这一问题尚未达成一致意见，这在一定程度上阻碍了谈判的推进。

在2022年4月和10月举行的两次WTO保障措施委员会半年度会议上，WTO成员审议了其他成员实施的保障措施。部分成员重申了他们对于近年来保障措施数量激增的担忧，并呼吁成员严格遵守《保障措施协议》，避免滥用保障措施对国际贸易和供应链产生不利影响。

（七）出口禁令和出口限制

2022年，成员们继续开展关于联合国世界粮食计划署出于非商业性的人道主义目的购买的粮食和农产品免于出口禁令或限制的讨论。

在第十二届部长级会议上，WTO成员通过了《关于世界粮食计划署购粮免除出口禁止或限制的部长决定》，这一决定表明，成员们将支持WFP在紧急情况下为拯救生命所做的宝贵工作。此外，2022年11月WTO发布的关于G20贸易措施监测报告显示，在COVID－19大流行、俄乌冲突和粮食安全危机加剧经济不确定性的背景下，G20经济体有加快实施出口限制的趋势。截至2022年10月中旬，G20经济体维持了高达44%的食品、饲料和化肥出口限制。总干事在G20峰会上强烈呼吁G20领导人避免贸易碎片化，取消对粮食、饲料和化肥的出口限制。

二、非农产品市场准入

2022 年，市场准入谈判小组未收到任何文件或提案，其间未举行任何会议。

三、服务

2022 年 3 月，在服务贸易理事会会议上，WTO 成员分享了数字领域的贸易经验，并讨论了对最不发达成员实施服务豁免的问题，同意对 WTO 非歧视原则的豁免进行审查。

2022 年 5 月，WTO 成员在服务贸易理事会上继续讨论对最不发达成员实施服务豁免的推进情况，并强调该举措旨在促进最不发达成员参与世界服务贸易。同时，成员们还讨论有关促进数字贸易的举措，并就包括与俄乌冲突相关的服务贸易若干问题表示了担忧。

在 2022 年 10 月举办的服务贸易理事会会议上，WTO 成员重点讨论了未来服务贸易工作应如何跟进第十二届部长级会议取得的成果，以及服务贸易理事会的前进方向。讨论主要包括以下几个方面的内容：如何根据部长们的指示对最不发达成员实施服务豁免、如何执行延长暂停电子商务的期限这一禁令、如何重振电子商务工作计划等。12 月的理事会会议上，WTO 成员继续就服务理事会的工作如何有助于落实第十二届部长级会议成果这一问题进行讨论，此外本次会议还同意审查 WTO 最惠国原则豁免的程序。

四、与贸易有关的知识产权

2022 年，TRIPs 谈判继续聚焦于新冠病毒疫苗豁免议题，2022 年 6 月，第十二届部长级会议通过了《关于 COVID－19 疫苗的 TRIPs 豁免决定》，成员们在第十二届部长级会议前后对该议题的发展进行了多轮谈判，全年共计举办了 5 次正式会议和 12 次非正式会议。

2022 年 5 月，TRIPs 理事会正式会议上，WTO 成员讨论了欧盟、印度、南非和美国就应对 COVID－19 知识产权问题开展非正式议程取得的成果文件，该文件旨在明确和简化政府在特定条件下推翻专利权，以实现 COVID－19 疫苗生产多样化的实用方法。2022 年 7 月，在 TRIPs 理事会正式会议上，WTO 成员对第十二届部长级会议通过的《关于 COVID－19 疫苗的 TRIPs 豁免决定》表示欢迎。此外，WTO 成员还对第十二届部长级会议通过的将《TRIPs 协定》下的非违反之诉和情景之诉（NVSCs）暂停期延长至下届部长级会议这一决定进行讨论，成员们的谈判立场存在较大分歧。

2022 年 10 月，TRIPs 理事会正式会议上，成员们继续就是否将第十二届部长级会议通过的 TRIPs 豁免决定扩大到 COVID－19 诊断和治疗产品展开讨论，共提出三种方法：一些发展中成员和最不发达成员持支持态度，并强调当前决定应“原封不动地”被采纳；另有一些发展中成员和发达成员表示，他们愿意推进讨论，但前提是已有证据表明知识产权阻碍了成员们获得 COVID－19 治疗和诊断产品；其余成员对有关诊断和治疗的定义是否符合成员的立法表示质疑，并要求明确具有双重用途的产品的辨析方法。

五、贸易与发展

2022 年，第十二届部长级会议和贸易与发展委员会就小型经济体工作计划进展、重振电子商务工作计划、特殊与差别待遇、贸易援助等议题进行了讨论。

2022 年 3 月，中国在贸易与发展委员会上表示，已将与中国有外交关系的最不发达国家符合免税待遇条件的税目比例从 97%提高到 98%。在同日举行的贸易与发展委员会关于区域贸易协定的专门会议上，WTO 成员们讨论了《中国—东盟全面经济合作框架协议》中有关商品方面变更等问题。

2022 年 6 月，第十二届部长级会议决定重振电子商务工作计划下的活动，其目的在于增强发展中成员和最不发达成员在数字贸易中的参与度，并决定将目前不对电子传输征收关税的做法延长至第十三届部长级会议。2022 年 9 月，90 国集团向贸易与发展委员会提交了一份非正式文件（Unofficial Room Document），明确了第十二届部长级会议上做出的关于特殊和差别待遇的部长级承诺，并制定了应对该问题的路线图。

2022 年 10 月，WTO 成员、国际金融机构和观察员组织在贸易与发展委员会上讨论了贸易援助倡议的未来方向，与 7 月举行的第八届促贸援助全球审议大会的主题“赋能互联可持续贸易”相一致，两次讨论都表明未来贸易援助应以“可持续发展”为目标，总干事伊维拉建议将“贸易援助”转向“投资援助贸易”，副总干事张向晨也呼吁下一个贸易援助工作计划应考虑为发展中成员和最不发达成员提供更广泛的发展融资视角。

六、贸易与环境

2022年，包括欧盟、美国等在内的多个成员提交了贸易与环境可持续发展提案。其中，欧盟提案对可持续产品生态设计（Eco-design for Sustainable Products，ESPR）和森林砍伐进行立法，美国提案认为应对气候变化需要共同努力，建议利益相关者和专家举行圆桌会议进行讨论。2022年，贸易与环境委员会（Committee on Trade and Environment，CTE）分别在2月、6月、10月举办了3次会议，涉及塑料污染、气候变化、循环经济、贸易与可持续发展等议题。

2022年2月，CTE举办年度第一次会议，主要讨论了贸易和环境可持续性结构化讨论、塑料污染与环境可持续塑料贸易非正式对话、化石燃料补贴改革倡议三个环境倡议工作进展情况，此外，欧盟和英国表示正在通过规范农业贸易来防止全球森林砍伐。2022年6月，在CTE会议上成员们就贸易与环境相关问题进行讨论，包括循环经济、塑料污染、气候变化和技术转让等方面，并强调了将环境因素纳入第十二届部长级会议成果文件的重要性。2022年10月，WTO组织了第三届贸易与环境周活动，这些活动涵盖了供应链的可追溯性、塑料污染以及气候变化和适应等问题。在同月举行的CTE会议上，中国、欧盟和印度报告了其主要的环境政策，成员们还强调了透明度和合作对于防止贸易摩擦的重要性。

七、WTO规则谈判

2022年，WTO规则谈判小组的主要谈判对象依旧是渔业补贴。渔业补贴规则谈判的磋商重点集中在以下三个方面：一是禁止某些可能加速全球鱼类资源枯竭的有害渔业补贴；二是禁止可能导致产能过剩和过度捕捞的渔业补贴；三是对发展中成员和最不发达成员的特殊与差别待遇问题

2022年WTO规则谈判小组就渔业补贴议题共举行了8次非正式会议。2022年2月，渔业补贴谈判主席威尔斯大使向WTO规则谈判小组报告了自年初以来他与成员磋商的进展，成员们指出需要对谈判中存在的问题进行进一步技术澄清（Technical Clarifications）和精简，为部长们的最终决定扫清障碍。2022年5月，持续5天的规则谈判小组会议集中讨论了渔业补贴协议草案中一些悬而未决的问题，包括非特定燃料补贴的处理、对发展中成员和最不发达成员的特殊和差别待遇以及重新注册问题等。

2022 年 6 月，WTO 第十二届部长级会议达成了《渔业补贴协定》，该协定通过禁止有害渔业补贴以期缓解世界鱼类资源普遍枯竭的现状。《渔业补贴协定》代表了成员们的历史性成就，因为它是第一个完全实现的可持续发展目标（SDG），第一个通过多边协定实现的可持续发展目标，第一个以环境为重点的 WTO 协定，第一个关于海洋可持续发展的广泛、具有约束力的多边协定，为多边主义和全球海洋治理注入了新活力。为使该协定生效，WTO 三分之二的成员必须通过向 WTO 交存“接受文书”。该协定还承诺成员将继续就悬而未决的问题进行谈判，以便在 WTO 第十三届部长级会议之前就渔业补贴达成全面协定。此外，作为《渔业补贴协定》的一部分，成员们同意建立渔业筹资机制接受自愿捐款，其目的是向发展中成员提供技术援助，帮助他们执行该协定。2022 年 10 月，在法国埃维昂莱班举行的非正式会议上，WTO 成员就如何开展渔业补贴后续谈判交换意见，同时他们强调迫切需要任命一位新主席来领导谈判。

八、争端解决谅解

2022 年，争端解决机构根据《关于争端解决规则与程序的谅解》（DSU）第 6 条设立了 3 个专家组。

2022 年 2 月，争端解决机构应中国申请，就澳大利亚对中国某些产品实施反倾销和反补贴措施设立专家组。2022 年 5 月 31 日，争端解决机构批准了两项设立专家组的请求：一项是墨西哥申请的，就哥斯达黎加限制墨西哥新鲜鳄梨进口设立专家组；另一项是土耳其提请的，就欧盟对土耳其某些钢铁产品实施进口保障措施设立专家组。此外，WTO 成员在 2022 年 4 月、7 月和 10 月的三次争端解决机构特别会议上同意给予韩国和美国更多时间以讨论韩国就美国对大型家用洗衣机采取保障措施这一争端的可能解决方案。

与此同时，成员们就上诉机构停摆问题表示关切。多数成员认为持续拖延损害成员利益和整个多边贸易体系正常运行，并持续推进启动填补 WTO 上诉机构空缺职位的申请。美国重申对上诉机构运作的担忧，依旧不支持任命上诉机构成员的拟议决定，并建议对争端解决机制进行根本性改革，以更好地支持 WTO 的谈判和监督职能。2022 年 6 月，第十二届部长级会议的成果文件中，部长们承认与上诉机构有关的争端解决机制面临的挑战，认识到解决这些挑战的重要性和紧迫性，并承诺开展讨论，以期到 2024 年为所有成员提供一个功能完备且运作良好的争端解决系统。

九、联合声明倡议

（一）电子商务

2022 年，电子商务联合声明参与方共举行了 8 次会议，由澳大利亚、日本和新加坡共同召集。

2022 年 1 月，电子商务谈判工作组举行了 2022 年度第一次会议。成员们重新审议了在“促进电子商务”议题下的提案，其中包括电子支付、贸易政策改进、物流服务等问题。2022 年 2 月，电子商务谈判的参与者重新审议了有关电信服务、在线平台访问和竞争的提案并交换了意见。2022 年 5 月，在透明度会议上电子商务谈判工作组宣布成立两个新的小组——隐私和电信，对有关隐私问题的提案、更新电信服务纪律的提案进行深入讨论。

2022 年 6 月，WTO 第十二届部长级会议期间，澳大利亚、日本和新加坡代表参与方发表了一份有关电子商务倡议的联合声明。声明强调了制定全球电子商务规则的重要性，并与瑞士一同启动了电子商务能力建设框架，以加强数字贸易的包容性，帮助发展中成员和最不发达成员利用数字贸易发展机遇，参与电子商务谈判，释放数字经济活力。2022 年 7 月，电子商务谈判召集方兑现第十二届部长级会议声明中修改联合倡议工作方式的承诺，创建“盘点小组”，审议和评估未获得足够支持的提案。

2022 年 9 月、10 月、12 月电子商务谈判的召集方相继举行了 3 次会议，继续寻求在各种议题中达成共识，以期在 2022 年底发布经修订的综合文本。9 月，毛里求斯加入电子商务谈判，至此参与者达到 87 个。在 12 月的最后一次会议上，谈判召集方制定了未来工作的路线图，以期在 2023 年加快工作步伐。

（二）投资便利化促进发展

2021 年 12 月，WTO 散发的《投资便利化发展联合声明》设定了在 2022 年底前完成文本谈判的目标，2022 年投资便利化促进发展会议参与者为实现这一目标共召开了 13 次会议，做出了以下三方面的努力：一是讨论了最惠国待遇，非歧视、特殊和差别待遇条款，需求评估[①]，并讨论了“另一成员的投资者”和投资“授权”等的定义，尤其强调了启动需求评估工作的重要性；二是成立专门的工作组制定《投资便利化自评指南》，以帮助发展中成员和最不发

① 需求评估是一项旨在帮助发展中成员和最不发达成员确定其在投资领域的具体需求的过程。

达成员评估其未来实施投资便利化协定所需要做出的准备；三是就转移支付、政府采购、某些补贴的排除问题、供应商发展计划、“母国措施”文本提案、未来贸易便利化促进发展协议与现有 WTO 协议之间关系等进行磋商和讨论。

2022 年 12 月，在 2022 年度投资便利化促进发展（IFD）最后一次会议上，成员们达成了《投资便利化促进发展协议草案》，标志着投资便利化谈判取得了里程碑式进展。成员们还认为，目前的文本是朝着建立 WTO 投资便利化规则迈出的重要一步，目的是帮助成员吸引、保留和扩大国外直接投资流，以实现可持续发展。

（三）中小微企业

2022 年由 88 个 WTO 成员发起的中小微企业（Micro，Small and Medium-sized Enterprises，MSMEs）非正式工作组已发展至 97 个成员。工作组面向全体成员开放，其主要致力于为中小微企业消除参与国际贸易的障碍。

2022 年工作组共举行了 4 次会议。2022 年 2 月，WTO 中小微企业非正式工作组召开 2022 年第一次会议。会上工作组成员听取了中小微企业贸易平台的最新情况，分享了如何执行 2020 年 12 月商定的一揽子宣言和建议，并就中小微企业面临的新问题展开了讨论。2022 年 6 月，中小微非正式工作组启动了中小微企业贸易平台（Trade4MSMEs）网络，共有 17 个国际组织参与该网络，定期更新中小微企业贸易平台网站，旨在提高中小微企业参与世界贸易的能力、促进网络成员之间的合作。2022 年 7 月，在 WTO 中小微企业非正式工作组会议上，WTO 成员讨论了该小组在第十二届部长级会议之后可能开展的工作，以期能在下届部长级会议上取得有意义的成果。具体来说，成员们建议该小组研究与贸易流程数字化、低价值货物处理、网络安全如何影响小企业等相关的问题，并加强与私营部门的联系。2022 年 10 月，该年度最后一次 WTO 中小微企业非正式工作组会议上，WTO 成员讨论了 2020 年 12 月商定的一揽子宣言和建议的实施情况，并对未来工作提出建议。成员们建议就重要的议题组织专门讨论，这些议题包括区域贸易协定、跨境支付和贸易便利化。

（四）服务贸易国内规制

2021 年 12 月，67 个 WTO 成员共同发表了《关于完成服务贸易国内规制谈判的宣言》，宣布达成《服务贸易国内规制参考文件》，标志着服务贸易国内规制联合倡议谈判圆满结束。

2022 年 6 月，格鲁吉亚、东帝汶和阿联酋宣布加入服务贸易国内规制联合倡议。至此，加入倡议的成员达到 70 个，其服务贸易规模约占世界服务贸易总额的 92.5%以上。2022 年 12 月，该倡议的 59 个参与方向 WTO 提交了在 WTO 服务贸易总协定下改进后的服务认证承诺时间表，其余 10 名倡议的参与方也表示将尽快开始各自的认证程序，这使成员们朝着使一系列服务贸易规则具有法律效力的目标又迈进了一步。

（五）贸易和环境相关联合声明

1. 贸易和环境可持续性结构化讨论

2022 年，参与贸易和环境可持续性结构化讨论（Trade and Environmental Sustainability Structured Discussions，TESSD）成员已达 74 个，旨在推动成员们在贸易与环境交叉领域的讨论，补充 WTO 贸易与环境委员会的工作。

2022 年 2 月，TESSD 参与方举行第一次会议，审议了拟议的 2022 年工作计划。2022 年 5 月，TESSD 会议决定就环境商品和服务、与贸易相关的气候措施、循环经济—循环性、补贴主题成立四个非正式工作组，并围绕环境商品和服务、与贸易相关的气候措施等主题举行了第一轮深入讨论。2022 年 7 月、10 月、11 月，TESSD 就四个工作组的前进方向进行了实质性讨论，以为年终高级别盘点会议的举办做好准备。年终的盘点活动旨在为第十三届部长级会议的召开奠定基础。

2022 年 12 月，参加 TESSD 的 WTO 成员举行了高级别盘点会议。会议散发了两份文件：一份是总结报告，总结了 2022 年 TESSD 的工作范围；另一份是 TESSD 联合召集人声明，其中记录了 2022 年 TESSD 取得的进展，并概述了 2023 年的工作重点。

2. 塑料污染与环境可持续塑料贸易非正式对话

2021 年 12 月，WTO 散发了《塑料污染和环境可持续塑料贸易非正式对话部长声明》，该声明阐述了塑料污染的严重影响，并就如何减少塑料污染、加强国际合作提出了具体举措。2022 年，塑料污染与环境可持续塑料贸易非正式对话（Informal Dialogue on Plastics Pollution and Environmentally Sustainable Plastics Trade，IDP）为推进执行声明中的举措做出了以下具体努力：

2022 年 2 月，2022 年 IDP 工作计划创建了三个工作流程，具体包括探讨跨领域问题（例如技术援助、透明度）、促进贸易以应对塑料污染、减少塑料污染和塑料循环经济。IDP 联合协调方之一的澳大利亚表示，2022 年工作计划标志着成员们为执行 2021 年 12 月宣布的 IDP 部长级声明迈出了第一步。2022 年 3 月，IDP 会议上联合协调方提醒成员关注联合国环境大会第五届会议续会（UNEA－5.2）上启动的全球塑料污染协议谈判，会议还设定了到2024年结束塑料污染并达成一项具有国际法律约束力协议的目标。2022年5月，IDP联合协调方提请成员们注意与IDP并行的国际论坛的重要进展，与致力于解决塑料污染问题的其他国际组织开展密切合作。此外，中国代表联合协调方向世界海关组织提交了一份通信草案，目的是确保塑料在整个流动周期内实现更好的分类，支持者表示这一举措将成为加强IDP与国际组织合作的典范。

2022年6月，IDP六个联合协调方的贸易部长发表了一份部长级声明，强调了IDP在过去几个月里取得的实质性进展，承诺与其他致力于解决塑料污染的全球倡议方深入接触，并向最不发达成员提供加强透明度、技术讨论和贸易相关的能力建设等方面应采取的步骤。2022年12月，IDP盘点会议上联合协调方回顾了IDP在2022年取得的实质性进展，同时重申加强IDP与政府间谈判委员会（INC）秘书处之间合作的重要性，争取推动INC在2024年底前起草一份有关结束塑料污染的新协议。

3. 化石燃料补贴改革倡议

化石燃料补贴改革倡议（Fossil Fuel Subsidy Reform，FFSR）于2021年12月宣布启动。2022年6月，FFSR共同发起方通过了“2022—2023年工作计划”，以指导WTO化石燃料补贴改革工作。2022年10月，WTO举行了第一次化石燃料补贴改革会议，成员们就如何提高化石燃料补贴计划的透明度、是否应在能源价格上涨的背景下继续对化石燃料补贴实施改革、如何在现有WTO机制下展开更紧密合作等问题进行了讨论。

第四章

货物贸易协议

第一节　农 业 协 议

2022 年，WTO 农业委员会通过了 2015 年 12 月 19 日《〈内罗毕出口竞争决定〉三年回顾报告（草案）》，审查了《巴厘岛关税配额决定》的实施情况，讨论了如何在当前的多重危机中迅速采取行动，以落实 MC12 达成的成果，特别是与粮食安全和世界贸易组织应对新冠疫情有关的成果，还根据《关于紧急应对粮食不安全的部长宣言》制定并获批了工作方案。2022 年 WTO 农业委员会共召开了 4 次正式会议，WTO 各成员共提交 383 份通报。2022 年，有关《农业协议》的贸易争端有 1 起。

一、农业谈判会议进程

2022 年农业委员会共召开 4 次正式会议，时间分别是 3 月 15 日至 16 日、6 月 27 日至 28 日、9 月 14 日至 15 日、11 月 21 日至 22 日。

2022 年 3 月 15 日至 16 日，WTO 举行农业委员会第 100 次会议。会上成员们审议了多种农产品贸易政策，更新了新冠疫情对农产品贸易影响的最新信息，并通过了《〈内罗毕出口竞争决定〉三年回顾报告（草案）》（G/AG/33）。本次会议主要就以下议题进行了讨论：一是新冠疫情和乌克兰局势对粮食供应链造成了严重冲击，加剧了全球粮食危机，尤其对粮食净进口的发展中成员造成重大打击。粮食净进口的发展中成员对粮食价格上涨表示了关切，并希望能够得到更多的粮食贸易援助。二是会议对加拿大的乳制品政策、欧盟环境和毁林政策、美国针对疫情的农业支持等农业政策进行了重点审议。三是关于内罗毕决定的后续行动计划安排。成员们通过了《〈内罗毕出口竞争决定〉三年回顾报告（草案)》。该草案取消了农业出口补贴，这是自 WTO 成立以来农业领域取得的最重要的成果。

2022 年 6 月 27 日至 28 日，农业委员会举行会议，各成员对第十二届部长级会议在粮食和农业方面取得的成果表示欢迎，并就如何落实关于粮食安全的声明进行了讨论。在 MC12 成果的跟进方面，会议根据部长们在 MC12 达成的《粮食安全紧急应对宣言》和《关于世界贸易组织新冠肺炎疫情应对和未来疫情应对准备的部长宣言》的有关内容展开了讨论。由于最新的粮食安全挑战更为复杂而不能仅归因于新冠疫情，成员还探讨了是否应更改“新冠肺炎疫情与农业”的常设议程项目的标题，但目前尚未就此做出决定。在定期审议农业政策方面，成员们就与农业贸易有关的市场准入、国内补贴和出口竞争政策进行了讨论。此次会议还就一些与关税配额管理、农业特殊保障、国内支持和出口补贴通知有关的内容进行了详细的沟通和了解，并对如何提高农业委员会透明度、《巴厘岛关税配额决定》和《内罗毕出口竞争决定》的出口竞争问卷回复进行了讨论。

2022 年 9 月 14 日至 15 日，农业委员会举行正式会议，会议主要聚焦粮食安全，与会成员讨论了如何在当前的多重危机中迅速采取行动，以落实 MC12 达成的成果，特别是与粮食安全和应对新冠疫情有关的成果。针对粮食问题，部分成员呼吁制订一项紧急方案，以帮助粮食净进口发展中成员和最不发达成员应对粮食不安全问题。巴拉圭和埃及提交的两份提案，就如何构建今后的进程提出了初步想法。成员们同意采用开放和灵活的形式，在工作方案框架下讨论一系列主题。一些发展中成员强调，必须根据当前形势审议粮食不安全问题，并考虑建立抗灾能力所需的政策空间。委员会同时就如何在农业领域实施 MC12《关于世界贸易组织新冠肺炎疫情应对和未来疫情应对准备的部长宣言》进行了讨论。联合国粮食及农业组织和世界粮食计划署表示，受到新冠疫情、气候变化、冲突和经济衰退的多重影响，全球粮食安全前景黯淡。两个机构也重申了贸易、透明度、合作和能力建设的关键作用，并对 WTO 通过《世界粮食计划署购粮免除出口禁止或限制的部长决定》表示感谢。成员们强调，需要在工作方案内从联合国粮食及农业组织、国际货币基金组织、世界粮食计划署、世界银行和经济合作与发展组织等其他国际组织调集资源，共同应对严峻的全球挑战。此外，会议还审查了成员们与农业贸易三大支柱相关的农业政策，并讨论了市场准入、国内支持和出口竞争等 19 个新问题。成员表示未来将继续审议农业政策，以确保各自遵守 WTO 规则。

2022 年 11 月 21 日至 22 日，农业委员会举行正式会议，会上就迅速向受粮食安全危机打击最严重的群体提供援助达成了共识。工作方案概述了指导未来讨论的四个主要议题，分别是进入国际粮食市场、粮食进口融资、最不发达成员和粮食净进口发展中成员的农业生产韧性建设以及一系列促进横向合作的措施。此外，委员会就如何在农业领域内执行关于应对疫情和粮食安全的部长级宣言进行了讨论，并听取了世界银行、联合国粮食及农业组织、世界粮食计划署、国际粮食理事会等几个主要国际组织关于粮食市场和当前全球粮食安全前景的最新情况报告。成员们同时审议了与农业贸易三大支柱相关的农业政策，讨论了新市场准入、国内支持和出口竞争等问题。会议特别关注了中国的新农业倡议、欧盟的新共同农业政策、印度的粮食安全政策、美国的《通胀削减法案》和其他农业支持政策。

二、主要成员《农业协议》通报

2022 年 WTO 各成员共提交审议了 383 份《农业协议》通报，其中欧盟、美国、中国和日本的通报审议如表 4.1 所示。

表 4.1　　主要成员提交审议的《农业协议》通报

成员	通报文件	主要报告内容
欧盟	G/AG/N/EU/72—G/AG/N/EU/80	2021—2022 年的特殊保障、2020—2021 年的关税配额、2020—2021 年的出口补贴
美国	G/AG/N/USA/161—G/AG/N/USA/167	2021 年的特殊保障、2020—2021 年的关税配额、2020—2021 年的出口补贴
中国	G/AG/N/CHN/57—G/AG/B/CHN/67	2021 年的关税配额、2020—2021 年的出口补贴
日本	G/AG/N/JPN/266—G/AG/N/JPN/278	2021—2022 年的特殊保障、2021—2022 年的关税配额、2021—2022 年的出口补贴

资料来源：WTO 官网，https://docs.wto.org/dol2fe/Pages/FE_Search/FE_S_S006.aspx。

（一）欧盟

2022 年，欧盟提交审议了 9 份通报（G/AG/N/EU/72 – G/AG/N/EU/80），主要通报了市场准入、出口补贴、关税配额、国内支持、特殊保障的数据。2020—2021 年，欧盟出口补贴中有关粮食援助的主要为小麦和蔬菜。2021 年 7

月 1 日至 2022 年 6 月 30 日，欧盟对 1 种农产品实施基于价格的特殊保障，对 15 种农产品实施基于数量的特殊保障。2020—2021 年，对 124 种产品实施配额管理，其中果汁、西红柿、苹果、胡萝卜等的关税配额完成率接近或等于 100%，猪肉、奶酪、黄油和小麦等农产品关税配额完成率相对较低。2021 年，欧盟向 57 个国家或地区的粮食缺乏人口提供了援助，其中 39 个是最不发达国家或粮食净进口发展中国家。欧盟对最不发达国家和粮食净进口发展中国家的粮食援助资金总额为 4.34 亿欧元。

（二）美国

2022 年，美国提交审议了 7 份通报（G/AG/N/USA/161—G/AG/N/USA/167），这些通报主要更新了美国有关粮食援助、关税配额、出口补贴和特殊保障的数据。2020—2021 年，美国出口补贴中有关粮食援助的产品主要为小麦、粗粮、大米、植物油和油饼。2021 年，美国对 25 种农产品实施基于价格的特殊保障。2018—2021 财政年度、2019—2020 财政年度、2020—2021 财政年度，美国向最不发达国家和粮食净进口发展中国家提供的粮食援助数量分别为 168.179 万吨、168.179 万吨和 220.852 万吨；美国国务院对农业的援助总额分别为 8.04 亿美元、7.86 亿美元和 8.48 亿美元，包括农作物生产、畜牧业生产、资源管理、基础设施、政策和规划、培训和推广以及农业企业信贷等方面的支出。2019 年，美国对 44 种产品实施配额管理，其中糖和黄油等的关税配额完成率接近 100%，棉、奶酪和巧克力等农产品的关税配额完成率相对较低。2020 年，美国对 44 种产品实施配额管理，其中，糖和黄油等的关税配额完成率接近 100%，棉、奶酪和巧克力等农产品的关税配额完成率相对较低。2020 年，WTO 发展中成员、最不发达成员和粮食净进口发展中成员使用美国政府官方支持的出口信贷担保计划总额为 15.79 亿美元。2021 年，美国对 44 种产品实施配额管理，其中，糖、婴儿配方奶粉、可可粉的关税配额完成率达到 100%，混合调味品、黄油等的关税配额完成率也接近 100%，奶酪、干奶和干奶油、棉花等的关税配额完成率相对较低。

（三）中国

2022 年，中国提交审议了 11 份通报（G/AG/N/CHN/57 – G/AG/N/CHN/67），主要通报了关税配额和国内支持的数据。2021 年，中国对小麦、玉米、大米、水稻、糖、羊毛、棉花七类产品继续实施关税配额管理，其中玉米、糖、棉花的关税配额完成率均达到 100%。

（四）日本

2022 年，日本提交审议了 13 份通报（G/AG/N/JPN/266－G/AG/N/JPN/278），主要更新了日本有关关税配额、出口补贴、特殊保障和国内支持的数据。日本在 2021 年 4 月 1 日至 2022 年 3 月 31 日对 1 种农产品实施基于数量的特殊保障，对 11 种农产品实施基于价格的特殊保障。2021 年 4 月 1 日至 2022 年 3 月 31 日，日本共对 20 种农产品实施了关税配额管理，并且日本未向农产品提供出口补贴。

三、主要成员就《农业协议》执行情况的问答

在 2021 至 2022 年的 7 次正式会议中，WTO 各成员就其关心的农产品贸易问题进行问答。

（一）2021 年问答情况

1. 欧盟

在 2021 年 3 月 29 日与 3 月 30 日的会议上，澳大利亚对欧盟发表的《贸易政策审议——开放、可持续和自信的贸易政策》提出了三方面的问题。一是欧盟能否就如何根据《农业协议》执行其贸易政策提出建议；二是欧盟提议的加强规则以避免国家干预导致竞争扭曲的谈判是否包括对《农业协议》第 6 条有关国内支持的改革；三是欧盟能否提供相关信息，说明“自主工具”的定义方法，以及出现什么样的不公平做法时才能使用。针对问题一，欧盟指出该文件涉及广泛的贸易政策问题，远远超出了农业的范围。只要与农业相关，贸易政策就一直符合《农业协议》的规则。欧盟还将继续在农业常务委员会的承诺审议过程以及农业委员会特别会议的谈判中发挥积极作用。针对问题二，欧盟指出，第 6 条规则的改革是其在农业委员会特别会议上讨论的主题之一，并请澳大利亚参考欧盟在不限成员名额会议和小组中的发言，欧盟在发言中表示公共持股问题的解决方案需要成为任何可靠的国内支持方案的一部分，因为持股计划会导致大量扭曲贸易的产生。针对问题三，欧盟请澳大利亚参阅《贸易政策审议通信》第 8 页，这些问题不仅仅与农业或《农业协议》有关；加拿大希望欧盟提供有关修改欧盟 28 国（EU－28）最终约束总量（AMS）承诺的最新信息，以反映欧盟 27 国（EU－27）的国内支持权利。对此欧盟称其在这一问题上的立场没有改变，并将适时提交修改后的 AMS 承诺表。此外，加拿大对欧盟猪肉关税配额的履行率范围远低于《巴厘岛关税配额决定》规定的 65%阈值的现象表示关切。欧盟指出由于新冠疫情以及中国市场的强劲冲击，欧盟市场对出口商的

吸引力下降，影响了欧盟的猪肉进口。欧盟还回答了巴拉圭过度开采自然资源的补贴与环境保护的冲突问题以及透明性问题的疑问。在 2021 年 6 月 17 日与 6 月 18 日的会议上，印度对欧盟的农业补贴计划进行了详细询问，包括受益人及其评估、涵盖产品等方面。欧盟表示在制定成员战略计划前会将具体信息通知 WTO。此外，欧盟还回答了美国、巴拉圭等国提出的有关透明性问题。在 2021 年 9 月 23 日至 24 日的会议上，印度再次就之前提出的欧盟农业补贴计划进行了询问，欧盟回答，理事会和欧洲议会尚未通过基本法律法案。预计将在 2022 年期间完成所有战略计划的批准，届时将提交相关通知，其中包含《农业协议》中要求的信息。

2. 美国

在 2021 年 3 月 29 日至 30 日的会议上，澳大利亚就中美经济贸易协定对美国提出问题：导致 2020 年 135 亿美元缺口的原因；美方是否仍期待中方在协议达成前全额购买美国 800 亿美元农产品；如果是，美方是否认为市场条件有利于中国今年购买 535 亿美元的农产品出口。对此美国做出了回应。另外，巴西就美国国内支持计划对美国提出问题：该计划是否包括直接支付、市场价格支持或收入支持功能；哪些农业生产者有资格获得这批新补贴。美国回复：计划不提供与农业生产、市场价格支持或收入支持相关的直接支付。美国农业部管辖范围内的计划条款将为处于社会弱势地位的农民提供支持。在 2021 年 6 月 17 日至 18 日的会议上，印度和新西兰就美国新冠疫情期间食品援助计划提出问题：该计划将运作多久；农民贷款计划的资格准则；美方能否提供迄今为止援助总额的最新情况。对此美国做出了回应。

3. 中国

在 2021 年 3 月 29 日至 30 日的会议上，澳大利亚对中国棉花政策提出问题：中国政府是否直接或间接、正式或非正式地指示中国的磨坊主、企业和国有企业停止或限制购买和进口澳大利亚的棉花，或者其他 WTO 成员的棉花；如果有，中方是否在国内发布了有关措施的公告，并向 WTO 通报；截至会议前，2021 年的棉花进口量，包括从澳大利亚进口的棉花及 2020 年同期的进口量。中国回复：中国没有直接或间接、正式或非正式地指示中国的磨坊主、企业和国有企业停止或限制购买和进口澳大利亚的棉花以及任何其他 WTO 成员的棉花。2018 年 1 月和 2 月，中国从澳大利亚进口了 427 吨棉花；在 2019 年同期，这一数字为 101 000 吨；在 2020 年同期，这一数字为 28 000 吨；在 2021 年同期，这一数字为 354.7 吨。在 2021 年 6 月 17 日至 18 日的会议上，澳大利亚继续对于中国棉花政策提出问题：中国 2017—2020 年和 2021 年前 3 个月棉花进口总量；2017—2020 年和 2021 年前 3 个月中国从澳大利亚进口棉花总量；是否应符合 WTO 义务的要求签发进口许可证；到目前为止，2021 年和 2020 年同期的棉花进口许可证数量。对此中国进行了回复。在 2021 年 9 月 23 日至 24 日的会议上，欧盟针对中国对化肥和柴油的补贴进行提问：中方预算支出，补贴将发给谁，计划潜在受益人的资格准则。中方将在后续得到相关信息后回复。

（二）2022 年问答情况

1. 欧盟

在 2022 年 3 月 15 日至 16 日的会议上，巴西与阿根廷针对欧盟的“无毁林产品”提案提出五个问题：第一，欧盟为何选择实施出口禁令而不是贸易限制措施；第二，欧盟将如何对国内贸易产品实施同等禁令；第三，能否详细说明如何对受新立法约束的进口产品实施边境管制；第四，欧盟为何选择农业进口禁令而非工业；第五，如何证明此类措施的合理性。针对前两个问题，欧盟解释说本提案仍在欧洲议会和理事会内讨论，并且选择了扭曲性较小的措施，其认为此提案能减少欧盟对全球森林退化的影响。针对第二个问题，欧盟解释在该提案框架下，运营商被要求提供其投放产品的土地的地理坐标供有关部门审查。针对第三个问题，欧盟表示相关部门将根据风险水平划分管制措施：简化来自低风险地区的产品尽职调查责任，加强对高风险地区的审查。针对第四个问题，欧盟指出此提案与碳边境调节机制（CBAM）等同属欧盟绿色协议，而 CBAM 适用于工业产品，欧盟还列举 GATT 1994 条文证明了此提案的合法性。印度尼西亚对此提案同样产生疑问：一是该提案对发展中成员和最不发达成员农业的负面影响，二是该提案是否违反《农业协议》。对此欧盟回答将适当考虑发展中成员和最不发达成员小农情况，最大程度避免负面影响，欧盟指出此次农业提案不违反《农业协议》，提案与实现可持续发展目标并不矛盾。此外，欧盟还解答了泰国的相关疑问。印度和巴西还就欧盟的共同农业政策的落地时间、具体内容和其资助的农业政策与国家资源资助的农业政策之间的关系提出问题，欧盟分别予以解答。欧盟还对新西兰关切的产品环境足迹（PEF）流程和方法实施时间表更新请求进行了回应。在 2022 年 6 月 27 日至 28 日的会议上，欧盟对巴西及巴拉圭关切的欧盟生产非毁林产品的风险来歧视其他成员的标准问题进行了回复，欧盟还回答了巴西关于法国的保险制度改革对欧盟相关制度的影响及信息披露口径的提问。在 2022 年 9 月 14 日至 15 日的会议上，欧盟回答了韩国关于共同农业政策的进展情况，指出欧盟将在 2023 年初向

WTO 提交相关通告，且第一套共同农业政策已经在 WTO 7 个成员中初步实施。在 2022 年 11 月 21 日至 22 日的会议上，巴西、阿根廷、巴拉圭共同对欧盟提出其“无毁林产品”提案与现行《巴黎协定》的规定适配性问题和欧盟如何解决内部森林化率的不平衡问题以及推行该提案的疑问。欧盟表示，该提案符合欧盟 2030 年生物多样性战略和《巴黎协定》规定，欧盟也致力于恢复成员的森林生态系统。

2. 美国

在 2022 年 3 月 15 日至 16 日的会议上，澳大利亚针对美国的市场促进计划中的付款率提出了疑问，美国进行了翔实回答。针对巴西有关缓解港口拥堵和恢复农产品运输服务详细信息、欧盟有关美国农业部 8 亿美元的生物燃料生产拨款以及新西兰关于《美国救援计划法案》拨款方案分类的疑问，美国表示上述三项计划仍在酝酿中；在 2022 年 6 月 27 日至 28 日的会议上，欧盟和新西兰对美国的 5 亿元农业拨款产生疑问：若世界市场价格回落，未来提高贷款利率对预算支出有何影响，美国表示欧盟指出的提议是美国政府向国会提出的人道主义援助的一部分，但是目前并未包含在乌克兰援助法案当中；美国还认为，巴西提出的美国保护储备计划（CRP）的参与者选择权的界定目前讨论还为时尚早。在 2022 年 9 月 14 日至 15 日的会议上，新西兰和巴拉圭对美国《通胀削减法案》的披露时间和美国在给予农民补贴与自身 WTO 义务的平衡方面提出了问题，美国解释了该法案的详细内容，指出其在新项目中会综合考虑包括 WTO 义务在内的各种因素，并表示会适时按照 WTO 规则进行通知；随后美国对新西兰关于美国气候智慧型农业和林业战略的进展最新信息的提供请求予以回应。在 2022 年 11 月 21 日至 22 日的会议上，中国对美国大豆产业的补贴数据、生产过剩问题及其补贴行为对国际市场的影响等提出疑问，美国分别予以解答。

3. 中国

在 2022 年 3 月 15 日至 16 日的会议上，澳大利亚针对中国在 2021 年 6 月对农民的一次性补贴计划提出了以下问题：获得此补贴的资格标准、补贴具体针对哪些原材料价格的上涨、补贴的披露和报道中提到的“规范农资市场”的具体举措。针对这些问题中国予以回答，凡从事农业生产的单位均能获得补贴，且覆盖的粮食种类没有限制。价格上涨的生产原材料包括但不限于种子、化肥、柴油等，规范农资市场的举措尚需主管部门进一步确认。在 2022 年 6 月 27 日至 28 日的会议上，加拿大同样向中国咨询了 2022 年 5 月中国对农业市场补贴的具体情况，中国予以答复。在 2022 年 9 月 14 日至 15 日的会议上，中国回答了澳大利亚关于中储粮购买小麦的相关情况，随后回应了美国提供近 10 年来新疆和中国的棉花产量数据的请求，并解答了美国对中国棉花产业政策的疑问。在 2022 年 11 月 21 日至 22 日的会议上，回答了美国等国对中国储备猪肉释放条件、储备猪肉定价等的相关疑问，美国还对中国的储备棉花的购买及新疆棉有关方面提出了疑问，中国对此进行了解答。

四、涉及《农业协议》的贸易争端

2022 年有关《农业协议》的贸易争端有 1 例。

DS609：埃及——与某些产品进口有关的注册要求。

2022 年 1 月 26 日，欧盟要求与埃及就埃及从欧盟进口某些类别货物的登记要求进行磋商。登记措施要求涵盖 29 类商品，包括农产品和食品、化妆品、玩具、纺织品、服装、家用电器、家具和瓷砖。欧盟认为，这些措施违反了以下条款：GATT 1994 第 VIII：1（c）、VIII：3、X：1、X：3（a）、XI：1 条，《农业协议》第 4.2 条，《进口许可协议》第 1.2、1.5、3.3、3.5（e）和 3.5（f）条。2022 年 2 月 4 日，俄罗斯通知争端解决机构，它希望根据《关于争端解决规则与程序的谅解》第 4.11 条参加欧盟要求的磋商。随后，埃及通知争端解决机构，它已接受俄罗斯联邦加入磋商的请求。欧盟期待收到埃及对这一请求的答复，并商定一个双方都方便的磋商日期和地点，以解决这一争端。

第二节　实施卫生与植物卫生措施协议

一、实施卫生与植物卫生措施委员会工作概述

实施卫生与植物卫生措施（SPS）委员会在 2022 年举行了 3 次会议，时间分别是 2022 年 3 月 23 日至 25 日、6 月 22 日至 24 日、11 月 9 日至 11 日。

在 2022 年 3 月 23 日至 25 日的会议上，成员讨论了 10 个有关食品安全、动植物健康的新贸易关注和 38 个先前提出的贸易关注。SPS 委员会举行了关于农药最大残留限量贸易便利化方法的专题会议，专题会议以“亚太经济合作组织（APEC）农药进口最大残留限量（MRL）指南”为基础，旨在探讨各成员处理与农药最大残留限量有关的问题所采用的不同方法，并为各成员提供机会，分享促进安全贸易方面的经验和最佳做法。会议分为四个部分：第一部分，秘书处提供了会议的背景资料，回顾了卫生与植物检疫措施委员会最近的相关工作，

并简要报告了与农药残留限量有关的具体贸易问题，随后各成员继续讨论了解决最大限量的经济案例，以及基于风险和贸易便利化的执法影响。澳大利亚、美国加州杏仁委员会、西北园艺委员会分别以例证方式阐明了农药最大残留量对世界作物及粮食安全的极端重要性。第二部分，发言者讨论了《食品法典》（Codex）的作用，回顾了联合国粮食及农业组织/世界卫生组织农药残留问题联席会议（JMPR）和国际食品法典委员会农药残留问题（CCPR）的工作，欧盟和巴西分别介绍了其贸易与《食品法典》最大残留限量相协调的经验。第三部分，成员讨论了进口容量的作用，澳大利亚和美国先后讨论了 APEC 农药进口最大残留限量指南和美国主导的一个旨在利用该指南促进东盟贸易便利化的项目，此后韩国和智利分别作为进口成员和出口成员，针对进口容量分享了经验，发表了自身观点。会议的最后一部分侧重于讨论成员和行业在检测限制和贸易/过渡期渠道方面的经验。美国、德国啤酒业协会和美国科迪华农业科技公司分别介绍了自身经验，德国啤酒业协会还认为需要具体的国际贸易政策渠道，以及国际统一的农药最大残留限量是必不可少的。

在 2022 年 6 月 22 日至 24 日的会议上，成员讨论了 6 个有关食品安全、动植物健康的新贸易关注和 45 个先前提出的贸易关注。SPS 委员会首先举行了透明度研习班，会议内容包括研习班对《实施动植物卫生检疫措施的协议》中有关透明度规定的概述和对《技术性贸易壁垒协议》三年期审查所产生的透明度建议的介绍、WTO 秘书处关于 SPS 相关信息来源的介绍以及对新推出的 ePingSPS&TBT 平台的使用培训。随后，委员会又举办了关于在监管框架中使用远程（虚拟）审计和核查的专题会议，目的是给成员提供一个分享使用远程评估方法的经验，讨论这些方法如何协助成员履行《实施动植物卫生检疫措施的协议》义务，并更仔细地研究未来使用的相关性和范围。会议还寻求对正在进行的计划提供见解，包括国际食品法典委员会在其食品进出口检验和认证制度委员会（CCFICS）框架下制定的指南。本次会议内容涵盖新冠病毒流行期间远程审核评估的形式及其与监管框架的联系、针对远程审计和其他形式的远程评估有关的国际标准、远程审核对国际贸易的促进作用和引发的关于隐私和安全问题、各成员和行业代表对自身远程审核的案例研究报告以及未来远程审核所面对的机遇和挑战等。

在 2022 年 11 月 9 日至 11 日的会议上，成员讨论了 10 个有关食品安全、动植物健康的新贸易关注和 42 个先前提出的贸易关注。SPS 委员会举行了关于有害生物风险识别、评估和管理方面的国际标准和最佳做法的专题会议，其目的是提高对《国际植物保护公约》有关国际植物检疫措施标准的认识，并交流有害生物风险识别、评估和管理方面的经验。会议的第一部分，秘书处介绍了 SPS 的一些具体内容，还概述了 WTO 与植物健康有关的争端。会议的第二部分，会员们分享了对《国际植物保护公约》制定的相关标准的见解，还强调了植物健康和贸易在支持粮食安全方面的重要性。会议的第三部分，印度尼西亚、欧盟和中国分别结合自身经验，分享了关于有害生物风险识别、评估和管理最佳实践的案例研究。其中，中国发言人介绍了一种基于国际植物检疫措施实施标准（ISPM）的计算机辅助有害生物风险分析（PRA）模型，该模型可用于提供科学信息，以支持有害生物风险评估期间的决策；随后英国、智利和澳大利亚分别就其在植物检疫方面对有害生物的鉴定情况进行了汇报，智利特别提到其识别新的有害生物的重要方法之一是阅读 WTO 成员发布的 SPS 通知。会议的第四部分，为成员和行业代表提供了交流有害生物风险管理在贸易中应用的实际经验和案例研究的机会，并探讨了国际政府间组织开发的参考数据库工具的使用，来自欧盟的出口商、泰国以及美国分别介绍了其遵守的相关检疫法律的流程，并分享了相关检疫工作遇到的困难和挑战。会议的最后一部分，国际植物保护公约秘书主持了小组讨论，小组讨论强调了信息的获取和质量、改进数据库、进出口国家之间的沟通、PRA 程序的明确时间规划的重要性，并指出了国际植物保护公约未来大致的工作方向。

二、《实施卫生与植物卫生措施协议》实施与监督情况

2022 年，WTO 成员共提出 26 项新贸易关注，如图 4.1 所示。新贸易关注包括：欧盟对香料和其他食品进口的限制、欧盟为实现第三国的环境成果而对特定农药的进口容量、欧盟对人用胶原蛋白进口的限制、欧盟环氧乙烷和二氧乙醇残留限量、印度尼西亚关于加工食品中重金属污染物的法规草案、中国台湾承认外国无传染性动物疫病地位的新程序、泰国对进口蓝湿牛皮的卫生要求、俄罗斯关于 11 种新的检疫性有害生物的 SPS 通知、俄罗斯花生和芝麻的植物检疫证书要求、美国过度拖延开放柑橘市场、欧盟对于动植物源性食品和饲料中的农药最大残留限量的规定、欧盟关于降低从印度进口茶叶中尼古丁的现行最大限量的建议、欧盟维生素 D3 的法规、欧盟增加对养殖虾和新上市的不允许出口水产养殖产品的渔业场所的抽样检查频率、印度食品安全和标准（进口）修订条例草案、印度对于牛奶和猪肉及鱼和相关产品的进口食品托运附有卫生证书的要求、纳米比亚对牛肉和小反刍动物肉的批准程序、日本禽类产品批准程

序、韩国对于提供附有水生疾病状况声明的健康证明的要求、欧盟对驼鸟肉的进口限制、欧盟承认墨西哥是世界动物卫生组织疯牛病风险可忽略不计的国家、秘鲁未对非洲猪瘟实行区域化、欧盟关于动物源性食品动物卫生及官方证书的法规、欧盟关于蜂蜜中苦参碱和氧化苦参碱的通报、埃及海关通告第 4060 号决定——对进口食品的放射性检查、摩洛哥对观赏植物的进口禁令。

截至 2022 年 12 月 31 日，WTO 成员完全解决了 228 项关注，部分解决了 87 项关注。

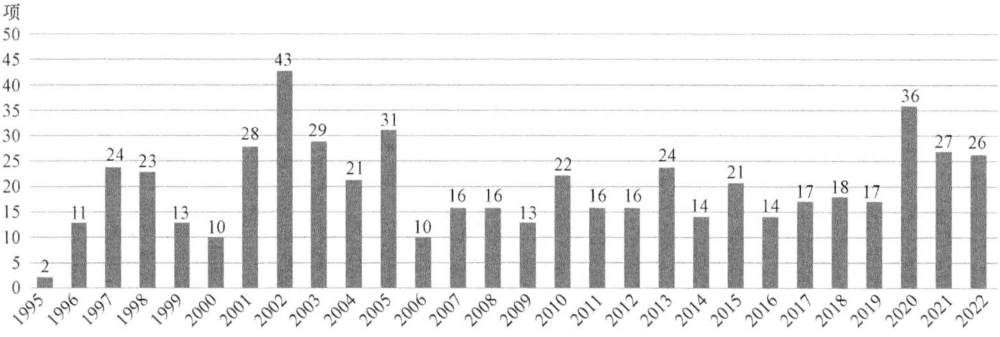

图 4.1　1995—2022 年 WTO 成员提出的新贸易关注数量

资料来源：WTO.Sanitary and Phytosanitary Measures Gateway［EB/OL］. http://spsims.wto.org/en/PredefinedReports/STCReport.

三、《实施卫生与植物卫生措施协议》相关的争端案件

2022 年，涉及《实施卫生与植物卫生措施协议》的争端共有 2 起。

（一）DS610：中国——关于货物贸易措施

2022 年 1 月 27 日，欧盟就中国货物贸易措施提起磋商请求。欧盟认为，这些措施违反了以下条款：GATT 1994 第 I：1、V：6、X：3（a）、XI：1 和 XVII 条；《中国加入世界贸易组织议定书》第 1.2 条，连同《中国加入世界贸易组织工作组报告书》第 46 段和第 342 段；《贸易便利化协定》第 7 条和第 10 条；SPS 协议第 2、8 条，附件 C 第 1（a）款；GATS 第 II：1、VIII、XI：1、XVI 和 XVII：1 条。2022 年 2 月 8 日，澳大利亚要求加入磋商。2022 年 2 月 9 日，中国台湾要求加入磋商。2022 年 2 月 10 日，加拿大、日本、英国和美国要求加入磋商。2022 年 12 月 7 日，欧盟要求成立专家组。在 2022 年 12 月 20 日的会议上，DSB 推迟了专家组的设立。2023 年 4 月 18 日，总干事确定了专家组的组成，包括两

名经各方商定提名的成员。

（二）DS613：欧盟——关于从南非进口柑橘类水果的措施

2022 年 7 月 27 日，南非要求就欧盟管理从南非进口柑橘类水果的制度与欧盟进行磋商。南非认为，这些措施违反了以下条款：SPS 协议第 1.1、2.2、2.3、3.1、3.2、3.3、5.1、5.2、5.3、5.5、5.6、5.7、6.1、6.2、7，8、10.1、10.2 条以及附件 B 和附件 C 第 2 段；GATT 1994 第 I：1、III：4、X：3（a）、XI：1 条。南非期待与欧盟商定一个双方都方便的磋商日期和地点，以解决这一争端。

第三节　技术性贸易壁垒协议

一、技术性贸易壁垒委员会工作概述

技术性贸易壁垒委员会在 2022 年共举行 3 次会议，时间分别是 2022 年 3 月 9 日至 11 日、7 月 13 日至 15 日、11 月 16 日至 18 日。

（一）2022 年 3 月会议

在 2022 年 3 月的会议上，成员讨论的问题涉及认证和数字化的解决方案、透明度、合格评定指南、某些具体的贸易问题、新冠疫情以及年度审查等议题。

第一，认证和数字化解决方案。会议以案例研究的形式介绍了如何通过世界贸易组织成员认证制度之间的合作减少技术性贸易壁垒，进而促进贸易。会议特别强调，在新冠疫情防控期间，各国在认证系统上的合作对于加快医疗货物和个人防护设备的贸易至关重要。在此过程中，世界各地的认证机构开启远程认证，以确保相关工作的连续性，同时确保认证的严格性与信任度。会议还强调了数字化如何促进成员一致性审查机构所需的基础设施升级，以便更有效地提供服务。会议还概述了数字化技术如何有助于提高审查程序的客观性和透明度，如何在供应链中更好地保证完整性，并强调了医疗设备和 3D 打印等新技术带来的一些问题。会议明确指出，许多发展成员缺乏充分的数字基础设施，在吸收数字化技术方面较为滞后，因此需要一些措施来逾越这一鸿沟。

第二，透明度专题。委员会同意成立一个向世界贸易组织所有成员开放的新的透明度工作组。该工作组的审议结果和建议将提交委员会审议，或在必要时采取后续行动。工作组将首先处理两个新问题：一是修订通告格式，二是使用协调制度代码在通告技术性贸易壁垒委员会的系列措施中识别相关产品。世界贸易组织秘书处介绍了一个新的技术性贸易壁垒综合平台，该平台将提供一个

单一入口点，以跟踪有关产品要求的信息。2022 年 3 月底上线后，新平台将提供一系列培训和外联课程。

第三，合格评定指南。委员会记录了制定指导方针的工作进展，以帮助监管机构确定在不同的情况下适用哪些符合性审查程序。这项工作由《技术性贸易壁垒协定》第九次三年期的审查授权，以成员提交的提案为基础。在会议之前，澳大利亚、哥伦比亚、马来西亚、南非、英国和美国提交了新材料。

第四，具体贸易问题。参会人员在会议上共讨论了 80 项具体的贸易关注事项，其中 20 项是首次讨论，大部分涉及数字问题。讨论的主题包括合格评定、人工智能系统带来的风险、事故中车辆传感器收集数据的保护、紧急呼叫的有效性、能效标签上的二维码以及网络安全等。此外，还有一些环境相关的问题，重点是太阳能光伏产品、能效标签、节能测试和燃料经济标准等。

第五，新冠疫情相关通报。秘书处报告指出，自 2020 年 3 月以来，WTO 成员共提交了 192 份与新冠病毒相关的技术性贸易壁垒通告，占所有与新冠病毒相关的 WTO 通告的 40%以上。这些通告涵盖了一系列产品，包括新冠病毒抗原检测、疫苗和拭子等，主要涉及紧急授权和简化医疗物品准入的程序、新的安全和质量要求以及疫情防控期间的监管灵活性等几个方面。

第六，年度审查。委员会通过了《技术性贸易壁垒协定》执行和运作情况第二十七次年度审查。审查报告说明了 2021 年委员会在该协定的执行和运作方面的发展情况。具体来看，2021 年，成员共向委员会提交了 3 966 份关于新变更的技术性贸易壁垒政策的通告，有 83 个成员提交了通告。其中，发展中成员和最不发达成员所提交的通告占新通告总数的 85%。与 2020 年相比，2021 年最不发达成员提交的通告增加了 63%。非洲是提交技术性贸易壁垒通告最积极，2021 年提交了超过三分之一的新通告。成员们共审议了 257 项具体贸易关注事项，包括 64 项新关注事项，这是自 1995 年以来数量最多的一年。

（二）2022 年 7 月会议

在 2022 年 7 月的会议上，成员讨论的问题涉及透明度、认证指南、成员间中小企业的监管合作、抗击新冠疫情的相关工作以及环境和数字问题等。

第一，透明度问题。会议强调了环境监测机制在追踪出口市场需求变化和加速国内磋商进程中的作用，并讨论了如何克服通告政策中产品覆盖范围的问题。世界海关组织还制定了编码协调制度，允许各国在相同基础上对货物进行分类。成员们还研究了相关协调制度涉及的一些工具和资源，如海关网络以及国际标准化组织和世界海关组织的其他来源和文件。除此之外，会议还提到了关于透明度工作组的内容。透明度工作组对所有 WTO 成员开放，并向技术性贸易壁垒委员会提出建议及讨论结果。在 2022 年 4 月举行的第一次会议上，成员将产品覆盖范围和通告格式确定为下一步讨论的优先事项。成员就至今所进行的工作以及对于 10 月的工作组会议将讨论的事项交换了意见，最后非洲的成员和观察员应邀为透明度倡导者方案提出候选人。其中，倡导者方案是一种能力建设措施，对象是从事透明度事务的官员，负责处理 WTO 其他成员和公众就技术性贸易壁垒或卫生与植物检疫措施等问题，该方案将于 10 月在日内瓦举行面对面讲习班。

第二，认证指南。各成员就如何制定指南以帮助监管机构在不同情况下确定符合性审查程序展开了激烈的讨论，并最终达成了一致的意见。

第三，抗击新冠疫情相关的工作。秘书处指出，约有三分之二的新冠相关通报是按技术法规和合格评定的紧急通报规定提交的，其余则作为常规通报提交，通报的措施类型包括紧急和临时程序、医疗用品的新标准或技术条例或其他推迟生效的条例。就通报的产品范围而言，重点是个人防护装备、医药产品、医疗装置和其他医疗用品。

第四，环境和数字问题。讨论的主题包括 5G 的新技术法规、电信系统测试和认证的要求以及环境问题。例如，成员们讨论了某些禁用物质对环境造成不良影响的风险以及强制要求在移动电话和其他电子设备上使用特定的电缆或连接器的可行性。

（三）2022 年 11 月会议

在 2022 年 11 月的会议上，成员讨论的问题涉及监管做法和标准、环境和产品安全问题、合格评定指引、环保资讯、技术性贸易壁垒透明度冠军计划等议题。

第一，监管做法和标准。会议强调了良好监管做法的重要性，并指出建立政府、企业和民间社会之间强有力的伙伴关系以及对管理机构的能力建设是促进良好的监管做法的有效方法。

第二，环境和产品安全问题。会议讨论了确保产品安全而采取的相关措施。其中强调了环境问题，例如，改善废物回收情况以及保护公众健康等。其他问题则涉及了可重复使用包装以及包装废物。

第三，合格评定指引。成员们继续就合格评定程序的准则进行谈判。该指南旨在支持监管机构选择符合《技术性贸易壁垒协定》合格评定系统的设计。

第四，环保资讯。秘书处向成员们解释了卫生和植物检疫技术性贸易壁垒措施的平台的主要职能。会议听取了菲律宾、越南、肯尼亚、美国和厄瓜多尔的经验。菲律宾向成员们介绍了研讨会的最新情况，其私营部门在研讨会上强调了如何规避电子商务管理风险以及改善供应链规划。越南表示，其外贸大学在其贸易政策课程中纳入了环境保护课程。肯尼亚说明在国家和国际利益攸关方的协调方面，和平方案给其提供的帮助。美国指出，正在将其利益攸关方从“通告美国”警报系统过渡到紧急警报系统，并强调其官员如何利用紧急警报系统与其他成员的对应人员进行沟通。厄瓜多尔指出，除了接收有关可能影响厄瓜多尔出口的贸易伙伴措施的反馈意见外，还简化了公共部门与私人利益攸关方的接触。厄瓜多尔还指出，与世界各地的技术性贸易壁垒咨询点联系变得更加容易，可以尽早解决潜在的贸易问题。

第五，技术性贸易壁垒透明度冠军计划。纳米比亚标准协会表示，该计划改变了其对如何运用技术性贸易壁垒协定透明度条款的看法。通过使用诸如环境保护部之类的工具来加强纳米比亚所有利益相关者之间的协调，其如今已成功推行多项措施。南非贸易、工业和竞争部表示，这个综合项目与南非技术性贸易壁垒团队的日常工作有关，电子商务现在已经成为南非信息管理与国内利益相关者和贸易伙伴沟通的主要工具。

二、《技术性贸易壁垒协议》实施与监督情况

2022 年，SPS 委员会共检讨了 241 项具体贸易关注，包括 53 项新关注事项，还有 188 项旧贸易关注。其中，新贸易关注事项包括：欧盟关于欧洲议会和理事会制定的人工智能协调规则和修改某些联盟立法法案的法规提案，欧盟就欧洲议会和理事会制定人工智能协调规则及修订若干欧盟立法法案，韩国支持低碳太阳能组件产品的规定，南非关于酒精饮料标签的条例修订，法国规定矿物油中所含禁止在包装和向公众分发的印刷品中使用的物质的命令，印度带制冷剂的空调进口政策，中国化妆品检查要点及判断原则、化妆品安全技术标准，儿童化妆品技术规则，欧盟欧洲议会和理事会指令提案，中国工业和信息技术领域数据安全管理办法，加拿大建议禁止某些有毒物质法规，印度关于冰箱实施二维码的警告，法国关于每年投放市场的再使用包装的最低比例的法令，中国办公设备推荐国家标准，欧盟委员会法规草案，印度关于电动列车车辆的可充电电能存储系统的安全要求，欧盟委员会授权法规草案，欧盟欧洲议会和理事会关于一般产品安全的法规提案，美国保护平流层臭氧——制冷、空调和灭火

领域重要新替代品政策计划下的替代品清单，印度在包装正面声明商品的两个或两个以上主要成分的公众咨询/法定计量修订，欧盟委员会法规实施细则草案，制定欧洲议会和理事会法规关于自动驾驶系统的全自动机动车型批准的统一程序和技术规范的适用规则，澳大利亚效率标准，欧盟根据欧洲议会和理事会指令制定移动电话、无绳电话和平板电脑生态设计要求的委员会法规草案，越南限制在电气和电子设备中使用某些有害物质的国家技术法规草案，英国指定通告和指定供应商指示，美国吊扇的节能标准，阿根廷关于促进健康饮食的法律执行令，西班牙鱿鱼的巴塞罗那标签分类要求，美国节能计划——电视机的试验程序，安哥拉财政部行政令，印度尼西亚关于各种产品的最低能源性能和节能标签的法令草案，摩洛哥合格评定，印度有关牛奶和奶制品、猪肉和猪肉产品以及鱼和鱼产品进口食品托运时附有卫生证书要求的订单，等等。

根据 2023 年发布的年度审查报告，2022 年新提出的问题数量比 2021 年减少了 11 个。与近年的情况类似，2022 年讨论的绝大多数具体贸易关注都是之前提出的。所讨论的旧关注数量比 2021 年（193 项）少 5 项。

第四节　海关估价协议

一、海关估价委员会工作概述

海关估价委员会在 2022 年共召开两次会议，时间分别是 2022 年 5 月 17 日和 2022 年 11 月 4 日。

2022 年 5 月 17 日，海关估价委员会召开了 2022 年度第一次会议。世界海关组织代表报告了 2022 年 5 月 3 日至 5 日举行的世界海关组织海关估价委员会第 54 次会议的情况。中国代表参与了海关估价委员会关于技术问题和其他相关问题的讨论，认为审查估价法律和法规的通知是有益的，因为它使中国获得成员在执行 WTO 海关估价协议方面的经验，并鼓励其他代表团参与海关估价委员会的工作。同时，海关估价委员会主席介绍了最新情况：共有 111 个成员通报了其关于海关估价的立法，77 个成员对问题清单做出了回复。在此次会议的议程上，有 36 个议程项目，海关估价委员会审查了超过三分之一的 WTO 成员的海关立法。主席还表示秘书处可根据各成员的需要提供技术援助。

2022 年 11 月 4 日，海关估价委员会召开了 2022 年度第二次会议。世界海关组织代表 Joseph Ouedraogo 报告了 2022 年 9 月 19 日至 10 月 21 日举行的世界海关组织海关估价委员会第 55 次会议的情况。中国代表注意到海关估价委员会最近就《海关估价协定》附件 3 第 7 段的一个问题所做的工作，因为该问题涉及"实际支付或应付价格"的含义，该问题也在文件 G/VAL/M/74.Annx 1 的解释性说明中得到解决。同时，中国代表表明海关估价委员会可能就这个问题会和海关估价委员进行探讨，鼓励各成员继续关注海关估价委员会的工作。欧盟代表表示，在海关估价委员会的早期讨论阶段，就讨论过关于"实际支付价格或应付价格"相关问题的意义，根据技术讨论的方向和持续时间，海关估价委员会有可能考虑审查这一问题。世界海关组织代表答复了主席关于即将举行的专题会议上要讨论的问题。世界海关组织代表说，专题会议的目的是增进对海关估价委员会的了解，并讨论其在管理和执行方面的困难。会议将探讨世界海关组织成员感兴趣的专题问题，但尚未决定将讨论哪些具体问题。不过，世界海关组织代表提供了在以前的一些专题会议中所讨论过的主题，或者能在即将举行的会议上探讨的主题，例如《海关估价协定》第 7 条的执行情况以及电子商务的主题。

二、《海关估价协议》实施与监督情况

2022 年，海关估价委员会结束了对多米尼加、哈萨克斯坦、吉尔吉斯斯坦、尼日尔、卢旺达的海关立法的审查，并继续对阿富汗、伯利兹、贝宁、布隆迪、哥伦比亚、萨尔瓦多、欧盟、冈比亚、几内亚、危地马拉、洪都拉斯、冰岛、印度、以色列、马拉维、蒙古国、尼泊尔、尼日利亚、巴拉圭、俄罗斯、圣基茨和尼维斯、所罗门群岛、斯里兰卡、多哥、汤加、英国、瓦努阿图和越南等成员的海关法规进行了审查。

此外，委员会正在执行 2022—2023 年两年期技术援助计划。秘书处组织摩尔多瓦、斐济、巴布亚新几内亚、萨摩亚、东帝汶、汤加、瓦努阿图等成员进行了关于技术援助和能力建设的培训活动。

第五节　装运前检验协议

一、海关估价委员会工作概述

《装运前检验协议》由 WTO 的海关估价委员会负责制定。2022 年共举行两

次会议，时间分别是2022年5月17日和2022年11月4日。

2022年5月17日，海关估价委员会召开了2022年度第一次会议。在有关《装运前检验协议》上，各成员主要就以下几个方面的问题进行了讨论：第一，关于各成员通报的现状。海关估价委员会主席提请成员注意G/PSI/N/1系列文件所包含的根据《装运前检验协议》第5条汇编的通报。文件G/PSI/N/1/Rev.5和文件G/PSI/N/1/Rev.5/Add.1包括装运前检验通报的最新信息。此外，英国代表询问秘书处是否收到了其关于转运前检验的通报，秘书处答复其并没有收到其通报并表明将就此与英国采取后续行动。第二，关于装运前检验项目的信息。海关估价委员会主席提请注意文件G/VAL/W/63/Rev.28，文件包括检查和认证（TIC）理事会向其成员提供的关于装运前检验方案更新的最新信息。第三，关于中国和美国的问题和答复。美国在G/VAL/W/353号文件中对装运前检验程序的几个方面提出了问题，中国已在G/VAL/W/369号文件中做出了答复。第四，关于美国和印度尼西亚的问题和答复。美国在G/VAL/W/314号文件中对技术核查程序的相关要求提出问题，以及在G/VAL/W/357号文件中对装运前检查活动的范围提出了问题，印度尼西亚已在G/PSI/Q/IDN/1号文件中对这些问题做出了答复。关于G/VAL/W/357号文件中的问题，印度尼西亚强调，进口核查（或所谓的VPTI）不是WTO《装运前检验协议》第1条所指的装运前检查活动，它已经在以前的会议上解释说，该措施只涉及核实进口货物与原籍国到印度尼西亚的进口文件是否符合的文件检查活动。印度尼西亚还强调，进口核查的目的是确保进口产品的健康和安全，并保护环境。因此，印度尼西亚认为，告知委员会其关于进口核查的相关规定没有必要。最后印度尼西亚表示它将在切实可行的情况下尽快对美国的问题提供书面答复。第五，关于美国和圣卢西亚的问题和答复。主席回顾说，美国在G/VAL/W/354号文件中就圣卢西亚通知有关PSI的立法提出了问题。美国代表感谢圣卢西亚通知其车辆的装运前检查措施，并期待圣卢西亚就此问题做出的答复。第六，关于非正式的经验分享会议。在海关估价委员会的会议上，主席询问在正式会议之外，成员是否有兴趣召开一次非正式会议，在此非正式会议上成员可以分享他们关于CVA的执行的经验和具体问题。在这方面，他非正式地联系了一些成员，并得到了有关成员的积极反应。

2022年11月4日，海关估价委员会召开了2022年度第二次会议。各成员在会议上主要就以下几个问题进行了讨论：第一，关于各成员通报的现状。海关估价委员会主席提请成员注意 G/PSI/N/1 系列文件包含的根据《装运前检查协议》第 5 条汇编的通报。文件 G/PSI/N/1/Rev.5 和文件 G/PSI/N/1/Rev.5/Add.1 包括装运前检验通报的最新信息。第二，关于装运前检验项目的信息。海关估价委员会主席提请注意文件 G/VAL/W/63/Rev.29，文件包括检查和认证理事会向其成员提供的关于装运前检验方案更新的最新信息。第三，关于美国和印度尼西亚的问题和答复。美国已在 G/PSI/Q/IDN/4 号文件中提出了后续问题，美国代表感谢印度尼西亚在 G/PSI/Q/IDN/3 号文件中做出的答复，表明第 46/2014 号和第 116/2018 号法规已被撤销。美国最近在 G/PSI/Q/IDN/4 号文件中提交了一个后续问题，询问何时会通知替代措施，期待着收到印度尼西亚关于其现行 PSI 监管规定的通知。印度尼西亚代表感谢美国继续对印度尼西亚的进口核查政策感兴趣，关于最近的美国问题，在 G/PSI/Q/IDN/2 文件中，印度尼西亚重申了 G/PSI/Q/IDN/3 文件中的回应，即进口验证（VPTI）不是 PSI 活动，因为上述措施只涉及文件检查活动，以核实进口到印度尼西亚的货物与从原籍国进口文件的一致性。印度尼西亚补充说，VPTI 的目的是确保其贸易有益于健康、安全和环境方面等问题的解决。

二、《装运前检验协议》实施与监督情况

在 2022 年期间，海关估价委员收到来自中国、印度尼西亚、圣卢西亚的有关实施《装运前检验协议》的法律法规的通报。此外，海关估价委员会提请各位成员注意测试、检验和认证行业理事会关于使用装运前检验服务的成员的最新报告，该报告包含在文件 G/VAL/W/63/Rev.28 和 G/VAL/W/ 63/Rev.29 中。

第六节　原产地规则协议

一、原产地规则委员会工作概述

根据《原产地规则协议》的规定，原产地规则委员会每年需至少召开一次正式会议，对前一年《原产地规则协议》各部分的实施和运行情况进行审查，并就原产地规则的协调工作与各成员代表展开磋商。原产地规则委员会在 2022 年共举行 2 次会议，时间分别是 2022 年 4 月 7 日和 10 月 13 日。这些会议的记录

分别载于文件 G/RO/M/78 和 G/RO/M/79 中。

（一）2022 年 4 月会议议题

2022 年 4 月 7 日，原产地规则委员会召开该年度第一次正式会议。

首先，会议讨论了最不发达成员的优惠原产地规则问题。在审查最不发达成员优惠原产地规则最新进展的过程中，原产地规则委员会副主席请给予优惠的成员汇报这方面的最新进展。加拿大、欧盟、瑞士、日本、美国等给予优惠的成员代表借此强烈谴责俄罗斯联邦对乌克兰的军事行动，俄罗斯代表则认为全球安全关切和遵守《联合国宪章》不属于委员会的职权范围，远远超出了会议议程范围。秘书处 Darlan F. Martí 先生发言指出，大多数给予优惠的成员已经提交了它们用于最不发达成员的优惠原产地规则通报。他同时强调，关于优惠关税和进口统计必须有完整的数据集，以便秘书处能够监测优惠的使用情况。他赞扬了中国、冰岛、印度和土耳其提交的有关从最不发达成员优惠进口的全面资料通报。对于尚未提交资料的成员，副主席表示请相关成员尽快准备其资料，并在必要时寻求秘书处的协助。会议继续审议了最不发达成员提交的基于现有的与原产地相关的规定（2013 年（巴厘岛）和 2015 年（内罗毕）关于最不发达国家优惠原产地规则的部长级决定，文件编号分别为 WT/L/917 和 WT/L/917/Add.1）的修改意见（文件已载于 G/RO/W/211）。塞内加尔代表最不发达成员表示，内罗毕决定六年多来在透明度和优惠利用方面已经取得了较好的进展，但是可以加速执行该决定的实质性事项并在委员会进行更有建设性和更积极的对话。最不发达成员敦促给予优惠的成员加强参与 CRO，分享最佳做法和经验教训。该修改意见的目标是使免税配额（DFQF）计划得到更充分的利用，并为实现可持续发展目标做出贡献。意见同时根据这些目标评估了与原产地自我证明有关的现有做法，指出智利、中国、印度、韩国等成员并没有接受这种做法。中国认为最不发达成员文件没有准确反映中国的做法，并表示愿意与最不发达成员合作，修改文件，使其正确反映中国的做法。

其次，会议讨论了关于巴厘岛和内罗毕决定的执行情况。2021 年 10 月，最不发达成员联合提交了一份评估巴厘岛和内罗毕决定执行情况的提案。经过委员会的讨论和一系列协商，对拟议的提案进行了修订，其最新版本已更新在副主席 2021 年 11 月 23 日的文件（G/RO/W/210）中。由于 1 个成员对提案的修订版本持保留意见，该提案未获通过。在上述背景下，副主席希望听取各成员的意见和对下一步可能采取的措施的看法。坦桑尼亚代表（代表最不发达成员）表示，起草这一提案是为了重振委员会的工作，使其充分执行内罗毕决定。他指出，最不发达成员仍然希望为第十二届部长级会议保留这一提案，愿意继续与对提案仍有关切的任何成员进行协商。印度代表重申，印度致力于向最不发达成员提供有效的市场准入，并继续致力于香港和巴厘部长级决定。副主席提议各代表团对该提案进行几天的协商，如果在规定的期限内没有收到反对意见，提案将被认为已获得全体通过，并成为委员会的一项决定。如果在规定期间内有任何反对意见，她将书面通知各代表团，并指示最不发达成员继续进行协商。

再次，主席邀请世界海关组织秘书处的 Demba Seck 先生汇报 WTO 原产地规则委员会在 2021 年开展的活动。Seck 先生就非优惠原产地规则、优惠原产地规则和技术援助三个方面的工作进行汇报。关于非优惠原产地规则，原产地规则委员会已于 2022 年 1 月和 2 月分两个阶段召开了第 40 次会议，并通过了关于技术方面及相关内容的第 23 次定期报告、第 23 次年度审查以及 2021 年《原产地规则协议》的执行情况。关于优惠原产地规则，他指出，收入一揽子计划第四阶段行动计划已于 2021 年完成，《世界海关组织优惠原产地规则技术更新指南》已更新。关于技术援助，海关组织代表报告说，海关组织秘书处就协调非优惠原产地规则和优惠原产地规则进行了一些活动，并介绍了最近与非洲大陆自由贸易区有关的两个方案。

最后，副主席宣布在当天的原产地规则委员会会议后立即举行主题为“是什么推动了贸易优惠的利用”的第二次网络研讨会。

（二）2022 年 10 月会议议题

2022 年 10 月 13 日，原产地规则委员会召开该年度第二次正式会议。

会议听取了关于最不发达成员优惠原产地规则的最新进展的汇报，并且对《原产地规则协议》执行和实施情况进行了第 28 次年度审查。在有关最不发达成员优惠原产地规则和优惠进口数据通报问题上，塞内加尔代表指出，泰国缺少关于实质性转变标准立法的网站链接，鼓励泰国按照巴厘和内罗毕决定的规定，允许使用不超过货物最终价值 75%的非原产材料。他还请日本在通报中加上正确的提法，以便最不发达成员可以查阅有关的立法，同时要求日本澄清其通报适用的特定产品规则。秘书处 Simon Neumueller 先生向委员会介绍了根据优惠贸易安排透明度机制提交的关于最不发达成员优惠进口数据通报的最新进展情况。他指出，自 2022 年 4 月以来，秘书处已经从一些给予优惠的成员那里收到了额外的数据，他还同时强调完整提交通报数据的重要性。

此外，秘书处 Darlan Martí 先生介绍了秘书处关于最不发达成员的原产地证明和利用贸易优惠方面的最新说明（文件已载于 G/RO/W/212）。他解释说，该文件的重点是核证义务对最不发达成员利用贸易优惠能力的影响，并试图探讨减少与原产地有关的单据和程序义务有关的行政负担和最不发达成员更好地利用其贸易优惠能力的联系。他回顾了两种主要的原产地证明方法，包括第三方认证和自我认证，并鼓励各成员进行无纸化贸易和其他创新的贸易便利化项目。为了检验自我认证的贸易便利化效果，秘书处设立了两组优惠安排进行实验验证。第一组允许使用自我认证办法，第二组是需要提供第三方原产地证书。两组实验结果表明，采用自我认证的方法平均利用率更高。对于该实验的结论和计算方法，许多成员并不认同。在该会议上，成员们还讨论了关于“提高非优惠原产地规则的透明度”的提案（G/RO/W/182/Rev.4），并同意进行主席主导的磋商，主席确认她将举行协商并随时通知委员会。会议最后考虑了副主席的任命，但由于俄罗斯代表团不同意见，选举无法完成。

二、《原产地规则协议》实施与监督情况

2022 年，原产地规则委员会召开了两次正式会议：4 月 7 日和 10 月 13 日。这些会议的纪要分别载于 G/RO/M/78 和 G/RO/M/79 文件中。委员会的工作继续围绕两大主题：非优惠原产地规则，最不发达成员的优惠原产地规则。

关于非优惠原产地规则。2022 年 10 月，成员们讨论了关于“提高非优惠原产地规则的透明度”的提案（G/RO/W/182/Rev.4），并同意进行主席主导的磋商，主席确认她将举行协商并随时通知委员会。此外，还举行了一次关于统一非优惠原产地规则工作方案的情况介绍会。该会议于 2022 年 10 月召开，会议概述了《原产地规则协议》（第 9 条）授权的一些谈判的目标和历史。最后，委员会完成了《原产地规则协议》执行和运作情况的年度审查（G/RO/96）。

关于优惠原产地规则。委员会继续监督关于最不发达成员优惠原产地规则的巴厘岛和内罗毕决定（WT/L/917 和 WT/L/917/Add.1）的执行情况。各成员于 2022 年 4 月通过了《关于优惠原产地规则和执行内罗毕决定的决定》（G/RO/95）。此外，成员们还在 2022 年审议了一些技术说明：第一，WTO 秘书处关于原产地证明和利用贸易优惠的义务的说明（G/RO/W/212）。第二，最不发达成员就文件要求编写的两份说明（G/RO/W/211）以及对英国新的优惠原产地规则的初步评估（G/RO/W/216）。最后，在 4 月 7 日，成员们参加了 WTO 秘书处在 CRO 正式会议间隙举办的关于“是什么推动了贸易优惠的利用”的公开活动。

第七节 进口许可程序协议

一、进口许可程序委员会工作概述

进口许可程序委员会在 2022 年共召开了 3 次会议。时间分别是 2022 年 3 月 7 日、4 月 8 日和 10 月 7 日。

（一）2022 年 3 月会议议题

在 2022 年 3 月 7 日的进口许可程序委员会会议上，成员们主要讨论了以下几个议题。

第一，电子议程的推迟问题。洪新龙主席提到，秘书处进口许可小组已经完成了启动电子议程的筹备工作，但信息技术司的人力资源变化和资源限制使信息技术司无法按时提供电子议程。主席和秘书处的进口许可小组一直与信息技术司保持密切联系，以监测情况，并确保本委员会电子议程上的信息技术工作得到优先考虑。各代表团均表示支持该小组继续努力，以确保尽快启动电子议程。

第二，N/3 问卷。在委员会 2021 年 9 月 20 日举行的非正式会议上，一些成员对修改 N/3 问卷表示怀疑，并指出他们不希望失去现有问卷所需的任何要素。其他成员指出，完成调查问卷是一项挑战，特别是对能力有限的成员而言，调查问卷将受益于更新，而不会失去其任何实质性内容。成员们还指出，对 N/3 问卷的任何修改都应在自愿的基础上执行。与此同时，N/3 通报率仍然相对较低，在过去十年中呈下降趋势。主席表示，他会牢记各成员提出的所有优先事项，并希望与委员会探讨如何提高每年 N/3 问卷的水平以及如何解决若干成员在填写调查问卷时遇到的困难。

第三，进口许可证通知工作坊。主席表示，从事进口许可工作的小组将能够以 WTO 的三种官方语言（英语、法语、西班牙语）举办进口许可讲习班，并且该讲习班将向所有 WTO 成员开放。

（二）2022 年 4 月会议议题

在 2022 年 4 月 8 日的进口许可程序委员会会议上，成员主要就俄乌冲突对《进口许可程序协议》的影响进行了讨论。具体而言，乌克兰代表表示，由于俄乌冲突，乌克兰政府对某些农产品的出口实行非自动许可。这是一个强制性的步骤，对于乌克兰人民来说确保国家粮食安全是必要的。但乌克兰仍在继续履行其对 WTO 基本规则的承诺：乌克兰已确保可以通过电子手段取得进口许可证，从而保证企业能够继续不受干扰地经营。英国、美国、日本、欧盟等成员均对此表示理解。俄罗斯代表团呼吁各代表团不要在委员会的职权范围和当天的会议议程范围之外进行干预。

会议还讨论了一些其他议题，包括：欧盟和美国对安哥拉旨在以不符合 WTO 规则的方式保护国内工业的第 23/19 号总统令表示关注，美国对中国为执行固体废物的进口禁令而改变进口许可表示关注，欧盟对埃及对于肉类、家禽和马铃薯实施的进口限制表示关注，以及欧盟、印度尼西亚和泰国等国对印度引入的各类车辆进口许可制度表示关注等。

（三）2022 年 10 月会议议题

在 2022 年 10 月 7 日的委员会会议上，主席表示电子议程将促进各代表团和秘书处制定会议议程的工作，包括增加项目、以电子形式直接向与会者提供有关文件和分享发言。秘书处的一名代表向进口许可程序委员会概述了电子议程平台的使用方法，包括如何访问电子议程平台、如何纳入具体的贸易问题和其他项目，以及如何上传声明。各代表团均对主席和秘书处为完成进口许可程序委员会电子议程的启动所做的努力表示感谢。

此外，成员们还提出了两个新的议题。

第一，欧盟对于印度尼西亚的商品平衡机制的关注。欧盟代表指出，印度尼西亚已于 2021 年开始实施通过第 19/2020—2021 号贸易部长条例引入的商品平衡机制，建立了一个新的集中发放进出口许可证的系统。商品平衡机制简化了进出口许可证的管理，并确保在不同机构间采取协调一致的办法，从而减少了官僚作风，提高了透明度。但是，该机制也产生了一些问题，比如它可能导致对贸易流动的进一步进出口限制，这反过来又会对该机制是否符合印度尼西亚的世界贸易组织义务提出问题。因此，欧洲联盟将欢迎印度尼西亚澄清商品平衡机制的实际运作、其预定的执行情况和有关产品。印度尼西亚代表表示，印度尼西亚的商品平衡机制旨在创造和促进更好的商业环境，包括交易的确定性和货物的自由流动，它不会对印度尼西亚的进口制度造成额外负担。相反，从政府政策的角度来看，该机制将为所有相关部门提供透明和准确的数据，并且它旨在通过创建透明度和允许对业务发展进行预测来支持业务。

第二，欧盟对印度尼西亚对于若干纺织品的进口许可制度的关注。欧盟代表团表示，它欢迎印度尼西亚废除第 77/2019 号法规，取消事实上禁止欧盟成品纺织品进口到印度尼西亚的规定。但欧盟了解到，纺织品现在将受第 5/2021 号政府法规关于第 19/2021、20/2021 和 25/2022 号贸易部法规建立的商品平衡机制的约束。因此，欧盟希望印度尼西亚澄清其成品纺织品的进口制度，同时它亦要求印度尼西亚就纺织品实行商品平衡制度的预期时间表和安排提供进一步详情。印度尼西亚代表答复说，根据现行条例，进口核准申请是以电子方式进行的，一旦以完整和正确的方式提交了所需的所有文件，就会处理进口核准，而核准时间相对较短，并在《进口许可程序协议》规定的时限内。

二、《进口许可程序协议》实施与监督情况

2022 年，进口许可程序委员会主要进行了成员通报审查、举办讨论会、推广电子议程和开展 COVID－19 相关商品贸易的经验交流会等方面的工作。

首先，委员会对成员的有关进口许可立法、程序等进行了审查。根据《进口许可程序协议》第 1.4 条和第 8.2 条等的规定，委员会对阿根廷、柬埔寨、多米尼加、厄瓜多尔、欧盟、中国香港、印度、日本、韩国、缅甸、沙特阿拉伯、塞舌尔、泰国、乌克兰、英国和美国提交的通报进行了审查。另外，根据第 7.3 条的规定，委员会审查了阿尔巴尼亚、阿根廷、澳大利亚、柬埔寨、智利、哥伦比亚、哥斯达黎加、古巴、欧盟、格鲁吉亚、洪都拉斯、中国香港、印度、印尼、日本、哈萨克斯坦、韩国、中国澳门、马里、毛里求斯、墨西哥、黑山、新西兰、尼加拉瓜、巴拿马、菲律宾、俄罗斯、塞舌尔、新加坡、瑞士、列支敦士、泰国、汤加、土耳其、乌克兰、阿联酋、英国和乌拉圭提交的关于建立新的进口许可程序的通报。

其次，委员会通过举办讨论会的形式供成员及时交换意见。美国向菲律宾、巴拿马和印度尼西亚先后进行提问和评论；欧盟向埃及、印度尼西亚发起了提问。被提问成员也就问题做出了书面答复。

再次，委员会通过推广电子议程来促进各代表团和秘书处在制定会议议程方面的工作。在 2022 年 3 月 7 日举行的非正式会议上，主席和秘书处向成员通报了委员会电子议程项目实施情况。在 2022 年 7 月 6 日至 8 月 31 日期间，秘书处提供了电子议程的试点版本，并向各代表团发送了英文、法文和西班牙文版的解释性准则，供各代表团注册和测试。2022 年 9 月 7 日起，委员会的电子议程平台开始运行。在 2022 年 10 月 7 日的正式会议上，秘书处提交了电子议程纲要；同日，电子议程开始运作。

最后，委员会专门开展了 COVID－19 相关商品贸易的经验交流会。在 2022 年 3 月 7 日的非正式会议上，主席向成员通报了市场准入委员会正在组织的一系列关于 COVID－19 相关商品贸易的经验交流会。主席征求了各代表团对委员会在进口许可证程序方面举行类似经验交流会议的意见。

三、《进口许可程序协议》相关的争端案件

2022 年，涉及《进口许可程序协议》的争端案件共有 1 起。具体如下：

DS609：埃及——从欧洲联盟进口某些类别货物的登记要求。2022 年 1 月 26 日，欧盟就埃及从欧盟进口某些类别货物的登记要求发起磋商请求。欧盟认为，该登记要求不符合《农业协议》第 4.2 条及《进口许可程序协议》第 1.2、1.5、3.3、3.5（e）和 3.5（f）条。2022 年 2 月 4 日，俄罗斯要求加入磋商。随后，埃及通知争端解决机构，其已接受俄罗斯加入磅磋商的请求。

第五章

贸易救济措施

第一节　反　倾　销

一、《反倾销协议》实施情况

（一）反倾销案件情况

根据 WTO 成员向 WTO 通报的反倾销情况，2022 年各成员新发起 89 起反倾销调查，新实施 103 起反倾销措施。如表 5.1 所示，全球反倾销调查数量在 2016 年高峰后有所下降，但在 2020 年又上升至 355 起；2021 年成为自 2008 年以来全球实施反倾销措施最多的一年，2022 年全球反倾销措施的实施数量相比于 2021 年有所下滑。

2022 年全球反倾销调查的主要发起国有印度（29 起）、美国（19 起）、阿根廷（9 起）、韩国（5 起）和墨西哥（4 起）。从反倾销实施情况来看，2022 年全球反倾销措施的主要实施国（地区）为美国（15 起），其后为阿根廷、巴基斯坦、南非（各为 10 起）和欧盟（8 起）。

表 5.1　1995—2022 年 WTO 成员发起反倾销调查和采取反倾销措施数量

单位：起

年度	发起反倾销调查数量	实施反倾销措施数量
1995	160	121
1996	226	95
1997	247	127
1998	264	185

续表

年度	发起反倾销调查数量	实施反倾销措施数量
1999	357	190
2000	296	236
2001	372	169
2002	311	218
2003	234	224
2004	221	154
2005	199	138
2006	203	142
2007	165	105
2008	218	143
2009	217	143
2010	173	134
2011	165	99
2012	208	121
2013	287	161
2014	236	159
2015	229	182
2016	298	162
2017	249	201
2018	202	205
2019	215	152
2020	355	107
2021	186	287
2022	89	103
1995—2022 年合计	6 582	4 463

资料来源：根据 WTO 网站资料整理，http://www.wto.org/english/tratop_e/adp_e/adp_e.htm。

（二）反倾销通报与审议情况

WTO 反倾销委员会于 2022 年 10 月 26 日发布了 2022 年度报告，涵盖了 WTO 成员有关反倾销的通报情况，以及委员会在 2022 年召开的春季和秋季会议对成员通报的审议情况等。

自 2021 年 10 月 28 日至 2022 年 10 月 26 日，87 个 WTO 成员通报了反倾销法律法规的情况[①]，35 个 WTO 成员通报了其尚无反倾销法律法规，15 个 WTO 成员未进行任何反倾销法律法规的通报。在 2022 年审议期间，委员会审议了巴西、喀麦隆、加拿大、吉布提、印度、英国和美国提交的新的立法通报。

45 个 WTO 成员通报了在 2021 年下半年采取的反倾销行动，16 个 WTO 成员通报了在此期间未采取反倾销行动；45 个 WTO 成员通报了在 2022 年上半年采取的反倾销行动，16 个 WTO 成员通报了在此期间未采取反倾销行动。此外，53 个 WTO 成员依照《反倾销协议》第 16.4 和 16.5 条提交了一次性通报。在 2022 年春季与秋季会议上，委员会审议了 WTO 成员对初步和最终反倾销行动的通报。

（三）反倾销争端情况

2022 年，有 1 起贸易争端援引 WTO《反倾销协议》，如表 5.2 所示。

表 5.2　　2022 年反倾销贸易争端情况

争端编号	起诉时间	起诉方	被诉方	涉案产品	争端主题
DS614	2022 年 9 月 2 日	阿根廷	秘鲁	生物柴油	反倾销和反补贴措施

资料来源：根据 WTO 网站资料整理，https://www.wto.org/english/tratop_e/dispu_e/dispu_agreements_index_e.htm？id=A6。

（四）中国实施反倾销的情况

根据 WTO 成员历年通报的反倾销调查（见图 5.1），中国一直是全球反倾销调查的首要目标国。虽然 2022 年对华反倾销调查数量有所下降，但占全球反倾销调查总量的比例仍然高达 43%。从对华累计发起反倾销调查数量来看，对华反倾销调查不仅来自美国、欧盟等发达经济体，而且有很大比例来自印度、阿根廷、巴西等发展中经济体。虽然中国已成为世界主要的反倾销调查发起国之一，但相形之下，中国对外发起的反倾销调查仍远低于遭遇的反倾销调查数量。

① 欧盟为一个 WTO 成员。

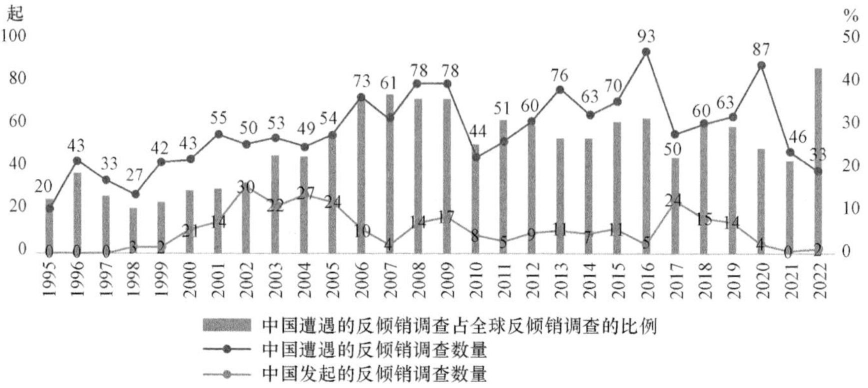

图 5.1　1995—2022 年中国发起和遭遇的反倾销调查数量

资料来源：根据 WTO 网站资料整理，https://www.wto.org/english/tratop_e/dispu_e/dispu_agreements_index_e.htm? id = A6.2023 - 07 - 03。

如表 5.3 所示，2022 年中国对印度、中国台湾地区发起了反倾销调查，两起调查均针对化学原料和制品。

表 5.3　　2022 年中国发起反倾销调查情况

立案时间	案件名称	被诉方	涉案行业	初裁结论	终裁结论
2022 年 3 月 1 日	中国对印度酞菁反倾销案	印度	化学原料和制品	存在倾销，国内产业受到实质损害	存在倾销，国内产业受到实质损害
2022 年 11 月 30 日	中国对中国台湾地区聚碳酸酯反倾销案	中国台湾	化学原料和制品	未得出	未得出

资料来源：根据中国贸易救济信息网整理，http://cacs.mofcom.gov.cn。

二、反倾销委员会的会议情况

（一）2022 年春季会议议题

反倾销委员会 2022 年春季会议于 2022 年 4 月 27 日举行。会议期间，委员会审议了成员提交的关于国内反倾销法律的通报，并对成员提交的 2021 年下半年报告进行了审议。针对巴西的半年度报告，美国对巴西对美苛性钠反倾销调查发表看法，希望巴西在调查期间认真考虑美方提出的意见。对于中国的半年度报告，日本就中国对日本取向电工钢持续征收反倾销税发表意见，指出根据

《反倾销协议》第 11.3 条，反倾销措施不得超过五年，除非能够证明继续维持反倾销措施的必要性。关于欧盟的半年度报告，摩洛哥与土耳其分别对欧盟的铝合金轮毂和耐腐蚀钢产品反倾销调查表达关切。中国对欧盟的钢铁紧固件反倾销措施提出质疑。针对印度的半年度报告，日本提到了电镀锌钢反倾销调查。对于韩国的半年度报告，日本对韩国基于第四次日落复审仍继续对日本不锈钢棒征收反倾销税提出质疑，要求韩国尽早终止反倾销措施。美国提出了韩国对美国乙二醇丁醚反倾销措施的期终复审问题。关于墨西哥的半年度报告，英国强调将持续关注墨西哥关于 I 型和 H 型钢梁启动的新调查。有关泰国的半年度报告，日本就泰国对热轧钢卷材和非卷材产品继续征收反倾销税提出质疑。针对英国的半年度报告，俄罗斯对英国的冷轧扁钢产品反倾销措施过渡审查表示关切。中国认为英国脱欧后继续实施欧盟贸易救济措施违反了《反倾销协议》。有关美国的半年度报告，日本对美国对日本甘氨酸反倾销税的行政复审提出异议。中国呼吁美国应通过日落复审来避免持续实施反倾销措施。

会议讨论的议题还包括：巴西、欧盟表示将密切关注南非对冷冻带骨鸡肉进行的反倾销调查。欧盟与摩洛哥分别针对土耳其瓷砖和镀锌线发起反倾销调查，土耳其对此发表意见。中国对欧盟进行的日落复审表示关注。

（二）2022 年秋季会议议题

反倾销委员会 2022 年秋季会议于 2022 年 10 月 26 日召开。会议期间，委员会审议了成员提交的关于国内反倾销法律的通报，并对各成员提交的 2022 年上半年报告进行了审议。关于澳大利亚的半年度报告，印度尼西亚就其对印度尼西亚 A4 复印纸采取反倾销措施发表意见。对于巴西的半年度报告，美国就巴西对美国明胶胶囊的反倾销调查表达看法。针对加拿大的半年度报告，中国对加拿大对中国床垫的反倾销调查提出质疑，表示《反倾销协议》第 2.4 条要求调查机关确保“应当在出口价格和正常价值之间进行公正比较，这种比较应当在同一贸易水平上进行”，《反倾销协议》第 2.2.2 条要求利润额应基于有关生产和销售的实际数据。关于中国的半年度报告，日本就中国对日本氯乙烯共聚树脂持续征收反倾销税表示关注。关于埃及的半年度报告，土耳其对埃及对土耳其汽车电池发起的反倾销调查发表意见。另外，土耳其和乌克兰就埃及对钢筋反倾销措施的期终复审发表了评论。针对欧盟的半年度报告，俄罗斯对在期终复审后延长对俄罗斯原产冷轧扁钢产品征收反倾销税深表关切。日本就欧盟继续对取向硅电钢征收反倾销税进行了评论，要求欧盟立即终止反倾销措施。印度尼西亚针对欧盟对脂肪酸产品进行的反倾销调查表达质疑。摩洛哥对于欧盟对摩洛哥某些产品的反倾销调查存在疑问，包含对反倾销计算方法的质疑。中国指出欧盟正在生效的反倾销措施未能严格遵守《反倾销协议》第 11.3 条规定的五年期限。有关印度的半年度报告，澳大利亚希望印度对低灰冶金焦的特别复审进行澄清。日本对印度的电镀锌钢反倾销措施发表看法，认为这些措施被不当延续了很长时间。关于以色列的半年度报告，土耳其对以色列关于低压铜芯电缆反倾销措施的复审调查表示质疑。针对韩国的半年度报告，澳大利亚、日本及乌克兰分别提及韩国关于氢氧化铝、不锈钢板卷和硅锰铁合金的反倾销措施。有关摩洛哥的半年度报告，埃及对摩洛哥对埃及、中国和约旦地毯征收反倾销税提出关注。土耳其对摩洛哥关于土耳其镀锌线的反倾销调查提出关注。关于英国的半年度报告，中国认为英国继续应用欧盟贸易救济措施的做法与 WTO 规则不一致。俄罗斯提出英国在过渡审查后仍继续对俄罗斯冷轧钢产品实施反倾销措施。针对美国的半年度报告，日本提出了两个问题，一是对日本苯甘氨酸的反倾销审查，二是对美国对日本产品长时间实施反倾销措施表示关注。俄罗斯对美国针对俄罗斯产乳液丁苯橡胶的反倾销调查深表关切。中国重点关注两个方面，一是美国发起的反规避调查数量超过了所有其他 WTO 成员的数量，二是关于日落复审。有关越南的半年度报告，马来西亚就越南关于桌椅产品和焊接材料的反倾销调查发表看法。印度尼西亚对越南关于印度尼西亚和其他 WTO 成员的甘蔗糖实施的反规避措施表示关切。

会议讨论的其他议题包括：巴西就南非对其冷冻带骨鸡肉实施的反倾销措施提出质疑。

第二节　反　补　贴

一、《补贴与反补贴措施协议》实施情况

（一）反补贴案件情况

根据 WTO 成员向 WTO 通报的反补贴情况，2022 年各成员发起的反补贴调查数量及最终实施反补贴措施的数量较往年均有所下降（见表 5.4）。2022 年全球反补贴调查主要发起国（地区）为美国（11 起）、印度（3 起）、英国（2 起）、加拿大（2 起）和欧盟（1 起）；全球反补贴措施主要实施国（地区）为美国（8

起）、印度（3起）和欧盟（3起）。

表5.4　1995—2022年WTO成员发起反补贴调查和采取反补贴措施数量

单位：起

年度	发起反补贴调查数量	实施反补贴措施数量
1995	10	19
1996	8	4
1997	16	3
1998	25	6
1999	41	10
2000	19	25
2001	27	15
2002	9	15
2003	15	5
2004	8	8
2005	5	3
2006	8	3
2007	11	2
2008	16	11
2009	28	9
2010	9	19
2011	25	9
2012	23	10
2013	33	13
2014	45	12
2015	31	15
2016	34	23
2017	41	18
2018	55	28
2019	36	35
2020	56	24

续表

年度	发起反补贴调查数量	实施反补贴措施数量
2021	18	41
2022	19	18
1995—2022 年合计	671	403

资料来源：根据 WTO 网站资料整理，https://www.wto.org/english/tratop_e/scm_e/scm_e.htm。

（二）补贴与反补贴措施通报与审议情况

WTO 补贴与反补贴措施委员会于 2022 年 10 月 25 日发布了 2022 年度报告，涵盖了 WTO 成员有关补贴与反补贴的通报情况，以及委员会在 2022 年召开的春季和秋季会议情况，对 2022 年度和往年的[①]WTO 成员补贴通报做出审议。

自 2021 年 10 月 27 日至 2022 年 10 月 25 日，38 个成员通报了 2021 年度补贴措施情况，10 位成员通报了其未保留应通报的补贴。委员会在 2022 年 4 月 26 日以及 2022 年 10 月 25 日召开的特别会议上审议了阿尔巴尼亚、阿根廷、澳大利亚、巴西、加拿大、智利、中国、哥斯达黎加、古巴、厄瓜多尔、萨尔瓦多、欧盟、格鲁吉亚、洪都拉斯、中国香港、冰岛、印度、以色列、日本、哈萨克斯坦、韩国、列支敦士登、马达加斯加、马来西亚、毛里求斯、墨西哥、摩尔多瓦、新西兰、挪威、菲律宾、沙特阿拉伯、塞舌尔、新加坡、瑞士、中国台湾、泰国、土耳其、乌克兰、英国和美国的 2021 年通报。

自 2021 年 10 月 27 日至 2022 年 10 月 25 日，82 个成员向委员会通报了国内反补贴法律法规，20 个成员未进行通报。在 2022 年 4 月 26 日和 10 月 25 日召开的春季和秋季会议上，委员会审查了巴西、喀麦隆、加拿大、哥伦比亚、印度、英国和美国关于反补贴法律法规的通报。

委员会也审议了各成员对反补贴调查和措施的通报。自 2021 年 10 月 27 日至 2022 年 10 月 25 日，11 个成员通报了在 2021 年下半年采取的反补贴行动，89 个成员通报了在此期间未采取反补贴行动，37 个成员未提交 2021 年下半年关于反补贴行动的通报；11 个成员通报了在 2022 年上半年采取的反补贴行动，

① 每两年为一个通报周期，包括 2017 年、2015 年、2013 年、2011 年、2009 年、2007 年、2005 年、2003 年、2001 年和 1998 年。

92 个成员通报了在此期间未采取反补贴行动，34 个成员未提交 2022 年上半年关于反补贴行动的通报。47 个成员提交了一次性通报，表明其没有进行反补贴调查的主管机关，未采取过反补贴行动，并且在可预见的未来不打算采取此类行动。

（三）补贴与反补贴争端情况

2022 年有 1 起贸易争端援引《补贴与反补贴措施协议》，如表 5.5 所示。

表 5.5　　2022 年补贴与反补贴争端情况

争端编号	起诉时间	起诉方	被诉方	涉案产品	争端主题
DS614	2022 年 9 月 2 日	阿根廷	秘鲁	生物柴油	反倾销和反补贴措施

资料来源：根据 WTO 网站资料整理，https://www.wto.org/english/tratop_e/dispu_e/dispu_agreements_index_e.htm？id＝A20。

二、补贴与反补贴委员会的会议情况

（一）2022 年春季会议议题

补贴与反补贴措施委员会春季会议于 2022 年 4 月 26 日召开。委员会对成员的补贴与反补贴相关通报进行了审议。

各成员也就其他成员提交的半年度报告发表意见。印度尼西亚就欧盟对其冷轧钢产品征收反补贴税提出质疑。中国就欧盟将其金融企业在跨境投资过程中向印度尼西亚私营企业提供的正常服务视为印度尼西亚政府补贴这一行为发表意见，俄罗斯同样对欧盟的反补贴措施表示质疑。针对美国的半年度报告，巴西对美国实施的冷轧扁钢产品、热轧扁钢产品和铁制建筑铸件反补贴措施表示关切，摩洛哥对有关磷酸盐肥料的反补贴措施提出看法。中国与俄罗斯针对美国反补贴措施违反 WTO 规则发表意见。

2022 年春季会议讨论的议题还包括：土耳其就英国发起的熨衣板反补贴调查表示关切，认为英国未按照《补贴与反补贴措施协议》第 13.1 条的规定，在启动调查之前邀请出口成员进行磋商；马来西亚认为印度对其发起的反补贴调查缺乏相关的证据支持；中国对英国脱欧后仍继续实施欧盟反补贴措施发表意见。

此次会议的其他议题有：补贴通报的及时性和完整性；澳大利亚、加拿大、欧盟、日本、英国和美国就补贴和产能过剩问题发表意见；澳大利亚、加拿大、欧盟、日本、英国和美国请求讨论中国补贴透明度的问题；澳大利亚、加拿大、欧盟、日本、新西兰、中国台湾、英国和美国讨论补贴通报程序的修正提议。

（二）2022 年秋季会议议题

补贴与反补贴措施委员会秋季会议于 2022 年 10 月 25 日召开。委员会对成员的补贴与反补贴相关通报进行了审议。

会议就各成员提交的半年度报告发表意见。委员会主席指出 34 个成员未提交该期间的半年度报告，敦促这些成员尽快提交报告。

各成员针对其他成员提交的半年度报告发表意见。对于巴西的半年度报告，印度尼西亚要求巴西重新考虑关于镍矿石补贴幅度的计算。对于欧盟的半年度报告，土耳其希望欧盟在虹鳟鱼反补贴复审中考虑其观点；印度尼西亚重申对欧盟实施的不锈钢冷轧产品反补贴措施的看法；中国指出欧盟在多起反补贴调查中背离了《补贴与反补贴措施协议》的规定，提及跨境补贴的概念。对于印度的半年度报告，马来西亚就印度对饱和脂肪醇的反补贴调查提出质疑。对于美国的半年度报告，俄罗斯再次强调美国对公共机构认定的问题；欧盟重点关注美国对西班牙成熟橄榄反补贴措施的执行情况；中国敦促美国公正客观地对待出口买方信贷计划，并根据《补贴与反补贴措施协议》进行反补贴调查。对于越南的半年度报告，印度尼西亚就越南对从印度尼西亚进口甘蔗糖实施反规避措施和反倾销反补贴措施发表看法，要求越南提供实施反倾销反补贴措施的相关法律依据。

会议讨论的议题还包括：欧盟就中国对欧盟马铃薯淀粉进行的期终复审调查表示关切；补贴通报的及时性和完整性问题；中国提出的关于美国近期的歧视性补贴政策议题；澳大利亚、加拿大、欧盟、日本、英国和美国就补贴和产能过剩、中国补贴透明度问题发表看法；再次讨论关于补贴通报程序的修正提议。

第三节　保 障 措 施

一、《保障措施协议》实施情况

（一）保障措施案件情况

根据 WTO 成员向 WTO 通报的保障措施情况，2022 年各成员新发起 4 起保障措施调查，实施 3 起保障措施，数量有所下降，如表 5.6 所示。

2022 年发起保障措施调查的成员为印度（1 起）、马达加斯加（1 起）、摩洛哥（1 起）和突尼斯（1 起）；实施保障措施的成员为印度（1 起）、菲律宾（1 起）和土耳其（1 起）。

表 5.6　1995—2022 年度 WTO 成员的保障措施调查和措施数量

单位：起

年度	发起保障措施调查数量	实施保障措施数量
1995	2	0
1996	5	1
1997	3	3
1998	10	5
1999	15	5
2000	25	7
2001	12	9
2002	34	14
2003	15	15
2004	14	6
2005	7	6
2006	13	7
2007	8	5
2008	10	6
2009	25	10
2010	20	4
2011	12	11
2012	24	6
2013	18	8
2014	23	11
2015	17	11
2016	11	6

续表

年度	发起保障措施调查数量	实施保障措施数量
2017	8	9
2018	16	7
2019	30	12
2020	22	12
2021	9	9
2022	4	3
1995—2022 年合计	412	208

资料来源：根据 WTO 网站资料整理，https://www.wto.org/english/tratop_e/safeg_e/safeg_e.htm。

（二）保障措施通报与审议情况

WTO 保障措施委员会于 2022 年 10 月 24 日发布了 2022 年度报告，涵盖了委员会的年度会议情况以及 WTO 成员有关保障措施的通报和审议情况。

自 2021 年 10 月 26 日至 2022 年 10 月 24 日，73 个 WTO 成员通报了审议期间的保障措施法律法规情况（其中 47 个成员无新的相关法规或对法规的修订），17 个 WTO 成员尚未进行相关通报。在 2022 年度审议期间，委员会审议了巴西、喀麦隆、加拿大、吉布提、缅甸和英国通报的相关法规文本。

保障措施委员会审议了对保障措施相关行动的通报，包括对发起保障措施调查、实施保障措施和不采取措施终止调查的通报。自 2021 年 10 月 26 日至 2022 年 10 月 24 日，14 个 WTO 成员向委员会通报了保障措施调查，其中，9 个成员通报实施了最终保障措施，4 个成员向委员会提交了不采取措施终止调查的通报。

（三）中国实施保障措施的情况

截至 2022 年底，中国仅实施了 2 起保障措施，包括 2002 年发起 1 起保障措施调查并于同年实施措施，2016 年发起 1 起保障措施调查并于 2017 年实施措施。

二、保障措施委员会会议情况

（一）2022 年春季会议议题

保障措施委员会 2022 年春季会议于 2022 年 4 月 25 日召开。委员会审议了各成员关于保障措施法规和行动的通报，各成员也发表意见和提出问题。

近年来保障措施数量的增加引起了WTO成员的广泛关注，中国、日本和澳大利亚均表示应在符合WTO规则的前提下谨慎使用。中国、日本、俄罗斯、瑞士、土耳其、巴西、印度和韩国就欧盟对特定钢铁产品使用保障措施表示关注。中国认为欧盟的保障措施缺乏事实和法律依据，所以不应再延长该措施。日本指出，根据《保障措施协议》第7.4条的规定，保障措施应逐步自由化，并应进行审查。考虑到对保障措施延期的严格要求，日本要求欧盟尽快终止该措施。俄罗斯表示，欧盟最初实施保障措施就缺乏依据，后续行动又违反了《保障措施协议》第2.2条、5.1条、5.2条和7.4条，因而俄罗斯要求欧盟撤销该措施。瑞士认为欧盟应尽快终止该措施，并提议钢铁领域的产能过剩问题应该在多边层面解决。土耳其认为欧盟的措施不符合《保障措施协议》的相关规定，已经对这项措施发起了争端解决程序。巴西作为争端解决中的第三方，同样表示该措施违反了WTO规则，应及时终止而非继续延长。印度回顾了针对该保障措施的暂停关税减让方案，并提出如果欧盟不终止保障措施，印度要求每年将措施的限制程度降低5%。此外，应增加印度在第6类产品中的关税配额。韩国认为保障措施是一项特殊的救济措施，因此必须严格遵守对其实施和延期的要求。在这方面，韩国认为欧盟的措施不符合GATT 1994第XIX条和《保障措施协议》第2条、第4条和第7.2条的规定。

此次会议上，土耳其和欧盟对摩洛哥关于涂布木板的保障措施调查提出质疑。土耳其表示将向调查机构提交有关此次复审的官方意见，要求摩洛哥终止此程序。欧盟指出，自保障措施实施以来，摩洛哥进口已经减少，国内产业状况有所改善，因此不应继续延长此措施。日本、韩国、土耳其、俄罗斯、巴西、印度和瑞士就英国对某些钢铁产品的保障措施发表意见。针对美国对晶体硅太阳能电池的保障措施，日本指出根据《保障措施协议》，保障措施应是逐步自由化的，日本希望与美国就此进行讨论。欧盟表示太阳能产品对于减少碳排放是必要的，目前不是对该产品采取保障措施的适当时机。新加坡表示将继续关注该措施，并要求美国尽早逐步取消措施。马来西亚认为美国延长这项措施将影响全球太阳能行业和供应链；同时指出保障措施是一项紧急措施，只有在满足一定条件的情况下才能延长。基于这一情况，马来西亚不同意延长该保障措施。

（二）2022年秋季会议议题

委员会2022年秋季会议于2022年10月24日召开。委员会审议了各成员关于保障措施法规和行动的通报，各成员也就通报内容发表意见和提出问题。

许多成员对保障措施的频繁使用表示担忧。中国、日本、澳大利亚对该问题表示关切。中国指出，在钢铁、化工、轻工业、农业仍存在大量保障措施，很多保障措施仅由少数几个成员采取，并且保障措施的实施超出了必要范围。日本指出，自 2021 年以来保障措施调查和措施的数量有所减少，但有问题的措施仍然存在。日本建议 WTO 成员在实施保障措施前应确保符合 WTO 协议。澳大利亚指出，保障措施是针对原本贸易公平的进口商品采取的紧急行动，这些行动必须严格符合 WTO 规则。

针对欧盟对某些钢铁产品实施的保障措施，土耳其启动了争端解决程序，专家组指出欧盟的措施违反《保障措施协议》规定，欧盟未能确保是意外情况导致进口增加，并且欧盟对严重损害威胁的判断并非基于事实。尽管欧盟在后续的保障措施调查中将专家组此前得出的结论作为依据，但土耳其依旧表示只有欧盟终止该保障措施才不违反《保障措施协议》。巴西强调，欧盟违反了《保障措施协议》第 8.1 条，并且欧盟没有与巴西保持实质同等的关税减让水平。鉴于这些情况，巴西保留了对欧盟暂停关税减让的权利。日本同样对保障措施的延长表示关注，指出该措施已经与“意外情况”或“严重损害威胁”等基本前提不一致，所以建议尽快中止该措施。印度认为欧盟原始的保障措施就存在缺陷，因而没有延长措施的依据。俄罗斯提及欧盟决定将最初分配给俄罗斯的关税配额重新分配给其他成员，并对俄罗斯的产品实施进口禁令。俄罗斯详细解释了该措施与《保障措施协议》第 2.2 条、第 5.1 条、第 5.2 条和第 7.4 条的不一致，并敦促欧盟撤回该措施。瑞士担心在剩余关税配额被耗尽的情况下，某些产品贸易受到排挤。瑞士要求欧盟立即解决贸易排挤的问题。此外，钢铁市场受到能源价格大幅上涨和中间产品供应中断的严重影响。出于这些原因，瑞士认为欧盟的保障措施终止符合欧盟和所有 WTO 成员的共同利益。最后，瑞士表示全球钢铁行业产能过剩应该通过多边方式解决。韩国指出，在 DS595 专家组报告中已经发现欧盟在评估“意外情况”或“严重损害威胁”时与《保障措施协议》不一致，韩国要求欧盟充分考虑专家组的结论，尽快取消保障措施。中国表示欧盟延长该措施的决定与 WTO 规则不一致，敦促欧盟仔细审查其他成员提出的问题，尽快终止保障措施。

此次会议上，关于英国对某些钢铁产品的保障措施，日本指出英国在没有进行初步调查、没有《保障措施协议》支持的情况下延长了这一措施，敦促英国尽快终止该措施。印度与英国进行了磋商，保留了暂停关税减让和其他义务的权利。印度仍愿意与英国进行双边讨论，以达成相互接受的补偿方案。如果未能就补偿达成共识，印度将对特定产品征收额外关税以弥补贸易损失。瑞士也与英国进行了磋商，表示保障措施是紧急措施，敦促英国立即终止该措施。此外，俄罗斯和韩国同样提出了希望英国尽快终止措施的意见。

本次会议的其他议题包括：日本就美国对晶体硅太阳能电池的保障措施提出质疑，表示美国根据与加拿大之间的双边协议，豁免了自加拿大的进口产品。日本指出《保障措施协议》第 2.2 条规定保障措施应适用于“不考虑来源”的进口产品，因而日本要求终止该项措施，美国表示愿意进行进一步的双边讨论。日本就印度尼西亚对地毯和其他地面纺织覆盖物的保障措施发表意见，指出印度尼西亚实施的保障措施对日本产业造成负面影响，该措施是 WTO 协议禁止的数量限制措施，要求印度尼西亚立即终止该措施。印度尼西亚表示仍然决定实施保障措施。土耳其针对摩洛哥对自行车、摩托车和滑板车内胎进行调查提出质疑，认为进口增加与摩洛哥国内生产之间没有因果关系，要求摩洛哥终止调查。摩洛哥则认为内胎产品的进口对国内生产产生了负面影响，因而有必要进行这项调查。

第六章

服务贸易、投资与知识产权

第一节　服 务 贸 易

一、服务贸易发展情况

（一）2022 年第一、二季度服务贸易持续复苏

2022 年 6 月 23 日，世界贸易组织发布的服务贸易晴雨表显示，尽管俄乌冲突发生，但服务贸易仍在持续复苏，世界服务贸易在 2022 年第二季度继续增长，最新读数 105.5，超过了基线值（100），且远高于 2021 年 9 月的数值 102.5，服务贸易晴雨表超过商品贸易晴雨表，这表明随着 COVID－19 大流行的缓解，消费模式可能会从商品转向服务。

在服务贸易晴雨表的组成指数中，航空客运指数（117.1）涨幅最大。服务业采购经理人指数（105.1）、信息和通信技术服务指数（104.2）的强劲表现也提升了服务业晴雨表读数。虽然金融服务指数（101.7）仍然高于基线值，但似乎失去了发展的动力，这可能与俄罗斯因俄乌冲突受到金融制裁有关。其他指数包括集装箱航运指数（101.5）和建筑服务指数（101.1）仍略高于基准值。

（二）2022 年第三、四季度服务贸易活动减弱

2022 年 12 月 22 日，世界贸易组织发布的最新服务贸易晴雨表显示，世界服务贸易活动在 2022 年第四季度增长放缓，并可能在 2023 年前几个月持续疲软。主要经济体增长放缓对疫情后服务贸易复苏造成压力。

2022 年 10 月的服务贸易晴雨表指数降至 98.3，略低于其基线值，并且远低于 6 月发布的 105.5。该结果与 11 月下旬发布的商品贸易晴雨表一致，该晴雨表同样显示 2022 年最后几个月和 2023 年商品贸易量增长放缓。

受旅游、信息和通信技术服务以及金融服务支出的推动，世界服务贸易额在2022 年第二季度超过了新冠疫情前的峰值。然而，服务贸易晴雨表显示实际商业服务的同比增长在第三季度开始放缓，并且在第四季度进一步放缓，此外，由于主要服务业经济体的增长前景下降，这种放缓趋势可能持续到下一年。在服务业晴雨表的组成指数中，金融服务指数（107.8）对全球经济增长放缓的抵抗力最强，稳居基准值之上。航空客运指数（105.2）、信息和通信技术服务指数（103.2）也高于基准水平，但客运指数已回落至接近其基线值。与之相反的是，建筑服务指数（92.9）、集装箱航运指数（92.8）和服务业采购经理人指数（91.1）的成分指数均陷入收缩区域。

二、服务贸易国内规制

（一）格鲁吉亚、东帝汶和阿联酋加入服务贸易国内规制联合声明倡议

2022 年 6 月 13 日，格鲁吉亚、东帝汶和阿联酋宣布加入服务贸易国内规制联合声明倡议，该倡议于 2021 年 12 月成功完成谈判。其旨在优化成员服务业领域许可审批流程，降低企业经营成本，改善全球服务贸易营商环境。

哥斯达黎加对外贸易部长曼努埃尔·托瓦尔（Manuel Tovar）代表服务贸易国内规制联合声明倡议参与方对三位新加入者表示欢迎，并表示这一举措体现了三位新加入者认可该倡议的价值，同时也体现了他们对联合宣言将给全球服务贸易带来的好处充满信心。他还表示，新商定的规则提供了必要的灵活性和政策空间，这确保了新规则能够兼容每个参与者的经济和发展水平。阿联酋经济部助理副部长朱马·穆罕默德·凯特（Juma Mohammed Al Kait）表示，阿联酋的优先事项包括创造有利贸易和投资的环境、加强阿联酋在外部市场的竞争力以及发展国际贸易关系。格鲁吉亚经济和可持续发展部副部长盖纳迪·阿维拉泽（Genadi Arveladze）指出，透明度、可预测性以及最大限度地消除服务提供商的经营壁垒，是格鲁吉亚自由贸易政策的主要目标。东帝汶经济事务协调部长阿金·阿马拉尔（Joaquim Amaral）指出，实施明确、透明和有效的监管框架是促进跨境服务贸易的关键。

（二）服务国内监管联合倡议的参与方提交改进后的认证承诺时间表

2022 年 12 月 20 日，服务贸易国内规制联合声明倡议的参与者向世界贸易组织提交了改进后的认证承诺时间表。这是在 2021 年 12 月就一系列旨在降低服务企业贸易成本的规则谈判成功结束后，使这些承诺具有法律效力所

需的最后一步。

该倡议的 59 个成员提交了 WTO 服务贸易总协定下改进后的服务承诺表以供认证，这些倡议成员的服务贸易占世界服务贸易的 87%。该倡议的协调员哥斯达黎加的詹姆・科吉・阿里亚斯（Jaime CoghiArias）表示，为如此众多的参与者推出认证程序是真正的成功，这让一系列规则具有法律效力又近了一步，这些新规则将提高服务贸易监管的透明度和可预测性、优化成员服务业领域许可审批流程、改善全球服务贸易营商环境，并有助于中小微企业和女企业家。

三、数字贸易与电子传输

（一）WTO 电子商务谈判共同召集国呼吁加强数字贸易包容性

2022 年 6 月 13 日，WTO 电子商务谈判的共同召集国澳大利亚、日本和新加坡的部长们发表声明，强调了制定全球电子商务规则的重要性，并与瑞士一起启动了电子商务能力建设框架，以加强数字包容性，帮助发展中成员和最不发达成员利用数字贸易的机遇。部长们在声明中承认发展中成员和最不发达成员寻求从数字经济中受益所面临的障碍。他们认为，电子商务能力建设框架将帮助这些成员更好地解决这些障碍，并享受数字贸易的好处。该框架将提供广泛的技术援助、培训和能力建设，以支持各国参与电子商务谈判。具体而言，澳大利亚和瑞士将设立新的数字咨询和贸易援助（DATA）基金，日本和新加坡将分别通过日本国际协力事业团（JICA）和日本贸易振兴机构（JETRO）以及新加坡—世界贸易组织第三国培训计划（TCTP）提供数字能力建设支持。共同召集国强调，包容性仍然是电子商务谈判中的一项重要原则，这反映在该小组向所有成员开放的包容性和透明性工作中。

（二）MC12 延续电子传输免征关税的做法

2022 年 6 月 13 日，WTO 电子商务谈判的共同召集国澳大利亚、日本和新加坡的部长们发表声明，称他们已经注意到世界各地 105 个贸易协会呼吁继续对电子传输征收关税。他们认为，至关重要的是电子商务联合声明倡议必须使这种做法在谈判参与者中永久存在。

2022 年 6 月 17 日，WTO 成员在日内瓦成功结束了 MC12，该会议做出了在 MC13 之前暂停对电子传输征收关税的决定。根据联合国贸易和发展会议的计算，2019 年全球电子商务市场销售收入为 26.7 万亿美元，相当于当年全球国内生产总值的 30%。在数字经济高速发展的今天，电子传输免征关税延期对数字经济发展、保护创新具有重要意义。

2022 年 12 月 13 日，WTO 总理事会散发《印度尼西亚关于电子传输关税观点》的提案（WT/GC/W/859）。提案指出，尽管电子传输暂时免征关税可能有利于世界经济、扩大电子商务效益，但需要考虑对 WTO 成员，特别是发展中成员和最不发达成员的重大影响。特别是发展中成员的零售商从事跨境电子商务的程度较低，难以从电子传输免征关税中受益。提案指出，应在多边层面确定电子传输关税的范围和定义，了解免征关税的影响，并给予一定的政策空间。提案认为，对电子传输征税不会对全球贸易造成扭曲，也不会对使用电子传输的数字商品的进口程序造成行政负担。

四、最不发达成员服务豁免

（一）最不发达成员在服务贸易方面的优先事项

2022 年 3 月 11 日，WTO 成员在服务贸易理事会会议上讨论了对最不发达成员实施服务豁免的问题。乍得代表 WTO 最不发达成员分享了其在服务贸易方面的优先事项，优先事项包括更好地融入全球价值链、出口多样化、基础设施发展以及加强与贸易相关的能力建设。

（二）最不发达成员呼吁在 MC12 上就改进服务豁免的实施达成一致

2022 年 5 月 16 日，WTO 服务贸易理事会会议讨论了对最不发达成员实施服务豁免的问题，旨在促进这些成员参与服务贸易。WTO 最不发达成员强调，实施服务豁免是最不发达成员贸易部长在 2021 年 10 月发布的声明中确定的 MC12 的优先事项之一。最不发达成员呼吁成员继续关注这一问题，以期在 2022 年 6 月 12 日至 15 日举行的 MC12 上就改进豁免的实施达成一致。

为确保尽可能有效地实施豁免，最不发达成员要求服务贸易委员会监测与最不发达成员服务出口相关的数据，审查最不发达成员服务供应商的信息，以及向最不发达成员提供优惠待遇的成员市场中最不发达成员服务消费者的信息。此外，它还要求评估促进最不发达成员使用贸易优惠的最佳做法。

（三）MC12 责成服务贸易理事会审查并推动实施最不发达成员服务贸易豁免

MC12 重申内罗毕第十届部长级会议关于实施有利于最不发达成员服务业和服务供应商优惠待遇、促进最不发达成员参与服务贸易的决定，并责成服务贸易理事会审查并推动实施服务贸易豁免，包括探索最不发达成员服务出口数据的改进；审查有关最不发达成员服务供应商，以及向最不发达成员提供优惠待遇的成员市场中最不发达成员服务消费者的信息；并评估促进贸易优惠使用的最佳实践。在这个问题上，MC12 指示总理事会向下届会议报告进展情况。

（四）WTO 成员讨论最不发达成员的服务豁免的落实工作

2022 年 12 月 8 日，WTO 成员在理事会会议上继续讨论服务理事会的工作如何有助于落实 MC12 的成果。讨论的主题之一就是最不发达成员的服务豁免的落实工作。继 2022 年 10 月 14 日理事会会议上的发言之后，最不发达成员集团表示向理事会提交一份书面文件，其中概述了落实最不发达成员服务豁免可以采取的具体步骤，以将世界贸易组织成员给予最不发达成员的优惠付诸实施。给予优惠的世界贸易组织成员表示愿意考虑最不发达成员的提案。

第二节 投资措施

一、投资便利化谈判进展

（一）投资便利化谈判工作恢复

2022 年 1 月 26 日至 27 日，参加《投资便利化促进发展协定》（简称《投资便利化协定》）谈判的世界贸易组织成员开始恢复工作，并重申他们的目标是在 2022 年底前完成文本谈判。与会者讨论了未来的优先工作问题，并承诺进一步加强对其他世界贸易组织成员的外联工作。

智利大使马蒂亚斯·弗兰克（Mathias Francke）在会议开幕词中指出，2021 年世界贸易组织成员在谈判文本方面取得了重大进展，由此产生的《投资便利化促进发展联合声明》（WT/L/1130）是谈判的一个重要里程碑。此外，他还鼓励投资便利化谈判保持积极的势头，以及迄今为止进行这些谈判时所秉持的以结果为导向和高度合作的精神。他强调，为实现《投资便利化促进发展联合声明》（WT/L/1130）设定的目标，特别是在 2022 年完成文本谈判的目标，各成员必须在接下来的几个月内高效地开展工作。他指出，未来几个月需要优先解决的关键问题主要包括范围（包括关键定义），最惠国待遇/非歧视、特殊和差别待遇以及投资便利化需求评估的筹备工作。与会者讨论了最惠国待遇/非歧视、特殊和差别待遇条款和需求评估，以及“另一成员的投资者”的定义。一些与会者强调了启动需求评估工作的重要性，以支持正在进行的谈判、未来谈判成果的实施和外联工作。

（二）投资便利化谈判的参与方采取步骤评估发展中成员的需求

投资便利化谈判的参与者在 2022 年 2 月 14 日至 15 日的会议上商定设立一个由世界贸易组织秘书处协调的从事投资便利化的国际组织工作组，以制定一份自我评估指南，帮助发展中成员和最不发达成员评估它们在执行未来协定方面的需求。他们还讨论了部分关键问题，以期在 2022 年底之前完成案文谈判。

设立工作组的决定是在谈判协调员智利大使马蒂亚斯 · 弗兰克主持的会议上做出的，近 100 名 WTO 成员出席了会议。该工作组将由世界贸易组织秘书处协调，汇集致力于实地实施投资便利化措施的相关国际组织以及感兴趣的 WTO 成员，以制定《投资便利化自我评估指南》。WTO 秘书处将在今后的会议上报告该小组取得的工作进展。在做出决定之前，国际组织的代表参加了 2 月 14 日关于“投资便利化需求评估”的专门会议。国际组织代表向世界贸易组织成员介绍了各自的专长领域以及他们可以为投资便利化需求评估提供的支持。弗兰克和一些与会成员强调，工作组的工作必须与正在进行的关于《投资便利化协定》的谈判同时进行。

弗兰克大使介绍了今后几个月的优先工作领域。他还介绍了《投资便利化协定》“复活节文本”的第六次修订，包括进一步推进的特殊和差别待遇条款。谈判案文于 2021 年 4 月首次分发，根据成员的案文提案、讨论小组和协调员的案文贡献以及全体会议的讨论，稳步推进。在会上，与会者还集中讨论了谈判案文中的关键问题，如投资授权程序中“授权”的定义以及最惠国待遇/不歧视条款。与会者还就转移和支付、供应商发展计划和“母国措施”的建议交换了意见。谈判人员还听取了“范围”讨论组主持人关于可能排除未来协定范围的最新讨论的情况。

（三）投资便利化谈判代表确认在 2022 年底前完成基于文本的谈判目标

2022 年 7 月 8 日，投资便利化谈判的参与者开始规划下半年的工作，以实现在 2022 年底前完成基于文本的谈判的目标。共同协调员宣布，如果谈判取得足够进展，他们打算在 2022 年 9 月印发“复活节文本”的修订本。智利的索菲亚 · 博扎（Sofía Boza）大使和韩国的朴钟成（Jung Sung Park）大使在智利的马蒂亚斯 · 弗兰克离任后接任谈判共同协调员。一些代表团发言表示，他们完全支持在 2022 年年底前完成谈判。共同协调员宣布，他们打算在 8 月休会后分发“复活节文本”的修订本，以反映自 2022 年 2 月以来取得的进展。他们还请感兴趣的代表团分享对谈判现状和今后几个月优先事项的看法，以尽可能推动工作。共同协调员报告了他们关于“最惠国待遇/不歧视”和投资“授权”定义的磋商情况，作为未来《投资便利化协定》关于范围和一般原则一节的一部分。共同协调员还根据“范围/排除”问题讨论组主持人的报告汇报了他们就“其他可能的除外情形”进行的磋商情况，该协调人与成员小组就未来《投资便利化协定》适用范围之外的政府采购、某些补贴和税收措施的可能排除进行了磋商。关于最惠国待遇，与会者欢迎四个成员联合提供案文。该案文被认为是过去的讨论向前迈出的积极一步，过去的讨论是根据关于最惠国待遇/不歧视条款的若干提案进行的。总的说来，与会者认为，采用传统最惠国待遇办法的联合案文是今后讨论最惠国条款的良好基础。

2022 年 9 月 5 日至 6 日，智利的索菲亚·博扎和韩国的朴钟成与有关代表团举行了非正式双边磋商，以收集他们对谈判现状和今后几个月关键优先事项的看法。各代表团重申致力于实现在 2022 年年底前完成案文谈判的目标。各代表团还强调了达成有意义的协议的重要性，并鼓励过去几乎没有获得牵引力的案文提交的支持者直接与其他参与者接触。还有人建议博扎和朴钟成加强与成员的交流，以获取政治支持。一些代表团建议在年底前以混合形式召开由资本专家参加的面对面会议。他们认为，这有助于在剩余的敏感问题上取得进一步进展。关于即将举行的会议将要解决的优先问题，几位与会者指出，有必要继续讨论未来《投资便利化协定》的范围，包括“投资”“另一成员的投资者”和投资“授权”的可能定义。一些成员还指出，在某个时候需要对《投资便利化协定》进行贯穿各领域的审查，以确保相关条款之间的连贯性和一致性。磋商还讨论了“投资便利化需求评估”问题。《自我评估指南》的制定工作正在进行中，投资便利化需求评估的过程将于 2022 年晚些时候或 2023 年初开始。共同协调员请与会者，特别是潜在的捐助者，开始考虑如何获得必要的资金。

2022 年 9 月 22 日，投资便利化谈判的参与者重申，他们坚定致力于在 2022 年年底前完成关于协定的案文谈判的目标。共同协调员向与会者介绍了“复活节文本”第七次修订的进展情况，该文件被用作谈判的基础，纳入了自 2022 年 2 月以来取得的进展。他们强调，修订是在不带偏见的基础上进行的，目的是促进谈判，使与会者能够进一步了解未来协定的轮廓。他们强调，现有文件“不是商定的文本”，因为在就所有内容达成一致意见之前，什么协议都不能达成。各代表团还听取了“可能的定义”讨论组主持人关于与各代表团举行的非正式双边磋商以及共同协调员关于他们就以下五项条款进行磋商的情况：最后条款、供应商发展计划、母国措施、以投资为目的的商人流动以及转移和支付。

（四）投资便利化谈判参与方加紧努力“稳定”谈判案文

2022 年 10 月 14 日，参加投资便利化谈判的 WTO 成员承诺，将按照在 2022 年年底前完成文本谈判并达成“良好而有意义”协议的愿望推进工作，并敦促与会者解决悬而未决的问题，以便达成一个单一的、稳定的“复活节文本”。与会者听取了讨论组协调人关于协定中所用术语（如“投资”“另一成员的投资者”和“法人”）的“可能定义”的报告，并听取了共同协调员关于过去两天与不同组合成员集团进行磋商的报告。这些磋商涉及各种问题，包括负责任的商业行为、投资“授权”的定义、母国措施和供应商发展计划。成员们还讨论了“复活节文本”中关于“一般和安全例外”的第 33 条，并着手审查案文的第二节（投资措施的透明度）、第三节（精简和加快行政程序）和第四节（联络点、国内监管一致性和跨国界合作），该案文正处于第七次修订阶段。各代表团重申致力于在 2022 年年底之前完成案文谈判，而一些代表团则强调达成一项有意义、高质量的协议的重要性。共同协调员索菲亚·博扎和朴钟成强调，必须在今后几周内努力工作，优先解决所有剩余的“棘手”问题，以期达成一个单一的、“稳定”的案文，然后必须仔细审查整个案文。

2022 年 11 月 1 日至 3 日，参加投资促进发展协定谈判的 WTO 成员在解决剩余问题方面取得了实质性进展，以达成一个单一的“稳定”文本，这距离在 2022 年年底之前结束以文本为基础的谈判又前进了一步。与会者广泛支持这一目标，并审议了“复活节文本”的新精简版本，该文件被用作谈判的基础。据介绍，有四项重要条款已从附件中的案文提案改为所谓的“纯文本”——与会者可以在很大程度上达成一致的条款部分。谈判的共同协调人、韩国大使朴钟成强调了本轮谈判取得的进展。他强调，四项重要条款已从附件中的案文提案移至所谓的“纯文本”——即谈判文件中包含可在参与者之间达成高度一致的条款的部分。朴钟成大使强调，这并不意味着这些条款构成商定的文本，因为在就所有内容达成一致意见之前，什么协议都不能达成。这四项条款涉及“授权”“供应商发展计划”和“母国措施”的定义，以及关于未来投资促进发展协定与现有 WTO 协定之间关系的条款，将包含在“最终条款”中。

2022 年 11 月 23 日至 25 日，与会者讨论了“复活节文本”第九次修订本附件中所载的其余未决问题。这一最新修订反映了这样一个事实，即若干案文提案要么从附件移至“纯文本”（谈判文件中载有相当程度一致的条款的部分），要么被其支持者撤回。第九次修订包括关键问题的“着陆区”，特别是“授权”的定义，这是确定《投资便利化协定》所涵盖程序范围的关键；关于“母国措施”“供应商发展计划”旨在促进外国投资者与当地供应商（包括微型、小型和中型企业）之间的商业联系；关于未来《投资便利化协定》与现有 WTO 协定之间关系的条款。关于“可能的定义”的讨论组提交了关于三个重要定义的案文：“另一成员的投资者”“法人”和“申请人”。总体而言，这些贡献得到了与会者的支持，共同协调员建议将它们也作为“纯文本”纳入“复活节文本”的下一次修订中。

（五）世界贸易组织成员实质性结束《投资便利化协定》文本谈判

2022 年 12 月 16 日，WTO 组织成员在日内瓦实质性结束《投资便利化协定》文本谈判。WTO 总干事奥孔乔－伊维拉（Konjo-Iweala）在谈判成员所组织的高级别评估会议上发言时表示，最新谈判文本的分发是最终达成《投资便利化协定》的重要里程碑，该协定将吸引和保留更多和更高质量的投资，同时考虑到成员各自的发展优先事项。她鼓励各代表团继续前进，特别是要通过《投资便利化协定》建立强有力的促进发展的实施机制，该机制将表明《投资便利化协定》在技术援助和能力建设支持方面必须为发展中成员和最不发达成员提供什么，以帮助它们吸引更可持续的投资。

中国的李成刚大使表示，促进透明、可预测和高效的投资环境对发展中成员吸引 FDI 具有重要意义，并希望最终的《投资便利化协定》将成为世界贸易组织第十三届部长级会议的成果之一。他指出，发展中成员在谈判中贡献了 70% 以上的案文提案，这表明吸引 FDI 是世界贸易组织成员的一个关键优先事项和共同利益。厄瓜多尔的何塞 • 巴伦西亚（José Valencia）大使强调，与会成员达成了一项平衡的草案，高度趋同，这反映了谈判的先进状态。同时指出，仍然存在一些悬而未决的问题，但仍然存在的挑战是可以克服的，这将取决于参与者的善意和灵活性。欧盟的若昂 • 阿吉亚尔 • 马查多（João Aguiar Machado）大使欢迎近几个月来取得的进展，并鼓励与会者抓住这一势头，最后确定案文。欧洲大使感谢各代表团表现出的灵活性，帮助在一系列关键问题上找到着陆区。与会成员同意称之为“《投资便利化协定》草案”的最新谈判文本整合了自 2021 年 4 月第一版分发给所有成员以来对“复活节文本”（用作谈判基础的文件）所做的十次连续更新。在向与会代表团提交的发言中，谈判共同协调员智利的索菲亚 • 博扎大使和韩国的朴钟成大使指出，由于与会者的集体努力，协定草案得以达成，并遵循了“在就所有内容达成一致意见之前，什么协议都不能达成”的原则。

二、投资便利化协定的成员构成与草案的文本内容

（一）投资便利化协定的成员构成

投资便利化协定在成员构成上有着很强的包容性。参与《投资便利化协定》谈判的经济体数量众多（共 112 个），地域分布广泛，经济发展水平各异。值得注意的是，少数重要经济体如美国、印度和南非等未参与 WTO 投资便利化议题的谈判。究其原因，就美国而言，一方面，美国认为协定水平较低，对此兴趣不大；另一方面，《投资便利化协定》涉及国家安全程序的标准化，美国一直对中国设有歧视性的国家安全审核标准，认为中国牵头的投资便利化协定将不利于美国国家安全。而印度和南非则担忧监管投资的权利可能因此受限，战略部门的政策空间大幅缩窄，故而也未参与该议题的讨论。

（二）《投资便利化协定》草案的文本内容

《投资便利化协定》草案的文本主要包括七个部分：第一节是关于“范围和一般原则”，强调协定内容排除市场准入、投资保护和投资者与国家的争端解决，协定还设立了“防火墙条款”，以免除其他国际投资协定的干扰；第二节“投资措施的透明度”和第三节“精简和加快行政程序”是未来《投资便利化协定》的核心章节，主要内容包括信息公开、允许评论、单一窗口、简化行政程序、降低申请费用、允许在线提交申请等；第四节为“联络点、国内监管一致性和跨境合作”；第五节为“对发展中成员和最不发达成员的特殊和差别待遇”；第六节“可持续投资”关注促进负责任的商业行为和打击腐败；第七节是“体制安排和最后条款”。

第三节　知 识 产 权

一、TRIPs 与公共卫生

（一）与新冠疫苗和技术有关的知识产权豁免问题

2022 年 1 月 10 日，WTO 总理事会主席卡斯蒂略（Dacio Castillo）召集会议，就印度近期提出的关于召开新冠疫情应对虚拟部长级会议的提案进行讨论，包括新冠疫苗知识产权豁免等内容。会上，总干事伊维拉敦促 WTO 成员加紧努力，并建议成员拿出政治意愿，在未来几周内就知识产权和其他问题达成多边共识，推动 WTO 为应对新冠疫情做出贡献。会议听取了成员关于会议的一系列意见，

包括时间安排、议题范围以及进一步缩小成员间分歧的必要性等。总理事会主席表示将继续就印度的提案与成员们进行磋商，并强调共同应对新冠疫情仍是成员的当务之急。

2022 年 3 月 9 日至 10 日召开的 TRIPs 理事会通报了关于新冠疫苗知识产权豁免等议题的高级别磋商的最新进展。成员们同意对新冠疫情相关议程保持开放态度，并鼓励参与磋商的各方定期向 TRIPs 理事会汇报最新情况，以便能够尽快达成一致意见。

在 2022 年 5 月 6 日召开的 TRIPs 理事会上，成员们讨论了近期总干事与欧盟、印度、南非和美国四方就新冠疫苗知识产权问题进行非正式讨论所产生的成果文件，审议通过了 TRIPs 理事会主席兰萨纳 • 格贝里（Lansana Gberie）将于 5 月 9 日至 10 日向总理事会提交的报告。

讨论过程中欧盟等四方提出了一项解决方案，旨在明确和简化政府在某些特殊情况下能够豁免于知识产权的情形，以实现疫苗生产多样化目标。根据提案规定，符合资格的成员可以发布一份单一授权书以使用生产或供应新冠疫苗所需的知识产权标的物，授权书需列示所需的全部知识产权清单，成员可以通过 WIPO 或其他相关渠道的协助来明确所需的知识产权清单内容。符合资格的成员在使用知识产权时无须获得持有方授权，同时需要保证避免进口到其境内的疫苗再出口。该方案旨在提供公平获取新冠疫苗的机会，以支持制造商以可承受的价格为需求方生产和供应新冠疫苗。各代表团对这项提案表示认可，部分代表团指出，仍待进一步参与以评估成果文件中的具体问题，包括发展中成员资格认定、授权书发放等；一些成员指出，方案应在确保未来可能的安排不损害《TRIPs 协定》所规定的灵活性的情况下使用；部分发展中成员表示，成果仍应包括未来对于类似危机的处理方案。

成员们还通过了格贝里主席将向总理事会提交的口头报告，包括自 2020 年 10 月以来 TRIPs 理事会就印度和南非关于新冠疫苗知识产权豁免的提案（IP/C/W/669/Rev.1）所进行的讨论情况。当前 TRIPs 理事会尚未完成对修订提案的审议，审议将继续进行并向总理事会报告。

2022 年 6 月 13 日，在第十二届部长级会议召开的第二天，部长们参加了 WTO 应对新冠疫情的专题会议，会议主要包括新冠疫苗知识产权豁免、疫情应对、贸易和粮食安全等议题。成员们一致认为，达成协议是可以实现的，并承诺做出最后努力，以弥合剩余的差距。在专题会议结束后的代表团团长会议上，总干事伊维拉就新冠疫情、知识产权以及粮食安全问题发表意见，指出 WTO 应对新冠疫情和为未来疫情做出准备的部长宣言草案仍存在广泛的讨论空间。6月17日，WTO第十二届部长级会议顺利闭幕，经过多轮密集谈判，会议最终取得丰硕成果，达成了应对紧急情况的一揽子计划，其中就包括《关于〈与贸易有关的知识产权协定〉的部长决定》（WT/MIN（22）/30）和《关于世界贸易组织新冠疫情应对和未来疫情应对准备的部长宣言》（WT/MIN（22）/31）。

在2022年7月6日举行的TRIPs理事会会议上，成员们欢迎MC12通过的关于新冠疫苗知识产权豁免的决定，并开始讨论可能的扩展，以涵盖新冠诊断和治疗药物的生产和供应。MC12通过的《关于〈与贸易有关的知识产权协定〉的部长决定》赋予了成员们更大的空间，可以采取直接行动，推动新冠疫苗生产多样化，并在未来5年内有针对性地放弃专利的排他性影响。其中就包含一项承诺，即成员将在决定之日（6月17日）起不迟于6个月内决定是否将其扩大到包括新冠疫情诊断和治疗药物的生产和供应。

在2022年10月12日至13日举行的TRIPs理事会会议上，成员们就是否将MC12上关于TRIPs豁免有关的决定扩展至新冠诊断和治疗领域进行了讨论，理事会主席格贝里敦促各代表团提交基于文本的提案，说明其对于这一问题议定的结果，以协助成员在12月17日的期限前做出决定。

格贝里主席表示，理事会已经制订了会议时间表，将举行三轮非正式讨论以协助成员充分讨论、达成共识，如果即将进行的讨论不能转化为具体协定，可以建立一个更密集的协商进程，以推动这一进程向前发展。一些成员对MC12取得的成果表示欢迎，认为这证明WTO成员能够弥合分歧并合作应对最紧迫的卫生挑战。其中，一些发展中成员和发达成员表示愿意推进讨论，但坚持要在看到知识产权切实构成获取治疗和诊断方法的障碍的证据后，才考虑拓展范围；另一些成员表示正在就新冠疫情诊断和治疗以及这些产品的供应、生产、需求和分销等其他相关问题进行磋商和收集信息。世界卫生组织以观察员的身份，要求WTO成员确保在处理公共卫生问题时保持一致，并强调“检测和治疗”战略对于应对疫情至关重要。

2022年12月16日，在TRIPs理事会正式会议上，成员们同意延长MC12上通过的《关于〈与贸易有关的知识产权协定〉的部长级决定》规定的最后期限，以决定是否将《TRIPs协定》扩大至新冠诊断和治疗领域。虽然自决定达成以来WTO成员以各种形式开展了多场会议，但并未就此事达成共识。TRIPs理事会主席兰萨纳·格贝里大使表示将在12月19日至20日举行的总理事会会议上提交关于延长期限的报告。

（二）新冠疫苗和技术获取的公平性问题

2022 年 2 月 11 日，WTO 召开新冠疫苗技术研讨会，就新冠疫苗研发、制造、监管批准、分发和接种中遇到的实际问题进行研讨，来自 WTO 成员和观察员的 250 余名代表出席研讨会。与会成员听取了流行病防范创新联盟的报告，以及一些疫苗制造商和物流公司所面临的挑战，同时分享了各自的实践经验和建议，包括如何在全球范围内获得投入、简化监管程序和分配等。

2022 年 5 月 2 日，WTO 总干事伊维拉与国际仿制药和生物仿制药协会首席执行官咨询委员会举行线上会议，讨论如何促进国际卫生公平和治疗药物的可获得性。参会者指出在许可、技术和专有技术转让以及临床试验数据共享的支持下开展行业协作十分重要。这次会议标志着 WTO 与仿制药制造商向持续对话迈出第一步，其目的是促进新冠疫情防治，确保全球公共卫生安全。

2022 年 11 月 3 日，WTO 总干事伊维拉会见了部分从事新冠病毒关键药品生产和诊疗企业的首席执行官，双方就当前在扩大治疗药物生产并使其多样化方面面临的挑战进行了讨论，并就贸易政策工具在应对上述挑战方面的潜在作用进行了探讨，特别是考虑到将 MC12 达成的关于其知识产权豁免的决定拓展至诊断和治疗领域等问题。与会者同意保持联系并继续分享信息，继续开展本领域的相关工作，以扩大全球范围内治疗产品的生产和分销，推动治疗手段多样化。

（三）与新冠疫情有关的国际合作问题

2022 年 2 月 1 日，WHO、WIPO 和 WTO 三大国际机构的总干事在日内瓦召开会议，重申将致力于密切合作以支持全球有效应对新冠疫情。会上，三大国际机构总干事审查了 2021 年 6 月，联合声明中承诺的疫情应对措施的最新进展，并规划了未来合作的方向与前景。总干事们对即将推出的三边技术援助平台表示欢迎与支持，该平台将把三大机构的专业知识通过定制化和协调化的方式提供给各国政府，满足各国政府应对新冠疫情的技术需求。最后，三位总干事一致同意在 2022 年夏初召开新冠疫情高级别政策研讨会，对应对新冠疫情挑战的进展进行评估并为疫情后的复苏做好充分准备。

2022 年 2 月 28 日，WTO、WHO 和 WIPO 三大国际组织联合举办了“获取和利用信息资源应对新冠疫情”的研讨会，以强化对新冠疫情相关信息的特点、潜在用途和局限性的认识。会议就 WTO、WHO、WIPO 如何利用相关资源协助成员从疫情中复苏进行了讨论，来自联合国儿童基金会、世界银行等国际机构的代表们交流了各方利用信息资源和数据开展抗疫工作的有效做法。会议同时提出了未来有待进一步讨论的议题，包括数据资源的共享、扩大数据来源、拓展数据对其他疾病的作用以及应对防范未来流行病等内容。

2022 年 4 月 11 日，WTO、WHO 和 WIPO 正式启动新的三边新冠疫情技术援助平台，该平台支持成员提出其对新冠疫苗、药品和相关技术的需求，并充分利用所有可用选项提供及时和有针对性的技术援助，旨在协助 WTO 成员解决自身的新冠疫情能力建设需求。WTO 总干事伊维拉表示，该平台将三边合作提升到新水平，通过提供一站式服务让成员获得三个组织的支持以改善新冠疫苗、药品和相关技术的获取。WHO 总干事谭德塞表示，三方伙伴关系旨在推动公共卫生创新和知识产权为每个人提供卫生技术服务，鼓励各国充分利用这一平台和所有其他可用机制促进公共卫生安全。

2022 年 10 月 29 日，由 WHO、WIPO 和 WTO 联合主办的一系列技术研讨会中的第三次研讨会，围绕新冠疫情诊断技术的创新和可获得性，讨论了与诊断有关的公共卫生、知识产权和贸易问题。会上，来自不同领域的专家们从不同角度讨论全球诊断技术的发展和公平获取问题，他们指出技术的获取需要提供可持续的资金，并采取相应举措来实现技术转让，同时也离不开各部门政策的协调配合。

2022 年 11 月 18 日，由 WIPO 和 WTO 联合主办的第十八届发展中国家和转型期经济体知识产权教师座谈会在瑞士日内瓦闭幕。来自 WIPO、WTO、其他政府间组织、非政府组织、代表团和业界的 30 余位专家应邀发言，会议向知识产权及相关学科的教师和研究人员介绍了 WIPO 和 WTO 知识产权活动的最新进展。WTO 副总干事冈萨雷斯在闭幕式上表示，座谈会上讨论的问题对于应对全球挑战至关重要，他鼓励全球参与知识产权的教师和研究人员积极参与到知识产权相关的国际讨论中，为 WIPO 和 WTO 等国际组织的知识产权能力建设提供支持、贡献智慧，以多样化方式推动知识产权制度进步。

2022 年 12 月 16 日，WHO、WIPO 与 WTO 联合举办题为“新冠疫情：应对、防范和恢复”的技术专题讨论会，会议强调在新冠疫情等危机的推动下，世界各国应迅速行动、合作创新，以保证公平及时地获取卫生产品，并为未来的疫情做好准备。

研讨会共进行了两场小组讨论：第一场，来自南方中心、非洲疾病控制和预防中心、吉利德科学公司、国际仿制药公司生物仿制药协会和无国界医生组织的发言者们就新冠疫情期间面临的一些关键挑战分享各自的经验，包括研发、扩大生产规模和多样化、技术和专业知识转让以及公平获得医疗技术。第二场，来自欧洲卫生应急准备和反应管理局、阿根廷卫生部、印度尼西亚卫生部、世界卫生组织政府间谈判机构、发展中国家疫苗制造商网络、流行病防范创新联盟和国际乐施会的发言者们主要讨论了如何应对新冠疫情造成的卫生危机并从中恢复，以及如何建立抵御未来疫情的能力。三边研讨会为所有利益攸关方提供了交流意见和经验的平台。

二、与 TRIPs 有关的其他议题

（一）TRIPs 与最不发达国家技术转让

2022 年 3 月 2 日至 4 日，WTO 举办题为“关于实施《TRIPs 协定》第 66.2 条激励最不发达国家技术转让”的研讨会，21 个最不发达成员和 7 个发达成员的政府官员以及来自国际组织、学术界和私营部门的约 60 名专家代表参加了本次研讨会。为期三天的讨论为报告技术转让激励措施的发达成员与预期的最不发达成员受益人之间提供了对话和协调的机会，使发达成员能够更好地了解最不发达成员的技术需求和优先事项，充分利用 TRIPs 技术转让透明度机制，促进技术转让激励措施的实施。会上，最不发达成员表示欢迎研讨会将重点放在环境、健康和农业等最不发达成员的关键问题上，并感谢发达成员提交的年度报告。

（二）TRIPs 与创新

1. 初创企业融资

2022 年 2 月 25 日，TRIPs 理事会发布关于知识产权、创新和小额信贷的相关文件（IP/C/W/686），对三者之间联系进行了描述总结。文件指出，当前中小微企业普遍存在资金缺口，缺乏资金是制约中小微企业创新的主要障碍之一。同时，缺乏知识产权意识、对知识产权估值的不确定性以及有关无形资产的限制性银行规则给创新型或基于知识产权的中小微企业在获取传统信贷时带来特殊挑战。中小微企业的金融包容性对国际贸易以及贸易融资具有广泛影响，更加突出了 WTO 与国际金融公司之间合作的重要性。

2022 年 9 月 29 日，WTO 与贸易有关的知识产权理事会发布澳大利亚、加拿大、智利、欧盟、日本、新加坡、瑞士、中国台湾、英国和美国联合提交的关于“知识产权与创新：知识产权在为初创企业筹集资金方面的作用”提案（IP/C/W/692）。提案指出，知识产权对于初创企业而言是潜在的筹资手段，可以作为杠杆或抵押品用于借贷，还可以通过出售—回租交易出售给潜在买家。提

案就如何利用知识产权进行融资、相关体制框架进行了分析，并提出了相关指导性问题。

2. 知识产权许可机会

2022 年 6 月 23 日，TRIPs 理事会发布澳大利亚、加拿大、欧盟、中国香港、日本、新加坡、瑞士、中国台湾、英国和美国联合提交的关于“知识产权和创新：知识产权许可机会”新提案（IP/C/W/691）。提案指出了知识产权所有者可以通过许可协议确保其产品和服务有更广泛覆盖范围的几种主要方式，这些协议使知识产权所有者允许被许可人在许可期间制造或销售发明，包括了专利、版权、商标和专有技术的许可。共同提案方还就如何应用不同的许可模式并建立友好的生态系统以促进知识产权交易分享经验。为了克服知识差距和实施知识产权许可的复杂性，他们开发了各种工具包，提供培训、在线指南、合同模板、法律服务和争端解决，以便小企业和个人能够有效地参与知识产权合作伙伴关系。

成员们表示欢迎有关知识产权创新和许可的讨论，并分享了各自经验。WIPO 介绍了其最近在支持知识产权许可方面的活动，包括建立知识产权和创新生态系统部门、WIPO 仲裁和调解中心的工作以及为帮助初创企业制定知识产权战略提供的指导。

（三）非违反之诉和情景之诉

MCR 发布了关于 TRIPs 非违反之诉和情景之诉的决定（WT/MIN（22）/26），指出将《TRIPs 协定》下的非违反和情景之诉的暂停期延长至下届部长级会议，并责成成员们继续研究 NVSC 的可能范围和模式，并向 MC13 提出建议。会上，一些发展中成员建议继续审查此类申诉的范围和方式，以使其适用 WTO 争端解决机制。一些成员支持就此问题寻求永久解决方案，而另一些成员则担心允许 NVSC 争端投诉可能会损害《TRIPs 协定》所赋予的灵活性。

（四）涉及 TRIPs 的贸易争端

1. 欧盟针对土耳其关于药品生产、进口和销售的措施的申诉

2019 年 4 月 2 日，欧盟要求与土耳其就药品生产、进口和销售的各种措施进行磋商。欧盟提出的诉求分为以下几个方面：本地化要求、技术转让要求、对本地化产品的进口禁令以及优先措施。2019 年 4 月 18 日，美国要求加入磋商。2021 年 11 月 11 日，专家组报告在保密的基础上发布给各方。2022 年 3 月 22 日，欧盟和土耳其通知 WTO 争端解决机构，双方已就该争端中“根据 WTO《关于争端解决规则与程序的谅解》（DSU）第 25 条进行仲裁以决定任何最终报

告的任何上诉”的程序达成一致。4 月 25 日，土耳其启动仲裁，对专家组的某些调查结果“提起上诉”，并公开了专家组的最终报告。7 月 25 日，仲裁员发布裁决结果，认为土耳其质疑的专家组报告中的不一致措施符合 WTO 相应义务。欧盟认同上诉审查结果，并希望土耳其尽快采取必要措施实施调查结果，并随时准备商定合理的实施期限。土耳其表示需要一段合理的时间来确保实施，并准备尽早与欧盟讨论此事。

2. 欧盟针对中国知识产权执法的申诉磋商

2022 年 2 月 22 日，欧盟要求就中国对知识产权的执法措施进行磋商，称中国与知识产权执法相关的措施不符合《TRIPs 协定》和《中国加入世界贸易组织议定书》的规定。2022 年 12 月 7 日，欧盟要求成立专家组。经双方同意，专家组于 2023 年 3 月 28 日组成。

3. 中国针对美国关于半导体相关产品以及服务和技术管制措施的申诉

2022 年 12 月 12 日，中国就美国对某些先进计算机芯片、超级计算机产品、半导体制造产品和其他相关产品、服务和技术的贸易中所采取的一些管制措施提出磋商。2022 年 12 月 22 日，美国要求争端解决机构主席向各成员分发信函，表明美国接受中国的磋商请求，但不影响美国认为受到质疑的措施涉及国家安全问题，不应受到 WTO 争端解决机制的审查或处理。

第七章

争 端 解 决

第一节　2022 年争端解决机构的主要活动

截至 2022 年 12 月 31 日，WTO 成员共提起争端解决案件 615 起[①]。其中，2022 年争端解决机构（Dispute Settlement Body，DSB）收到 WTO 成员基于《关于争端解决规则与程序的谅解》（Understanding on Rules and Procedures Governing the Settlement of Disputes，DSU）提起的 8 起正式磋商请求，如表 7.1 所示。

表 7.1　　2022 年 WTO 成员提出的争端解决磋商请求

案件编号	标题	申诉方	磋商时间	涉及协议
DS608	俄罗斯——关于木制品出口的措施	欧盟	2022 年 1 月 20 日	GATT 1994、《俄罗斯加入世界贸易组织议定书》
DS609	埃及——关于某些产品进口的注册要求	欧盟	2022 年 1 月 26 日	GATT 1994、《农业协议》《进口许可程序协议》
DS610	中国——关于货物贸易的措施	欧盟	2022 年 1 月 27 日	GATT 1994、《实施卫生与植物卫生措施协议》《贸易便利化协定》《中国加入世界贸易组织议定书》《服务贸易总协定》
DS611	中国——知识产权执行	欧盟	2022 年 2 月 18 日	TRIPs、《中国加入世界贸易组织议定书》

① 资料来源：WTO 官网，https://www.wto.org/english/tratop_e/dispu_e/dispu_e.htm。

续表

案件编号	标题	申诉方	磋商时间	涉及协议
DS612	英国——与低碳能源发电差价合同分配有关的措施	欧盟	2022 年 3 月 28 日	GATT 1994
DS613	欧盟——关于从南非进口柑橘类水果的措施	南非	2022 年 7 月 27 日	GATT 1994、《实施卫生与植物卫生措施协议》
DS614	秘鲁——对来自阿根廷的生物柴油采取反倾销和反补贴措施	阿根廷	2022 年 9 月 2 日	《反倾销协议》、GATT 1994、《补贴与反补贴措施协议》《马拉喀什建立世界贸易组织协定》
DS615	美国——对某些半导体和其他产品以及相关服务和技术的措施	中国	2022 年 12 月 12 日	GATT 1994、《服务贸易总协定》、TRIMs、TRIPs

资料来源：根据 WTO 官网资料整理，https://www.wto.org/english/tratop_e/dispu_e/dispu_status_e.htm。

从案件涉及的成员来看（见表 7.2 和表 7.3），申诉方涉及的成员共计 4 个，其中发起案件最多的成员是欧盟，共计 5 起，占所有案件数比重为 62.5%，其余 3 个申诉方成员是南非、阿根廷、中国，发起 1 起案件。从被诉方来看，涉及成员共计 7 个，其中被诉最多的是中国，共计 2 起，占所有案件比重达 25%，其余 6 个成员俄罗斯、埃及、英国、欧盟、秘鲁、美国各被起诉 1 起。

表 7.2　　2022 年作为申诉方的涉案经济体的案件数

成员	案件数	成员	案件数
欧盟	5	阿根廷	1
南非	1	中国	1

资料来源：根据 WTO 官网资料整理，https://www.wto.org/english/tratop_e/dispu_e/dispu_status_e.htm。

表 7.3　　2022 年作为被诉方的涉案经济体的案件数

成员	案件数	成员	案件数
中国	2	埃及	1
秘鲁	1	俄罗斯	1

续表

成员	案件数	成员	案件数
美国	1	欧盟	1
英国	1		

资料来源：根据 WTO 官网资料整理，https://www.wto.org/english/tratop_e/dispu_e/dispu_status_e.htm。

第二节 2022 年争端解决案件的最新进展

2022 年 WTO 争端解决机构共审理了 43 起案件。以下是 2022 年 DSB 审理案件的最新进展。案件顺序按照其编号大小（即提起的时间先后）排列。

1. DS505：美国——对加拿大超级砑光纸的反补贴措施

申诉方：加拿大

被诉方：美国

美加双方于 2022 年 1 月 14 日对仲裁员于 2021 年 12 月 17 日发送的附加问题做出了答复，并于 2022 年 1 月 28 日就对方的答复提交了评论。2022 年 6 月 23 日，仲裁员向双方发布了一份裁决书，以确保在双方看来，该裁决书不包含商业机密信息。2022 年 6 月 28 日，双方通知仲裁员，他们对该决定没有相关意见。仲裁员的裁决于 2022 年 7 月 13 日分发给 WTO 成员。

2. DS521：欧盟——对自俄罗斯进口的冷轧钢板的反倾销措施

申诉方：俄罗斯

被诉方：欧盟

2022 年 3 月 28 日，专家组主席通知 DSB，其已批准俄罗斯于 2022 年 3 月 18 日提出的请求，即专家组主席根据 DSU 第 12.12 条暂停其工作，期限不确定。欧盟对此不予置评。专家组主席指出，暂停程序自 2022 年 3 月 28 日起生效，如果专家组的工作已暂停 12 个月以上，则设立专家组的权利即告失效。

3. DS524：哥斯达黎加——对产自墨西哥牛油果实施的进口限制措施

申诉方：墨西哥

被诉方：哥斯达黎加

2022 年 4 月 13 日，专家组将最终报告分发给各成员。在 2022 年 5 月 31 日的会议上，争端解决机构通过了专家组报告。

4. DS526：阿拉伯联合酋长国——与货物和服务贸易及贸易有关的产品知识产权方面的措施

申诉方：卡塔尔

被诉方：阿联酋

设立专家组的授权于 2022 年 1 月 16 日失效。2022 年 1 月 18 日，阿联酋请求争端解决机构主席为其分发一份来文，表明依据 2021 年 1 月 5 日签署的《阿尔乌拉宣言》，阿联酋书面确认这些程序已结束。同时，其在来文中希望卡塔尔认可这些程序已经结束。

5. DS544：美国——对钢铁和铝制品的某些措施

申诉方：中国

被诉方：美国

2022 年 6 月 30 日，专家组主席通知 DSB，由于争端的复杂性，专家组预计将在不早于 2022 年最后一个季度向各方发布最终报告。2022 年 12 月 9 日，专家组将报告分发给各成员。

6. DS546：美国——进口大型家用洗衣机的保障措施

申诉方：韩国

被诉方：美国

2022 年 2 月 8 日，专家组报告被分发给各成员。2022 年 3 月 28 日，韩国和美国要求 DSB 通过一项决定，即 DSB 应不迟于 2022 年 7 月 7 日通过该争端专家组的报告，除非 DSB 经协商一致决定不这样做，或争端的任何一方通知 DSB 其根据 DSU 第 16.4 条提出上诉的决定。在 2022 年 4 月 8 日的会议上，DSB 同意了这一联合请求，即为通过或上诉专家组报告提供额外时间。

7. DS547：美国——对钢铁和铝制品的某些措施

申诉方：印度

被诉方：美国

2022 年 6 月 30 日，专家组主席告知 DSB，由于争端的复杂性，专家组预计将在不早于 2022 年最后一个季度向各方发布最终报告。

8. DS548：美国——对钢铁和铝制品的某些措施

申诉方：欧盟

被诉方：美国

2022 年 1 月 20 日，专家组主席通知 DSB 其已收到欧盟于 2022 年 1 月 17 日发出的通知，通知撤回申诉，并因此停止了这些程序中的所有工作。

9. DS552：美国——对钢铁和铝制品的某些措施

申诉方：挪威

被诉方：美国

2022 年 6 月 30 日，专家组主席通知 DSB，由于争端的复杂性，专家组预计将在不早于 2022 年最后一个季度向各方发布最终报告。2022 年 12 月 9 日，专家组报告被分发给各成员。

10. DS554：美国——对钢铁和铝制品的某些措施

申诉方：俄罗斯

被诉方：美国

2022 年 6 月 30 日，专家组主席通知 DSB，由于争端的复杂性，专家组预计将在不早于 2022 年最后一个季度向各方发布最终报告。2023 年 1 月 24 日，专家组主席通知 DSB，专家组正在就这一争端与各方进行磋商，预计不会在 2023 年第三季度之前向各方发布最终报告。

11. DS556：美国——对钢铁和铝制品的某些措施

申诉方：瑞士

被诉方：美国

2022 年 6 月 30 日，专家组主席通知 DSB，由于争端的复杂性，专家组预计将在不早于 2022 年最后一个季度向各方发布最终报告。2022 年 12 月 9 日，专家组报告被分发给各成员。

12. DS558：中国——对美国某些产品的附加关税

申诉方：美国

被诉方：中国

在与当事各方协商后，专家组在 2022 年通过线上方式安排了与各方的进一步会晤。专家组高兴地通知争端解决机构，这些程序确实在 2022 年期间取得了进展。

13. DS559：欧盟——对美国某些产品的附加关税

申诉方：美国

被诉方：欧盟

2022 年 1 月 17 日，美国和欧盟通知 DSB，双方已同意根据 DSU 第 25.2 条，按照该信函附件商定程序所述的条款，就该争端专家组悬而未决的事项诉诸仲裁。双方还通知 DSB，在仲裁员组成后，原争端程序应立即无限期中止。根据双方的请求，仲裁员于 2022 年 1 月 20 日由担任专家组成员的相同人员组成。根据双方 2022 年 1 月 17 日的通信规定，原争端程序中止。

14. DS561：土耳其——对美国某些产品的附加关税

申诉方：美国

被诉方：土耳其

专家组通过线上方式与双方进一步开会磋商。

15. DS564：美国——对钢铁和铝制品的某些措施

申诉方：土耳其

被诉方：美国

2022 年 6 月 30 日，专家组主席通知 DSB，由于争端的复杂性，专家组预计将在不早于 2022 年最后一个季度向各方发布最终报告。2022 年 12 月 9 日，专家组报告被分发给各成员。

16. DS567：沙特阿拉伯——知识产权保护措施

申诉方：卡塔尔

被诉方：沙特阿拉伯

2022 年 4 月 21 日，卡塔尔通知 DSB，它已经同意终止这一争端，并且不会寻求通过专家组报告。

17. DS577：美国——对西班牙熟橄榄征收反倾销和反补贴税

申诉方：欧盟

被诉方：美国

2022 年 1 月 19 日，美国通知 DSB，打算以符合其 WTO 义务的方式实施 DSB 的建议和裁决，并需要一段合理的时间来这样做。2022 年 3 月 17 日，欧盟和美国通知 DSB，鉴于双方正在进行的讨论，为了让双方有足够的时间讨论共同商定的期限，双方已就 DSU 第 21.3（c）条规定的与仲裁程序有关的最后期限达成共识。2022 年 7 月 1 日，欧盟和美国通知 DSB，双方已同意根据 DSU 第 21.3（b）条，美国实施 DSB 建议和裁决的合理期限为 12 个月零 25 天。因此，合理期限定在 2023 年 1 月 14 日届满。

18. DS580：印度——关于糖和甘蔗的措施

申诉方：澳大利亚

被诉方：印度

2022 年 1 月 11 日，澳大利亚通知 DSB，已注意到印度关于其上诉的通知，鉴于上诉机构目前不运作的情况，认为上诉机构工作程序中规定的所有后续程序截止日期暂停。澳大利亚表示，当上诉机构恢复其职能时，应为这一上诉制定时间表，并按此时间表提出书面陈述并做口头陈述。同时，澳大利亚指出，不同意印度的上诉。

19. DS582：印度——信息和通信技术行业某些货物的关税措施

申诉方：欧盟

被诉方：印度

专家组主席通知DSB，报告一旦以WTO三种官方语言分发给各成员，就可向公众提供，而分发日期则取决于翻译工作的完成时间。2022年6月29日，专家组主席通知争端解决机构，COVID－19大流行以及相关的旅行和其他限制导致程序进一步延误，因此，专家组预计在2022年底之前向各方发布最终报告。2022年12月16日，专家组主席通知争端解决机构，由于COVID－19大流行造成的延误，以及在这一争端和另外两个争端（DS584和DS588）中已任命了相同的专家组成员，专家组预计于2023年第一季度向各方发布最终报告。

20. DS583：土耳其——有关药品生产、进口和销售的某些措施

申诉方：欧盟

被诉方：土耳其

专家组主席于2022年1月21日、2022年2月10日和2022年2月24日通知DSB，专家组已批准欧盟随后提出的延长暂停专家组工作的请求。2022年3月22日，当事双方联合通知专家组和争端解决机构，已就DSU第25条规定的仲裁程序达成一致。通过这些商定的程序，欧盟和土耳其共同要求专家组根据DSU第12.12条无限期暂停其工作，但为实现双方的某些联合请求所必需的情况除外。专家组接受了这一请求。2022年4月25日，土耳其根据商定的程序提交了第25条追索权通知。在双方商定的程序中，双方将此通知称为上诉通知。该通知于2022年4月28日提交给DSB。该通知包括专家组转交给当事各方的报告全文，因此已予以公布，尽管专家组尚未因《维持和平谅解备忘录》第16条分发报告全文。2022年4月28日，公布仲裁员组成。2022年7月21日，仲裁员的裁决被发给了双方当事人。2022年7月25日，根据DSU第25.3条，该裁决已通知争端解决机构、货物贸易理事会、补贴与反补贴措施委员会和与贸易有关的投资措施委员会。2022年8月18日，土耳其告知DSB，其打算以尊重其WTO义务的方式执行仲裁员和专家组在此争端中的建议和裁决，并且需要一段合理的时间来这样做。2022年11月14日，欧盟和土耳其通知DSB，鉴于双方正在进行的讨论，为了让他们有足够的时间讨论共同商定的期限，他们已就DSU第21.3（c）条规定的与仲裁程序有关的最后期限达成共识。

21. DS584：印度——某些货物的关税措施

申诉方：日本

被诉方：印度

专家组主席在其来文中通知 DSB，报告一旦以 WTO 三种官方语言分发给各成员，就可向公众提供，而分发日期则取决于翻译工作的完成时间。2022 年 6 月 29 日，专家组主席通知争端解决机构，COVID－19 大流行以及相关的旅行和其他限制导致程序进一步延误，因此，专家组预计在 2022 年底之前向各方发布最终报告。2022 年 12 月 16 日，专家组主席通知争端解决机构，由于 COVID－19 大流行造成的延误，以及在该争端和另外两起争端（DS582 和 DS588）中已任命了相同的专家组成员，专家组现在估计将于 2023 年第一季度向各方发布最终报告。

22. DS588：印度——信息和通信技术行业某些货物的关税措施

申诉方：中国台湾

被诉方：印度

2022 年 6 月 29 日，专家组主席通知争端解决机构，COVID－19 大流行以及相关的旅行和其他限制导致程序进一步延误，因此，专家组预计在 2022 年底之前向各方发布最终报告。2022 年 12 月 16 日，专家组主席通知争端解决机构，由于 COVID－19 大流行造成的延误，以及在这一争端和另外两个争端（DS582 和 DS584）中已任命了相同的专家组成员，专家组现在估计将于 2023 年第一季度向各方发布最终报告。

23. DS589：中国——关于从加拿大进口油菜籽的措施

申诉方：加拿大

被诉方：中国

2022 年 6 月 13 日，专家组主席通知争端解决机构，根据与各方协商后迄今通过的时间表，专家组预计不会在 2022 年底之前向各方发布最终报告。专家组主席在其来文中通知 DSB，一旦以 WTO 三种官方语言分发给各成员，就可向公众提供该报告，而分发日期则取决于翻译工作的完成时间。2022 年 8 月 30 日，专家组主席通知 DSB，专家组已批准加拿大于 2022 年 8 月 25 日提出的专家组根据 DSU 第 12.12 条暂停工作的请求，中国对此表示欢迎。专家组主席指出，暂停程序自 2022 年 8 月 30 日起生效。专家组主席进一步指出，根据 DSU 第 12.12 条，如果专家组的工作已暂停 12 个月以上，则设立专家组的权力即告失效。

24. DS591：哥伦比亚——对比利时、德国和荷兰的冷冻炸薯条反倾销税

申诉方：欧盟

被诉方：哥伦比亚

2022 年 8 月 29 日，专家组在与各方协商后，通过了《附加工作程序》，以促进 DSU 第 25 条下的仲裁。同日，专家组向各方发布了最终报告，并通知各方，专家组报告经翻译后将于 2022 年 9 月 19 日分发给各成员。随后，专家组收到哥伦比亚的来文，要求专家组根据《仲裁机制》第 12.12 条暂停其工作，以便根据《商定仲裁程序》进行仲裁。根据这些程序，哥伦比亚的请求构成双方的联合请求。2022 年 9 月 16 日，专家组批准了当天生效的请求，并决定不向各成员分发其最终报告，除非随后要求其在 DSU 第 12.12 条规定的期限内恢复工作。2022 年 10 月 6 日，哥伦比亚根据《商定仲裁程序》第 25 条提交了追索权通知。该通知已于 2022 年 10 月 10 日分发给争端解决机构。该文件载有专家组向当事各方、第三方和仲裁员及专家组转交的专家组最后报告全文，由于专家组未向各成员分发，因此公开了报告。2022 年 10 月 12 日，各成员获悉为该争端选定的仲裁员和主席的选举结果。本案于 2022 年 11 月 15 日开庭审理，最终裁决于 2022 年 12 月 19 日以英文发布给双方当事人。2022 年 12 月 21 日，根据 DSU 第 25.3 条，以 WTO 三种工作语言的裁决通知 DSB、货物贸易理事会和反倾销措施委员会，并分发给各成员。

25. DS592：印度尼西亚——原材料相关措施

申诉方：欧盟

被诉方：印度尼西亚

2022 年 11 月 30 日，专家组报告分发给了各成员。2022 年 12 月 8 日，印度尼西亚通知 DSB 其决定向上诉机构上诉专家组报告中的某些法律和法律解释问题。2022 年 12 月 12 日，欧盟通知 DSB，其已注意到印度尼西亚关于其上诉的通知，鉴于上诉机构目前的非运作情况，认为上诉机构工作程序中规定的所有后续程序截止日期都将被视为暂停。欧盟表示，当上诉机构恢复其职能时，应为这一上诉制订时间表。欧盟进一步表示，待上诉机构确定时间后，将按时提出书面陈述并做口头陈述。欧盟表示，不同意印度尼西亚的上诉。

26. DS595：欧盟——某些钢铁产品的保障措施

申诉方：土耳其

被诉方：欧盟

2022 年 1 月 19 日、2 月 9 日和 2 月 23 日，土耳其要求专家组延长暂停工作的期限，专家组批准了所有这些请求。2022 年 3 月 22 日，当事各方联合通知专家组和争端解决机构，他们已就 DSU 第 25 条规定的仲裁程序达成一致。通过这些商定的程序，欧盟和土耳其共同要求专家组根据 DSU 第 12.12 条无限期延长其暂停工作的期限，但为实现双方的某些联合请求所必需的情况除外。专家组批准了这项请求。欧盟和土耳其还同意，如果在 2022 年 4 月 25 日之前，任何一方都没有根据商定的程序发出诉诸仲裁的通知，则专家组应恢复工作。双方均未在截止日期前发出仲裁通知，因此，专家组恢复了工作，并于 2022 年 4 月 29 日给各成员分发了最后报告。在 2022 年 5 月 31 日的会议上，争端解决机构通过了专家组报告。2022 年 8 月 5 日，芬兰和欧盟通知 DSB，他们已同意根据 DSU 第 21.3（b）条，欧盟实施 DSB 建议和裁决的合理期限为 7 个月零 16 天。因此，合理期限定在 2023 年 1 月 16 日届满。

27. DS597：美国——原产地标记要求

申诉方：中国香港

被诉方：美国

2022 年 6 月 21 日，专家组主席通知 DSB，由于争端的复杂性，专家组预计将在 2022 年最后一个季度向各方发布最终报告。专家组报告于 12 月 21 日分发给各成员。

28. DS598：中国——对澳大利亚大麦征收反倾销和反补贴税的措施

申诉方：澳大利亚

被诉方：中国

2022 年 3 月 7 日，专家组主席通知争端解决机构，由于争端的复杂性和涉及的索赔数量众多，专家组预计将在 2022 年底前向各方发布最终报告。专家组主席通知 DSB，报告一旦以 WTO 三种官方语言分发给各成员，就可向公众提供，而分发日期则取决于翻译工作的完成时间。2022 年 12 月 1 日，专家组主席通知争端解决机构，由于争端的复杂性和涉及的索赔数量众多，专家组预计将在 2023 年第一季度向各方发布最终报告。

29. DS599：巴拿马——关于从哥斯达黎加进口某些产品的措施

申诉方：哥斯达黎加

被诉方：巴拿马

2022 年 1 月 12 日，哥斯达黎加请求总干事组成专家组。2022 年 1 月 24 日，总干事组成了专家组。2022 年 6 月 13 日，专家组主席通知争端解决机构，由于秘书处缺少可处理工作人员纠纷的西班牙语人员，专家组工作的开始已被推迟，因此，专家组预计在2023年下半年之前不会向各方发布其最终报告。专家组主席通知DSB，报告一旦以WTO三种官方语言分发给各成员，就可向公众提供，而分发日期则取决于翻译工作的完成时间。

30. DS600：欧盟及特定成员——关于棕榈油和棕榈油作物生物燃料的某些措施

申诉方：马来西亚

被诉方：欧盟、法国、立陶宛

2022年2月7日，专家组主席通知争端解决机构，根据与各方协商后迄今通过的时间表，专家组预计将在2022年第三季度之前向各方发布最终报告。专家组主席通知DSB，报告一旦以WTO三种官方语言分发给各成员，就可向公众提供，而分发日期则取决于翻译工作的完成时间。

31. DS601：中国——对日本不锈钢产品的反倾销措施

申诉方：日本

被诉方：中国

2022年1月13日，日本请求总干事组成专家组。2022年1月24日，总干事组成了专家组。2022年6月27日，专家组主席通知争端解决机构，由于争端的复杂性和规模，以及需要确保各方有足够的时间准备和陈述其案件，特别是考虑到全球COVID－19大流行带来的挑战，专家组预计将在2023年第一季度之前向各方发布最终报告。专家组主席通知DSB，报告一旦以WTO三种官方语言分发给各成员，就可向公众提供，而分发日期则取决于翻译工作的完成时间。

32. DS602：中国——对澳大利亚葡萄酒的反倾销和反补贴措施

申诉方：澳大利亚

被诉方：中国

在各方达成协议后，专家组于2022年3月4日组成。2022年8月31日，专家组主席通知DSB，鉴于专家组接受了各方最初提出的延长时间表的请求，以及各方提交的大量意见，专家组预计不会在2022年底之前向各方发布最终报告。专家组主席通知DSB，报告一旦以WTO三种官方语言分发给各成员，就可向公众提供，而分发日期则取决于翻译工作的完成时间。2022年10月6日，专家组主席通知DSB，专家组预计在2023年年中之前不会向各方发布最终报告。

33. DS603：澳大利亚——对中国某些产品采取的反倾销和反补贴措施

申诉方：中国

被诉方：澳大利亚

2022 年 1 月 13 日，中国要求成立专家组。在 2022 年 1 月 25 日的会议上，争端解决机构推迟设立专家组。在 2022 年 2 月 28 日的会议上，争端解决机构设立了一个专家组。阿根廷、巴西、加拿大、欧盟、印度、日本、韩国、马来西亚、墨西哥、挪威、俄罗斯、新加坡、瑞士、中国台湾、英国、美国和越南保留了其第三方权利。

34. DS604：俄罗斯——关于国内外产品和服务的某些措施

申诉方：欧盟

被诉方：俄罗斯

在各方达成协议后，专家组于 2022 年 2 月 22 日组成。专家组主席于 2022 年 3 月 11 日通知 DSB，其已同意欧盟于 2022 年 3 月 8 日提出的要求，即专家组根据 DSU 第 12.12 条暂停其工作，但暂停时间不确定。专家组主席指出，暂停程序自 2022 年 3 月 8 日起生效，根据 DSU 第 12.12 条，如果专家组的工作已暂停 12 个月以上，则设立专家组的权力即告失效。

35. DS605：多米尼加——对波纹钢筋的反倾销措施

申诉方：哥斯达黎加

被诉方：多米尼加

2022 年 3 月 28 日，哥斯达黎加请求总干事组成专家组。2022 年 4 月 8 日，总干事组成了专家组。2022 年 10 月 7 日，专家组主席通知 DSB，鉴于案件的复杂性以及各方要求额外时间准备其提交的材料，专家组预计不会在 2023 年第一季度之前向各方发布最终报告。专家组主席通知 DSB，报告一旦以 WTO 三种官方语言分发给各成员，就可向公众提供，而分发日期则取决于翻译工作的完成时间。

36. DS608：俄罗斯——关于木制品出口的措施

申诉方：欧盟

被诉方：俄罗斯

2022 年 1 月 20 日，欧盟要求就俄罗斯采取的限制木制品出口的两套措施与俄罗斯进行磋商。第一套措施涉及终止对木材产品出口的关税配额，第二套措施涉及减少出口木材产品的过境点的数目。2022 年 2 月 17 日，欧盟修订了其磋商请求，并要求就另外两套措施与俄罗斯进行磋商。第一套措施涉及提高木材产品的出口关税，第二套措施涉及欧盟对某些木材产品实行出口限制或禁运。

37. DS609：埃及——关于某些产品进口的注册要求

申诉方：欧盟

被诉方：埃及

2022 年 1 月 26 日，欧盟要求与埃及就从欧盟进口某些类别货物到埃及的登记要求进行磋商。2022 年 2 月 4 日，俄罗斯要求加入磋商。随后，埃及通知争端解决机构，它已接受俄罗斯加入磋商的请求。

38. DS610：中国——关于货物贸易的措施

申诉方：欧盟

被诉方：中国

2022 年 1 月 27 日，欧盟要求与中国就由中国实施或可归因于中国的对欧盟进出口货物的措施以及欧盟与中国之间的服务贸易进行磋商。2022 年 2 月 8 日，澳大利亚要求加入磋商。2022 年 2 月 9 日，中国台湾要求参加磋商。2022 年 2 月 10 日，加拿大、日本、英国和美国要求加入磋商。2022 年 12 月 7 日，欧盟要求成立专家组。在 2022 年 12 月 20 日的会议上，争端解决机构推迟了专家组的设立。

39. DS611：中国——知识产权执行

申诉方：欧盟

被诉方：中国

2022 年 2 月 18 日，欧盟要求与中国就对知识产权保护和执法产生不利影响的措施进行磋商。2022 年 3 月 4 日，加拿大、日本和美国要求加入磋商。2022 年 12 月 7 日，欧盟要求成立专家组。在 2022 年 12 月 20 日的会议上，争端解决机构推迟了专家组的设立。

40. DS612：英国——与低碳能源发电差价合同分配有关的措施

申诉方：欧盟

被诉方：英国

2022 年 3 月 28 日，欧盟要求与英国就在低碳能源发电差价合同分配的背景下纳入英国内容进行磋商。欧盟声称，有争议的措施似乎不符合 GATT 1994 第 3 条第 4 款。

41. DS613：欧盟——关于从南非进口柑橘类水果的措施

申诉方：南非

被诉方：欧盟

2022 年 7 月 27 日，南非要求就欧盟管理从南非进口柑橘类水果的制度与欧盟进行磋商。

42. DS614：秘鲁——对来自阿根廷的生物柴油采取反倾销和反补贴措施

申诉方：阿根廷

被诉方：秘鲁

2022 年 9 月 2 日，阿根廷要求就秘鲁对原产于阿根廷的进口生物柴油实施的各种反倾销和反补贴措施与秘鲁进行磋商。

43. DS615：美国——对某些半导体和其他产品以及相关服务和技术的措施

申诉方：中国

被诉方：美国

2022 年 12 月 12 日，中国就美国对运往中国或与中国有关的某些先进计算半导体芯片、超级计算机物项、半导体制造物项和其他物项及其相关服务和技术采取的若干贸易措施，请求与美国进行磋商。2022 年 12 月 21 日，俄罗斯要求加入磋商。2022 年 12 月 22 日，美国请求争端解决机构主席向各成员传达信息，表明美国接受中国进行磋商的请求，但美国仍认为，被质疑的涉及国家安全问题的措施不能被审查或不能由世界贸易组织争端解决机制解决。

第三节　2022 年上诉机构活动

一、上诉机构成员

2020 年 11 月 30 日，上诉机构最后一位成员赵宏任期届满。2021 年、2022 年，上诉机构均处于停摆状态，无法审理上诉案件。

二、上诉案件概况

虽然两年间上诉机构处于停摆状态，但在 2021 年仍有 6 个 WTO 成员对专家组报告提出 8 起上诉申请，而在 2022 年仅有 1 个 WTO 成员提出 1 起案件的上诉申请，如表 7.4 所示。鉴于 WTO 成员之间在填补上诉机构空缺方面一直无法形成一致意见，两年间上诉机构无法审理相关上诉案件，所有上诉实际上处于暂时搁置状态。

表 7.4　　2022 年 WTO 上诉案件情况

争端名称	上诉日期	上诉方	报告编号
印度尼西亚——与原材料有关的措施	2022 年 12 月 8 日	欧盟	WT/DS592/6

资料来源：根据 WTO 官网资料整理，https://www.wto.org/english/tratop_e/dispu_e/appellate_body_e.htm。

三、多方临时上诉仲裁安排的相关情况

2020 年 4 月 30 日，中国、欧盟和其他 17 个 WTO 成员正式向 WTO 提交通知，共同建立多方临时上诉仲裁安排（MPIA）。在上诉机构停摆期间，参加方将按照 DSU 第 25 条的规定以及根据该条款商定的上诉仲裁程序规则，处理参加方之间提起上诉的争端案件。目前，MPIA 的参加方正积极推动 MPIA 的有效运行，针对符合 MPIA 适用范围的 WTO 争端，部分参加方将达成的 DSU 第 25 条临时上诉仲裁协议通报了 DSB。

在 2022 年共有 1 起案件争端方向 DSB 通报了达成的上诉仲裁协议。

DS603：澳大利亚——对中国某些产品采取的反倾销和反补贴措施。

申诉方：中国

被诉方：澳大利亚

2022 年 4 月 28 日，澳大利亚和中国通知 DSB，双方已就“根据 DSU 第 25 条的多方临时上诉仲裁安排”达成上诉仲裁协议，以使 MPIA 在上诉机构停摆期间有效运行，并为仲裁员裁决争端双方就专家组报告提起的上诉设定框架。

第八章

贸易政策审议

第一节　2022 年贸易政策审议

2022 年，WTO 贸易政策审议机构共召开 15 次会议，对 16 个 WTO 成员进行贸易政策审议。截至 2022 年 12 月，贸易政策审议机构共对 159 个 WTO 成员进行了 550 次贸易政策审议，164 个正式成员中尚未接受审议的 5 个成员是阿富汗、古巴、哈萨克斯坦、利比里亚和也门。①

一、2022 年参与贸易政策审议的成员情况

2022 年，参加贸易政策审议的 WTO 成员包括格鲁吉亚、巴拿马、圭亚那、阿联酋、巴基斯坦、瑞士、列支敦士登、新西兰、加纳、摩尔多瓦、墨西哥、吉布提、巴巴多斯、巴西、塞舌尔和美国，如表 8.1 所示。

表 8.1　　2022 年参加贸易政策审议的 WTO 成员一览表

成员	审议日期
格鲁吉亚	2022 年 1 月 12—14 日
巴拿马	2022 年 1 月 24—26 日
圭亚那	2022 年 3 月 2—4 日
阿联酋	2022 年 3 月 22—24 日

① WTO. Report of the Trade Policy Review Body for 2022［R］. WT/TPR/488，2022-12-5.

续表

成员	审议日期
巴基斯坦	2022 年 3 月 30—4 月 1 日
瑞士、列支敦士登	2022 年 5 月 18—20 日
新西兰	2022 年 6 月 1—3 日
加纳	2022 年 6 月 21—23 日
摩尔多瓦	2022 年 7 月 20—22 日
墨西哥	2022 年 10 月 5—7 日
吉布提	2022 年 10 月 12—14 日
巴巴多斯	2022 年 10 月 25—27 日
巴西	2022 年 11 月 23—25 日
塞舌尔	2022 年 12 月 5—7 日
美国	2022 年 12 月 14—16 日

资料来源：WTO. Trade Policy Reviews：List of reviews［EB/OL］. https://www.wto.org/english/tratop_e/tpr_e/tp_rep_e.htm#chronologically.

截至 2022 年底，美国接受贸易政策审议的次数最多，达到 15 次；日本和欧盟次之，为 14 次；加拿大居第三位，为 11 次。

二、2022 年贸易政策审议机构的活动情况

（一）后疫情时代审议活动艰难前行

尽管大流行病造成各种限制，秘书处仍继续与受审查成员密切协商编写报告，并按时提交了 2021 年审议会议的报告。受审查成员一直在做出巨大努力，对索取资料（包括文件和数据）的要求提供答复。在编写报告时，秘书处还继续努力，尽可能使用其他文件来源，包括会员国的官方网站和其他可靠来源，以减轻受审查成员的负担。在这个过程中，受审查成员应对报告草案做出回应，并且秘书处各小组对各国进行访问。然而，由于新冠疫情，这些访问被取消，秘书处和受审查成员不得不寻找其他沟通和交换信息的方式。

在过去一年中，贸易政策审议机构将继续努力使其会议尽可能安排妥

当，并尽可能避免与世界贸易组织其他会议发生冲突，以减轻受审议成员的压力。

（二）为最不发达成员举办审议结果培训

对最不发达成员进行贸易政策审议有利于其增强对 WTO 协定的了解，以及更好地遵守和融入多边贸易体系。截至 2022 年底，WTO 35 个最不发达成员中已有 32 个完成了审议。2022 年，吉布提接受了审议。

应有关成员的要求，秘书处组织了后续研讨会，与国内利益相关者讨论贸易政策审议的结果。除进一步传播贸易政策审议成果外，秘书处还应要求与接受审议的成员密切合作，根据贸易政策审议报告和贸易政策审议机构的讨论，安排反映其优先事项和技术援助需求的研讨会。2020—2022 年，由于全球旅行限制，均未举办后续讲习班。

（三）监测成员贸易及贸易相关措施

根据《建立 WTO 协定》附件 3 的规定，贸易政策审议机构要求成员及时提供有关重大贸易政策变化的信息，信息经秘书处整合后提交给总干事，用于编写国际贸易环境发展年度报告。

最新的贸易监测报告回顾了 2021 年 10 月中旬至 2022 年 5 月中旬 WTO 成员采取的贸易政策，并简要介绍了于 2022 年 6 月 17 日成功闭幕的第十二届部长级会议的成果。

此外，报告还提供了有关成员和观察员实施的贸易限制和促进措施的最新趋势和发展的信息。就常规贸易措施而言，成员和观察员在过去一年间采取了 230 项新的贸易促进措施和 109 项贸易限制措施。其中，进口促进措施的贸易覆盖范围估计为 6 032 亿美元，进口限制措施的贸易覆盖范围估计为 235 亿美元；93 项新的常规贸易措施可能影响服务贸易，其中大多数是贸易促进措施，且超过一半的措施涉及电信、计算机、互联网和其他网络服务。

第二节　2022 年主要成员贸易政策审议情况

一、2022 年瑞士参加贸易政策审议情况

（一）WTO 秘书处对瑞士贸易政策的审议情况

WTO 秘书处对瑞士和列支敦士登贸易政策审议的报告共 203 页，文件编号

为 WT/TPR/S/425，包括经济环境、贸易与投资体制、影响贸易的政策和措施、行业贸易政策 4 个部分。①

1. 经济环境

2016 年至 2019 年期间，瑞士的实际 GDP 增长率为 1.2%至 2.9%之间。然而，2019 年新冠疫情对瑞士经济的冲击导致瑞士人均国内生产总值出现数十年来的最大降幅，实际 GDP 增长率下降了 2.4%。2021 年 12 月，瑞士国家银行（SNB）宣布，自新冠疫情暴发以来，2021 年第三季度 GDP 首次超过疫情前，并预计 2021 年和 2022 年的 GDP 增长率将分别达到 3.5%和 3%。

受 2019 年新冠疫情的影响，2019 年瑞士的财政盈余占 GDP 比例为 1.3%，2020 年财政赤字占 GDP 的 2.8%。瑞士央行采取了非常宽松的货币政策，主要是负利率和必要时的外汇市场干预。瑞士的经常账户保持盈余，但在 2016 年至 2019 年期间总体稳步下降，并在 2020 年大幅下降。瑞士商品出口结构的长期演变表明，某些相对不受汇率变动影响的产品部门日益专业化，其中化学和医药产品目前占瑞士货物出口额的一半以上。2020 年，货物贸易顺差创历史新高，但服务贸易顺差继续呈现长期下降趋势。

2. 贸易与投资体制

瑞士作为 WTO 的积极成员，通过了关于贸易和赋予妇女经济权力的《布宜诺斯艾利斯宣言》，并参与了关于电子商务、中小微企业和国内服务贸易监管的联合声明倡议。此外，瑞士还参加了投资便利化倡议。在审议期间，瑞士作为申诉方参与了一起 WTO 争端解决案件。

瑞士对 FDI 几乎没有限制，尽管一些领域是由国有企业垄断。瑞士联邦委员会正在起草一项关于控制外国投资的法律，该法律将于 2022 年 3 月底公布，以征求意见。此外，瑞士正在进行一项重大的海关改革倡议，其目标是应对未来交通和贸易增长的挑战，并把握数字化机遇。

3. 影响贸易的措施和政策

2021 年，瑞士的简单平均关税税率为 7.2%，其中对农产品普遍征收高关税（简单平均适用税率为 25.4%，税率在 0 至 671.3%之间），最高关税适用于配额外进口的新鲜或冷藏莴苣。关税配额适用于一些农产品，占 2021 年所有关税细目的 3.7%（低于 2016 年的 3.8%）。季节性关税适用于 95 种产品，主要针对国

---

① WTO. Trade Policy Review Report by the Secretariat(Switzerland 2022)［EB/OL］. https://www.wto.org/english/tratop_e/tpr_e/s425_e.pdf.

内生产的水果和蔬菜征收，其中大多数也受到关税配额的限制。与上次审议时一样，由于存在对进口货物征收的费用，瑞士对某些货物实施的最惠国关税可能超过约束税率。

审议期间，为应对紧急情况或满足工业需要，对某些饲料项目、医疗用品、纺织品和中间材料临时减免了关税。瑞士政府宣布，所有工业品关税将于 2024 年 1 月 1 日取消。与上次审议时一样，瑞士主要出于安全、健康和保护环境的原因实施了进出口禁令和限制。2020 年 3 月至 6 月期间，对与新冠疫情有关的某些商品实施了临时出口管制。瑞士没有专门机构发起和进行反倾销和反补贴调查，也未采取反倾销、反补贴或保障措施。瑞士还实施了一项新植物健康条例，该条例与最新的欧盟法规保持一致。在审议期间，没有就瑞士的卫生和植物卫生措施提出任何技术性问题。

瑞士不征收出口税或关税。在本报告所述期间，瑞士进行了新的改革，以符合公司所得税的国际标准。因此，欧盟将其从其税收灰名单中除名。瑞士修订了《卡特尔法》，引入了具有相对市场力量的企业的概念和关于限制采购的新项目，并修订了《反不正当竞争法》，引入了禁止地区封锁的规定。

4. 行业贸易政策

农业。瑞士是农产品和食品的净进口国。尽管其农业部门规模较小，但就其对 GDP 的贡献（2020 年为 0.7%）和总就业（2020 年为 2.7%）而言，瑞士非常重视农业，因为农业在粮食安全、环境保护和文化景观维护等方面具有多功能性。2017 年，《瑞士联邦宪法》通过了一项新条款，要求为瑞士人民提供长期的充足的粮食供应保障。为了确保瑞士农业的生存能力，继续执行一套复杂而全面的贸易政策，包括国内支助和边境措施。2018 年，当局决定取消农产品出口补贴，却为符合条件的生产者提供补贴，为谷物和牛奶市场提供支持。

能源产业。瑞士的能源 2050 战略源于 21 世纪初做出的一项决定，即逐步淘汰核能，提高能源效率并促进可再生能源的生产。为了实施这一战略，经过全面修订的《联邦能源法》于 2018 年 1 月生效，规定了能源生产和消费目标，确定了能效标准，并为可再生能源生产的投资提供了激励措施。作为电网战略的一部分，瑞士通过了一项新的关于电网转换和扩展的联邦法，其中大部分条款已于 2019 年 6 月生效，旨在促进电网的发展。2020 年，瑞士更新了《巴黎协定》下的国家自主贡献，承诺到 2030 年将温室气体排放量在 1990 年的基础上至少减少 50%，到 2050 年实现气候中和。

制造业。瑞士拥有强大的制造业。近年来，制造业对瑞士经济的贡献（按总增加值计算）有所增加，在最大的部门即化学和医药产品中，增长尤为显著。其他重要的部门包括电脑、电子产品、钟表、机器设备、金属制品。在瑞士制造业中，高端产品所占份额的增长是一个长期趋势。瑞士联邦委员会最近重申反对通过一项产业政策来支持特定的产业部门。

电信业。瑞士拥有现代化的电信业，使用包括 5G 在内的最新技术。以国际标准衡量，电信服务的价格仍然很高，但差距似乎正在逐步缩小。审议期间，瑞士电信服务市场在主要行为者、市场份额、外国所有权和国家所有权方面没有发生重大变化，但更新了电信管理框架，使其适应技术发展，减轻运营商的行政负担，以促进市场进入。瑞士的金融业十分成熟，审议期间，金融服务的总体监管框架发生了许多变化，《金融市场基础设施法》于 2016 年生效，《金融服务法》和《金融机构法》均于 2020 年生效，洗钱和资助恐怖主义领域的立法也发生了变化。

（二）其他成员与瑞士就审议期内贸易政策的问答

WTO 其他成员与瑞士和列支敦士登就相关审议内容的问答文件共 210 页，包含 35 个 WTO 成员 406 余个问题，文件编号为 WT/TPR/M/425/Add.1。其中，美国就瑞士可再生能源投资制度、商业秘密保护制度、税收制度、能源结构预测等提出了 19 个问题，中国就瑞士与环境有关的进口禁令、进口中药的行政价格、企业所得税新改革等内容提出了 11 个问题。①

二、2022 年墨西哥参加贸易政策审议情况

（一）WTO 秘书处对墨西哥贸易政策的审议情况

WTO 秘书处对墨西哥贸易政策审议的报告共 183 页，文件编号为 WT/TPR/S/429，包括经济环境总体情况、贸易与投资体制变化、影响贸易的措施和政策变化、行业贸易措施及政策变化 4 个部分。②

1. 经济环境总体情况

墨西哥经济从 2018 年年中开始经历严重衰退，随后在 2019 年实际 GDP 略有收缩，主要原因是资本形成总额下降、公共支出减少和私人消费放缓。

① WTO. Trade Policy Review-Minutes of the Meeting(Switzerland 2022) [EB/OL]. https://docs.wto.org/dol2fe/Pages/SS/directdoc.aspx?filename=q:/WT/TPR/M425A1.pdf&Open=True.

② WTO. Trade Policy Review Report by the Secretariat(Mexico 2022) [EB/OL]. https://www.wto.org/english/tratop_e/tpr_e/s429_e.pdf.

2020 年，经济受到新冠疫情的严重影响，导致当年 GDP 萎缩了 8.2%。2021 年，墨西哥经济出现反弹，国内生产总值增长约 4.8%，这在很大程度上要归功于为应对疫情而采取的措施，这些措施主要旨在帮助受影响最严重的家庭和企业，特别是中小企业。这些措施包括释放适当流动性、鼓励银行贷款重组、执行社会方案和商业支助方案，如为家庭经营的微型企业提供的财政支助方案。

除了大流行应对措施外，墨西哥的财政政策仍然从紧，以控制财政平衡。2019 年 11 月，墨西哥通过了《联邦共和紧缩法》，试图减少赤字，但由于新冠疫情造成的经济衰退，收入减少，支出增加（尽管幅度不大），这使得联邦政府赤字 2020 年和 2021 年分别上升到 GDP 的 2.5%和 3.1%。墨西哥国际收支的经常账户在 2017—2019 年出现了适度的赤字，但在 2020 年出现了可观的盈余，在 2021 年重新陷入赤字。2021 年，墨西哥贸易收支逆差 144.91 亿美元，占 GDP 的 0.9%，经常项目逆差占 GDP 的 0.4%。审议期间，每年的 FDI 流量保持在 300 亿美元左右。接受 FDI 的主要部门是制造、金融和保险服务、贸易、运输、采矿和能源。

2. 贸易与投资体制变化

墨西哥是 WTO 的创始成员之一，积极参与世界贸易组织的日常活动以及与贸易有关的新议题的谈判和讨论。2016 年，墨西哥批准了《贸易便利化协定》，并承诺立即落实所有条款。2021 年，墨西哥成立了国家贸易便利化委员会。目前，墨西哥不是《政府采购协定》《民用飞机贸易协定》和《信息技术协定》的缔约国或观察员。自 2017 年上次贸易政策审议以来，墨西哥根据不同协定向 WTO 提交了各种通知，并没有频繁使用争端解决机制。自 2017 年以来，墨西哥签署了三项新条约：《全面与进步跨太平洋伙伴关系协定》（CPTPP），《美国—墨西哥—加拿大协定》（USMCA），《英墨贸易连续性协议》（TCA）。

墨西哥的投资制度相对开放，尽管在 FDI 方面仍有一些例外和限制。部分投资行为（主要是在能源和服务部门）尚未完全开放，而在其他部门 FDI 的份额是有限的（10%、25%或 49%），或者 FDI 的大部分份额必须得到国家外国投资委员会（CNIE）的授权。2017 年至 2022 年期间，FDI 上限（国内航空公司除外）或与之相关的活动和企业主体没有任何变化。

3. 影响贸易的措施和政策变化

在审议期间，关税细目的数目大幅减少。2016 年，墨西哥关税表中 HS2012

版的8位数税目共有12 275个税目，2021年降至7 802个。不过，最惠国关税结构并没有发生重大变化。墨西哥主要采用从价关税，但45个税目采用复合关税或特定关税，而适用这两类关税的产品范围与2016年相比没有变化。墨西哥还对三个税目征收季节性关税。在审议期间，平均适用最惠国关税税率从2016年的5.5%上升至2021年的6.7%。尽管平均关税有所上升，但对农产品（WTO定义）的关税税率从2016年的14.3%降至2021年的13.2%。与2016年一样，非农产品的平均关税低于农产品，尽管在审议期间从4.6%提高到5.9%。

反倾销、反补贴和保障措施的使用是墨西哥贸易政策的重点。然而，在2017—2021年期间，墨西哥减少了相关措施。在审议期间，墨西哥发起了28项反倾销调查，比上一次审议期间（2012—2016年）发起的34项调查要少。墨西哥发起的大多数调查涉及来自中国（39.3%）、欧盟（14.3%）、美国（10.7%）、日本和韩国（均为7.1%）的产品。截至2021年12月，墨西哥实施了78项反倾销税和2项价格承诺。关于反补贴措施，墨西哥没有发起任何调查，只有3项尚未失效的措施，平均持续时间为8年零2个月。

4. 行业贸易措施及政策变化

农业。农业部门对墨西哥非常重要，不仅因为农业对GDP的贡献（2021年为3.8%），更是因为农村地区约有2 800万居民依赖农业。墨西哥是农产品的净进口国，因此，该国为该行业制定了一系列支持计划，并为农产品进出制定了高于总体平均关税（6.7%）和非农产品平均关税（5.9%）的关税保护水平，2021年对农产品（WTO定义）的保护为13.2%。平均而言，墨西哥对糖和糖果制品以及乳制品实施的关税税率最高，分别为30%和22.1%。墨西哥通过一系列方案向农业、畜牧业和渔业部门提供支持，并通报世界贸易组织其在2017年和2018年向农产品出口提供了补贴，但在剩余的审议期间没有提供补贴。

金融业。截至2022年3月30日，墨西哥的金融体系由4 973个实体组成。主要的金融中介体系是商业银行，其资产占GDP的42.3%，而非银行金融中介机构占总资产的34%。根据墨西哥签署的自由贸易协定和其他协定的规定，在互惠条件下，允许外国银行通过设立子公司在墨西哥开展商业活动，但须获得墨西哥银行的同意。子公司的经营不受限制，可提供与国内商业银行相同的服务和产品，外国银行也被允许设立代表机构。商业银行体系仍然高度集中。

交通业。在航空运输领域，2017—2022年，墨西哥允许外资更多地参与国内航空公司服务（将外资持股最大比例限制从 25%提高到 49%），并允许在航空燃料市场上竞争。墨西哥还继续扩大国际航空联系，以鼓励旅游和贸易；新的航空服务协定提高了服务的开放程度，并修订了原协定的某些内容。

（二）其他成员与墨西哥就审议期内贸易政策的问答

WTO 其他成员与墨西哥就相关审议内容的问答文件共 330 页，包含 34 个 WTO 成员的 665 个问题，文件编号为 WT/TPR/M/429/Add.1。其中，美国就墨西哥税收制度、贸易和投资制度、知识产权、影响贸易的政策和措施等提出 52 个问题，中国就墨西哥贸易与投资制度、知识产权、补贴政策和政府采购制度等提出 25 个问题。①

三、2022 年吉布提参加贸易政策审议情况

（一）WTO 秘书处对吉布提贸易政策的审议情况

WTO 秘书处对吉布提贸易政策审议的报告共 69 页，文件编号为 WT/TPR/S/430，包括经济环境总体情况、贸易与投资体制变化、影响贸易的措施和政策变化、行业措施及贸易变化政策 4 个部分。②

1. 经济环境总体情况

吉布提位于非洲之角，是一个最不发达国家，被世界银行列为中低收入国家。到 2020 年，吉布提人均国民收入为 5 610 美元，国内生产总值增长 1.2%。鉴于吉布提的生产基础薄弱，国际贸易对该国至关重要，该国几乎完全依赖进口来满足其对大多数商品和某些服务的国内需求。自上次贸易政策审查（2014 年）以来，吉布提启动了一项战略发展计划，旨在改善商业环境，吸引运输和物流部门以外的投资，以促进经济多元化和包容性增长。另外，吉布提对基础设施（包括港口、道路和自由区）进行大规模投资，2014—2019 年，经济增速由 5.1%上升至 8.5%，但在 2020 年因新冠疫情而实施的防控措施而大幅下滑。

2021 年，吉布提的通胀率的发展趋势与全球一致。此外，由于再出口活动的影响，经常账户的余额受到贸易余额的影响较大。如果不包括再出口，

① WTO. Trade Policy Review-Minutes of the Meeting(Mexico 2022)［EB/OL］. https://docs.wto.org/dol2fe/Pages/SS/directdoc.aspx? filename=q:/WT/TPR/M429A1.pdf&Open=True.

② WTO. Trade Policy Review Report by the Secretariat(Djibouti 2022)［EB/OL］. https://www.wto.org/english/tratop_e/tpr_e/s430_e.pdf.

吉布提的经常账户在整个审议期间都出现了赤字。在大型基础设施建设期间，赤字进一步恶化。吉布提的主要进口产品是食品、石油产品、家用电器和运输设备，中国、阿联酋、欧盟国家和埃塞俄比亚是吉布提的主要进口来源国。

2. 贸易与投资体制变化

吉布提是世界贸易组织的创始成员。吉布提于 2018 年批准了《贸易便利化协定》和《投资便利化联合声明》，但目前仍非《政府采购协定》的缔约方。在本报告所述期间，吉布提没有参与任何 WTO 争端解决案件，其已经经历过两次贸易政策审议，并在审议期间提交了 9 份通知。吉布提是东部和南部非洲共同市场（COMESA）、三方自由贸易区（TFTA）、非洲大陆自由贸易区（AfCFTA）、政府间发展组织（IGAD）和萨赫勒—撒哈拉国家共同体（CEN－SAD）的成员。吉布提是 WTO 普惠制（GSP）、欧盟提供的“除武器外一切免税（EBA）”的优惠贸易待遇和美国的《非洲增长与机遇法案》（AGOA）的受惠国。

吉布提允许外商投资于所有领域，以增加经济融资机会，但依然保留在海上和过境活动、渔业、零售贸易、电信、电力、水、常规邮政服务和盐业等部门的限制。关于投资的基本立法仍然是 1994 年的《投资宪章》，该宪章规定了税收优惠，并且只进行了轻微的修改。吉布提于 2020 年加入建立国际投资争端解决中心（ICSID）公约，并加入了其他 5 项多边投资保护文书、9 项双边投资保护条约和 5 项避免双重征税条约。在本报告所述期间，吉布提对土地登记和财产税等进行了许多立法改革，以实现现代化和改善商业环境。

3. 影响贸易的措施和政策变化

吉布提仍然没有正式的关税，但是征收国内消费税的程序与征收关税的程序非常相似。税率分为五个等级（0、8%、10%、20%和 23%），2022 年税率的简单算术平均值为 18.2%，其中最常见的税率为 23%。除了关税外，进口货物还要缴纳增值税、消费税和其他几种税。吉布提对所有关税税目都设立了约束关税，约束关税税率的范围为 0～450%，其他关税和税收的上限为 100%。

吉布提实施的大多数进出口禁令和限制都符合其签署的国际公约，特别是《濒危野生动植物种国际贸易公约》（CITES）、《斯德哥尔摩公约》和《鹿特丹公约》。吉布提对进口不实行数量限制，并没有反倾销、反补贴或保障条例。审议期间，吉布提没有根据《技术性贸易壁垒协定》或《实施卫生和植物卫生措施协定》提交任何通报。

4. 行业贸易措施及政策变化

能源。吉布提的目标是到2035年实现100%的可再生能源供电。为此目的，吉布提已经实现了能源立法的现代化，几家外国公司（独立电力生产商）已经投资了风能和太阳能项目。但是，由于吉布提还没有炼油厂，目前仍由一家国有企业负责所有电力生产，使用以进口精炼石油为燃料的热电站。

制造业。吉布提的制造业也处于边缘地位，仅占GDP的0.3%。其发展面临多重结构性限制：国内市场规模小、劳动力培训不足、劳动力和投入成本相对较高等因素。然而，吉布提希望推动制造业发展，特别是在自由贸易区。

服务业。服务业占吉布提经济活动的大部分，2018年约占GDP的75%。中国公司对运输服务（尤其是港口和铁路）进行了大量投资。亚吉铁路已全面重建，并于2018年投入运营。

（二）其他成员与吉布提就审议期内贸易政策的问答

WTO其他成员与吉布提就相关审议内容的问答文件共42页，包含8个WTO成员的34个问题，文件编号为WT/TPR/M/430/Add.1。其中，加拿大就吉布提自由贸易区知识产权制度和女性发展等内容提出了3个问题，欧盟就吉布提的区域一体化战略、知识产权制度、海关管理制度和国有企业管理等内容提出20个问题。①

四、2022年巴西参加贸易政策审议情况

（一）WTO秘书处对巴西贸易政策的审议情况

WTO秘书处对巴西贸易政策审议的报告共200页，文件编号为WT/TPR/S/432，包括经济环境总体情况、贸易与投资体制变化、影响贸易的措施和政策变化、行业贸易措施政策变化4个部分。②

1. 经济环境总体情况

自2017年的贸易政策审议以来，巴西采取一系列措施以改善经济基本面和增强宏观经济韧性。在本报告所述期间和2019新冠疫情暴发之前，巴西的GDP增长率上升至1.8%（2018年），之后由于疫情而收缩至−3.9%（2020

① WTO. Trade Policy Review-Minutes of the meeting(Djibouti 2022)［EB/OL］. https://docs.wto.org/dol2fe/Pages/SS/directdoc.aspx?filename=q:/WT/TPR/M430A1.pdf&Open=True.

② WTO. Trade Policy Review Report by the Secretariat(Brazil 2022)［EB/OL］. https://www.wto.org/english/tratop_e/tpr_e/s432_e.pdf.

年）。由于及时采取支持措施、贸易条件改善、大宗商品价格回升、内外需求复苏以及私营部门信贷强劲增长，2021 年经济增速已回升至 4.6%。巴西 2017—2021 年 GDP 年均增长率相对较低，为 1%，尽管高于 2012—2016 年的－0.4%。

2017—2020 年，3.2%～3.7%的通胀率仍低于巴西央行（BCB）设定的上限，但自 2021 年 1 月以来，通胀率超过上限，达到 8.3%，并在 2022 年 4 月逐步上升至 12.13%，但随后在 2022 年 5 月放缓至 11.7%。由于疫情的影响，失业率在 2020 年和 2021 年小幅上升至 13.5%的历史高位。

2. 贸易与投资体制变化

在审议期间，巴西在若干领域进行了贸易和与贸易有关的结构改革，重点是提高生产率、经济增长和生活水平等，包括制度和体制问题、私有化和劳动力市场。巴西的浮动汇率制度继续发挥着重要的减震器作用。在本报告所述期间，由于贸易、服务和收入平衡的改善，经常账户赤字在 2019 年达到 GDP 的峰值（3.5%），在 2020 年和 2021 年缩减至 1.7%。巴西对国际贸易的开放程度和融入世界经济的程度继续体现在该国商品和服务贸易（出口加进口）占 GDP 的比例上，由于2020年和2021年的出口和进口都有所增加，这一比例从2017年的24.3%大幅上升到 2021 年的 39.2%。

巴西仍然开放并鼓励 FDI，尽管在邮政服务和核能等部门禁止外资所有权参与或针对卫生服务、农村土地征用、广播和出版媒体、渔业、采矿和碳氢化合物勘探等部门有限制或事先授权/批准要求，但外资参与率也较高。在审议期间，巴西采取了若干措施，通过监管（如 2021 年新《商业环境法》）、体制（如设立直接投资监察员）和程序改革来改善商业环境，并促进外国投资参与航空运输（取消外资所有权限制）和金融服务。依法注册的境内外企业在合同招标、税收优惠和非税收优惠方面平等竞争，并放宽外商直接参与政府采购招标。在本报告所述期间，FDI 股本流入触底，反映出疫情的负面影响，并在 2021 年增长至相当于 2017 年的 65.3%。欧盟和美国是 FDI 流动的主要来源和目的地。巴西继续以《投资合作和便利化协定》取代其双边投资、促进和保护协定，并缔结避免双重税收条约。

3. 影响贸易的措施和政策变化

巴西仍然致力于并积极参与多边贸易体制。在审议期间，巴西参与了所有 WTO 联合声明倡议，包括电子商务、投资便利化、中小微企业发展和服务贸易国内规制。另外，巴西加入《政府采购协议》的程序已于 2020 年 5 月启动，并于 2022 年 6 月申请加入《民用航空器贸易协定》。2019 年 3 月，巴西宣布将开始放弃在 WTO 谈判中的特殊和差别待遇。

关税仍然是巴西主要的贸易政策工具之一，也是一个不可忽视的税收来源。巴西适用南方共同市场共同对外关税，但有一些针对特定国家的豁免。截至 2022 年 4 月 1 日，巴西实施的最惠国关税完全是从价关税，税率从 0 到 55%不等，其中包括 35 种不同的税率（2017 年有 19 种）。在本报告审议期间，为应对 2019 年新冠疫情，巴西取消了某些航空货物的进口关税，并实施了几项临时关税削减。最惠国关税的简单平均从 2017 年的 11.6%略微下降到 2022 年 4 月的 10% 和 2022 年 7 月的 9.4%。虽然巴西的约束关税表和优惠关税尚未更新为 HS22，这使得在比较巴西的约束关税和实施关税时可能会有些误差，但截至 2022 年 7 月 1 日，约束关税的简单平均值比最惠国税率的简单平均值高出约 20.7 个百分点。

巴西仍然大量使用贸易救济措施，尤其是反倾销措施。此外，该国修订了贸易救济监管框架，进行制度改革，巴西采取的确定性反倾销措施由 2017 年的 161 项降至 2021 年的 140 项，未采取保障措施。巴西对出口税的使用有限，出口税在联邦税收中所占的份额微不足道，而且还在不断下降。2018 年和 2021 年分别取消了两项出口税（生皮和武器弹药）。审议期间，巴西对某些医疗、医院和卫生产品实施了临时出口禁令，这些产品被认为是应对新冠疫情在巴西流行所必需的。

4. 行业贸易措施及政策变化

农业。巴西仍然是某些农产品全球贸易的主要参与者，特别是大豆、牛肉、禽肉、糖、橙汁和咖啡。2021 年，农业（包括渔业和林业）在总增加值和就业中所占比重分别为 8.1%（2017 年为 5.7%）和 9.7%。2022 年农产品的平均最惠国税率为 9.1%，其低水平的国内支持、最低的市场价格支持和低关税保护水平表明该国是一个有竞争力的全球农业出口国。

采矿业。巴西在世界采矿业中也占有重要地位，是铁矿石、锰、铌、铝土矿和锡的主要生产国之一。审议期间，体制和政策发展包括 2017 年成立国家矿业局（ANM），除其他外，促进矿产资源管理并监督战略规划（2020—2023）的实施，关税保护保持不变。

制造业。制造业虽然在下降，但规模仍然相对较大（2021 年占总增加值的 11.3%）。制造业产品的平均最惠国适用关税从 2017 年的 11.8%降至 2022 年的

10.3%，服装、纺织品和运输设备继续受益于该行业的最高关税保护，减免出口关税和税收等激励措施仍在实施。与国内支持措施相关的与生产步骤相关的本地含量要求继续保护国内生产商免受外国竞争，特定行业的奖励措施已经结束。信息技术和航空等特定行业的计划仍然很少。

（二）其他成员与巴西就审议期内贸易政策的问答

WTO 其他成员与巴西就相关审议内容的问答文件共 364 页，包含 39 个 WTO 成员的 708 个问题，文件编号为 WT/TPR/M/432/Add.1。美国就巴西补贴制度、通报制度、国有企业管理制度、贸易政策和相关措施等内容提出了 52 个问题，中国就巴西贸易救济措施、与亚洲和中国的货物贸易、税收制度、农产品贸易等提出了 38 个问题。①

五、2022 年美国参加贸易政策审议情况

（一）WTO 秘书处对美国贸易政策的审议情况

WTO 秘书处对美国贸易政策审议的报告共 298 页，文件编号为 WT/TPR/S/434，包括经济环境总体情况、贸易与投资体制变化、影响贸易的措施和政策变化、行业贸易措施及政策变化 4 个部分。②

1. 经济环境总体情况

美国经济规模庞大，其经济在 2018 年和 2019 年经历了一段时间的稳定增长，实际 GDP 分别增长了 2.9%和 2.3%，但受到新冠疫情的影响，在连续 11 年的增长之后，2020 年的实际 GDP 收缩了 3.4%。由于政府实施的一揽子支持计划和宽松的货币政策，经济在 2021 年迅速反弹，2021 年的实际 GDP 增长率为 5.7%。

在审议期间的大部分时间（2018 年年中至 2022 年年初），美国继续实施扩张性财政政策和货币政策。尽管经济增长强劲，但联邦政府赤字占 GDP 的比重从 2017 年的 2.8%上升到 2019 年的 5.4%。为应对新冠疫情，美国制定了若干支持方案，包括《2021 年美国救援计划法案》（ARP 法案）、《基础设施投资和就业法案》以及《2021 年综合拨款法》的部分内容。因此，联邦政府

① WTO. Trade Policy Review-Minutes of the Meeting(Brazil 2022)［EB/OL］. https://docs.wto.org/dol2fe/Pages/SS/directdoc.aspx?filename=q:/WT/TPR/M432A1.pdf&Open=True.

② WTO. Trade Policy Review Report by the Secretariat(United States 2022)［EB/OL］. https://www.wto.org/english/tratop_e/tpr_e/s434_e.pdf.

赤字在2020财年升至GDP的14.9%，在2021财年升至GDP的13.9%，而公共债务占GDP的比例也持续上升，约达到了100%。2021年，个人消费支出指数迅速上涨5.8%，部分原因是能源价格大幅上涨以及与疫情有关的供应短缺。在能源和食品价格上涨的推动下，2022年初通胀加速，3月同比通胀率达到6.6%。

2. 贸易与投资体制变化

美国与20个国家签署了14项自由贸易协定。审议期间的主要进展是与加拿大和墨西哥签订并实施了经修订的协定，即美国—墨西哥—加拿大协定，该协定于2020年7月生效。此外，与韩国和摩洛哥的自由贸易协定也有一些修正。在单边优惠方面，美国的贸易普惠制计划于2020年12月到期，截至2022年3月尚未续期。而《加勒比盆地经济复苏法》（CBERA）下的优惠延期至2030年。在审议期间，还与日本、中国和欧盟签订了涉及贸易问题的其他协议，涉及一系列产品或主题。

2016—2019年，每年流入美国的FDI继续增长，尽管增速逐渐降低。对外直接投资（OFDI）在落后多年之后，在2015年超过了FDI，并在2016年达到顶峰，此后每年都大幅下降。《外商投资准入特别管理措施（负面清单）（2020年版）》进一步将限制性措施从2017年的63项减少到2020年的33项。美国通过了新的《外商投资法》，其主要目的是为外国投资者改善美国的营商环境，确保其平等参与市场竞争。该法规定，投资者应受到保护，不受没收、跨境汇款限制、知识产权侵权和强制转让技术的影响。

3. 影响贸易的措施和政策变化

审议期间，美国关税制度没有发生重大变化，关税水平与2018年基本持平。2021年的简单平均关税税率仍然很低（4.8%），其中对农产品征收的平均关税税率为9.2%，是非农产品平均关税税率（4.0%）的两倍多，高关税主要集中在乳制品和烟草部门。2018年的《杂项关税法案》规定了1 655个税目的关税减免或暂停。在此期间，美国的优惠关税没有显著变化。美国继续对进口货物征收商品加工费（MPF）、美国海关和边境保护局（CBP）服务费[①]、港口维护税（HMT）和消费税。另外，在消费税、商品加工费的起征点和HMT收入的分配方式等方面，政府做出了若干改变。

① CBP服务费由美国《1985年综合预算协调法案》（Consolidated Omnibus Budget Reconciliation Act of 1985）制定，根据入境方式和运输模式的不同征收。

大多数受进口禁令、限制或许可的产品在审查期间保持不变。然而，2020年《美国创新与制造（AIM）法案》为某些氢氟碳化合物的进口商设立了配额和交易计划，并制定了新规则，以实施《莱西法案》（Lacey Act）对某些植物和植物产品进口的修正。《海洋哺乳动物保护法》的修正案也对在加利福尼亚上海湾捕获的虾和其他鱼类和鱼类产品实施了新的禁令。2018—2021 年，共有 316 起反倾销、反补贴及期终复审活动启动。美国仍然是反倾销税的积极使用者，2018—2021 年开展了 178 项反倾销调查。而在截至 2021 年底实施的 169 项反补贴税措施中，约 46%适用于钢铁产品。

4. 行业贸易措施及政策变化

农业。美国是世界上最大的农产品出口国。2018 年《农业法案》重新将关键收入支持计划（农业风险保险和价格损失保险）延长至 2023 年，并进行了小幅修改。美国农业部（USDA）协助生产者减少温室气体排放，加强碳固存，适应不断变化的气候。在本报告所述期间，还向农业生产者提供了较多的特别资助。

林业和渔业。林业贸易占美国商品贸易的 2%～3%，而鱼类和鱼类产品贸易占总贸易额的比例略高于 1%。虽然美国是原木的主要生产国和出口国，但它在木材和与木材有关的产品方面总体上存在贸易逆差。除了对某些产品征收反倾销税和反补贴税外，林业关税均较低，但美国仍维持某些进出口禁令或管制。审议期间，美国采取了若干与环境有关的与森林有关的主动行动，如发起了《保护全球森林计划》。作为 2018 年鱼类和鱼类产品的最大进口国和第二大消费国，美国在此期间保持贸易逆差。

能源业。随着原油和天然气产量的增长超过煤炭产量的下降，化石燃料占国内一次能源供应的近 80%。美国于 2018 年 7 月成为世界上最大的原油生产国，自 2011 年以来一直是世界头号天然气生产国，并在 2019 年成为能源净出口国。2021 年 4 月，美国政府宣布了美国经济净温室气体污染的新目标：到 2030 年，美国经济净温室气体污染应达到 2005 年水平的 50%～52%，净零排放应不迟于 2050 年实现。

金融业。金融业是美国经济的重要来源，2021 年约占 GDP 的 8.5%。在本报告所述期间，美国在金融服务贸易方面继续保持显著顺差。截至 2021 年底，美国有 2 129 家大型商业银行，每家合并资产都在 3 亿美元以上，银行体系总资产为 21.6 万亿美元。美国是世界上最大的保险市场，2020 年净保费达 1.28 万亿美元。为应对新冠疫情，美联储采取了临时措施，如将初级信贷利率下调 150 个基点至 0.25%，并从 2020 年 3 月起将存款准备金率降至 0。

（二）其他成员与美国就审议期内贸易政策的问答

WTO 其他成员与美国就相关审议内容的问答文件共 570 页，包含 40 个 WTO 成员的 2 200 多个问题，文件编号为 WT/TPR/M/434/Add.1。其中，中国就美国宏观经济政策、外商投资制度、争端解决机制和影响贸易的政策和措施等提出 251 个问题，欧盟就美国税收制度、补贴制度、贸易政策和相关措施、双边投资协定、贸易救济措施等内容提出了 126 个问题。①

① WTO. Trade Policy Review-Minutes of the Meeting(United States 2022)［EB/OL］. https://docs.wto.org/dol2fe/Pages/SS/directdoc.aspx?filename=q:/WT/TPR/M434A1.pdf&Open=True.

第三篇

贸易与环境专题

第九章

国际贸易与气候变化

气候变化是全球性的挑战，无国界和地域之分。温室气体的排放和气候变化对全球产生影响，而单个国家或地区的努力不足以解决问题，因此，应对气候变化的挑战需要国际社会的共同努力。国际贸易涉及全球范围的经济活动和交流，可以在应对气候变化方面发挥重要作用，而贸易政策可以塑造经济和贸易的环境，为实现共同的气候目标提供支持。

作为以多边规则为基础的全球贸易体系的基石，WTO 在支持气候行动方面起着关键作用。虽然 WTO 协定中并没有明确提到气候变化问题，但正如 WTO 的创始宪章《马拉喀什建立世界贸易组织协定》序文中所述，可持续发展和环境保护的目标在 WTO 中占据核心地位。一方面，WTO 为国际贸易提供了一个纪律框架，WTO 规则要求成员在采取涉及与合法政策目标（如应对气候变化）有关的新措施时要透明，且确保这些措施是恰当的，不会产生不合理的歧视。另一方面，作为一个论坛，WTO 为成员提供了开展关于贸易和气候变化问题的公开对话的机会，成员们可以就相关措施进行协商与讨论，并分享知识和经验。贸易和气候变化政策可以在促进气候行动的同时，确保成员享有经济增长和多元化的机会。

本章首先分析了国际贸易与碳排放的关系，阐述发达国家与发展中国家的不同处境和立场，表明国际合作与协调的原因与必要性。继而梳理 WTO 主要成员实施的与贸易相关的气候政策，以及在 WTO 及其他国际层面的相关合作与谈判动向，并进一步探讨了中国受到的影响、在其中的角色，以及应如何应对。

一、国际贸易与碳排放的关系

（一）发展中国家面临的环境与发展的权衡

在全球贸易和气候变化问题上，发展中国家面临着双重挑战，既需要推动经济发展和贸易增长，又要应对气候变化对其可持续发展的威胁。

“污染避难所”效应是决定国际贸易与环境之间关系的一个重要机制，是发展中国家在政策制定与国际谈判中的重要考量之一。“污染避难所假说”认为，为了降低生产成本，污染密集型产业往往会选择建立在环境标准相对较低的国家或地区。如果各个国家在环保标准以外的其他方面都基本一致，那么污染密集型产业就会选择建立在环境标准较为宽松的国家或地区，从而这些国家或地区就成为“污染避难所”。这意味着，如果国家和地区之间没有除环保规制标准以外的区别，所有的污染产业都会转移至环境标准较为宽松的国家和地区。

一般来说，一个国家和地区的环保规制标准的严格程度与该国和地区的发展水平直接相关，所以在国际自由贸易中，与发达国家严格的环境规制标准相比，发展中国家拥有更为宽松的环境标准。因此，这就造成了污染密集型产品在发展中国家拥有某种比较优势，使得高污染产品在发展中国家集中生产，产生“污染避难所”效应。

因此，发展中国家普遍认为，为了降低生产成本，自由贸易会导致污染企业从环境监管严格的发达国家转移到环境监管机制相对不健全的发展中国家，使发展中国家成为发达国家的“污染避难所”。同时，发达国家向发展中国家转移污染的方式不限于转移污染型的外资企业，还表现为向发展中国家直接进口自身不生产的污染性产品[①]。

应用到国际贸易与碳排放的关系方面，由于全球化和国际贸易的发展，许多发达国家将高碳排放的生产活动转移到发展中国家或其他低碳排放国家，这导致发达国家的碳排放量减少，但同时增加了供应链中其他国家的碳排放。这种现象意味着国际贸易可能导致碳排放的空间重新分配，而不一定减少全球总体排放。

发展中国家普遍主张“共同但有区别的责任”原则，这是《联合国气候变化框架公约》的基本原则之一。根据这一原则，发达国家在应对气候变化方面承

① 刘啟仁，陈恬. 出口行为如何影响企业环境绩效［J］. 中国工业经济，2020（1）：99-117.

担更大的责任，因为它们的工业化历史和排放贡献导致了全球温室气体的累积。发展中国家主张，在应对气候变化的过程中，发达国家应该提供财政和技术支持，以帮助发展中国家应对气候变化和推动可持续发展。

经济发展是实现国家发展目标的首要任务。发展中国家通常处于工业化和现代化的初级阶段，面临着就业、减贫和提升生活水平等重要挑战，因此，它们更加关注贸易的增长和市场准入，以吸引 FDI 和扩大出口。因此它们强调，应该给予发展中国家更大的发展空间和灵活性，以推动其经济增长和人民福祉。

发展中国家普遍呼吁发达国家提供清洁技术转让和技术支持。这些技术可以帮助发展中国家降低温室气体排放、提高能源效率和适应气候变化。发展中国家认为，技术转让和技术支持是实现低碳发展和应对气候变化的关键要素。它们强调，应该建立更加平衡和公正的国际知识产权制度，以确保发展中国家能够获取和利用先进的清洁技术。

（二）发达经济体主张的碳泄漏问题

目前，学术界所广泛采用的“碳泄漏”的概念，是在 2007 年由政府间气候变化专门委员会（IPCC）在一份评估报告中提出的。在这份报告中，碳泄漏指的是采取环境规制措施以外的国家或地区增加的二氧化碳排放量和采取环境规制措施的国家或地区减少的二氧化碳排放量之比。具体来说，碳泄漏指的是因为一国/地区实行减排政策而导致的该国/地区以外的国家/地区温室气体排放量增加的现象，即该地区的减排努力会部分或全部被其他地区的排放增加所抵消。碳泄漏的表现形式是指一个国家或地区采取二氧化碳减排措施，该国或地区的一些产品生产，尤其是高耗能产品的生产，可能转移到其他未采取二氧化碳减排措施的国家或地区。产生碳泄漏的机制至少包括下述的三个方面：一是减排政策可能降低生产要素在钢铁、水泥、建材、化工等能源密集型产业中的收益率。为了实现利润最大化，减排国企业及跨国公司可能将投资转移到非减排国家，从而促使生产要素在全球范围内的重新配置，带来碳密集产业向发展中国家的转移。二是减排国家采取的减排政策可能增加钢铁、水泥等碳密集型产品的生产成本，降低其国际竞争力，使非减排国家生产的同类产品占据相对优势，导致碳密集产品的生产在世界范围内的转移。三是减排政策可能导致煤炭、石油等碳密集化石能源的世界市场价格降低，从而扩大非减排国对化石燃料的需求，造成碳排放的增加。

由于碳排放过程中会产生外部性，碳泄漏就是碳排放外部性的一种表现形式，它所研究的核心问题是造成碳排放外部性的责任主体是否承担了相应的减排责任。在国际贸易中，碳泄漏问题通常是由发达国家所引起的，原因是发达国家的温室气体减排会引起发展中国家排放量的增长。如果一个发达国家采取二氧化碳减排措施，该国国内一些产品生产（尤其是高耗能产品）可能转移到其他未采取二氧化碳减排措施的国家。国际贸易中的隐含碳产品会在各国之间进行碳转移，这使得一些碳排放逃避了国家管制，进而产生碳泄漏的问题。

然而，在碳泄漏的概念中，对于全球范围内的碳泄漏行为并没有清晰地界定出哪一方应该承担减排责任，从而导致了发达国家与发展中国家在碳泄漏行为上的激烈冲突与争议。在碳泄漏问题中，发达国家主张发展中国家承担强制减排义务，并根据生产者（污染者）责任原则，提出“谁污染谁负责，谁排放谁负责”的观点，认为发展中国家是造成碳泄漏的“元凶”，也是最大的受益者，认为碳泄漏问题应该由碳排放国，即发展中国家来解决。而发展中国家则认为，发展中国家不是碳泄漏的受益者，而是碳泄漏的受害者，不能让发展中国家来承担全部的碳泄漏问题的责任；发达国家在实行减排措施的时候，应考虑到可能会产生碳泄漏的问题，并且采取相应的措施来避免碳泄漏的发生，而不是等到碳泄漏问题出现之后，再把责任推给发展中国家。

近几十年来，发达经济体在清洁产业和新能源产业方面取得了巨大进展，带来了美国、欧盟、日本、英国和加拿大的年碳排放量自 2005 年以来一直保持稳定或下降趋势①。然而，全球的碳排放量仍在继续上升，原因在于大多数发达经济体在国际贸易中进口大量碳密集型产品，从而促进了国内的碳减排，但实际上推动了发展中国家的碳排放量增长。因此简单地将全球碳泄漏问题的责任归咎于发展中国家，并不能从根本解决碳泄漏问题，同理，发达国家若只仅仅关注本国国内的碳减排也无法缓解全球碳排放量上升的问题，只是将碳排放转移到了发展中国家。

（三）国际协调与合作问题

在贸易与气候变化问题上，国际协调与合作至关重要。一是基于温室气体排放的溢出效应。贸易活动涉及产品的生产、运输和消费，这些过程可能导致温室气体的排放溢出效应。某些国家或地区在减排措施较为严格的情况下，可能会面临“碳泄漏”问题，即排放转移至减排措施较为宽松的地区。因此，需要国际协调与合作，避免气候政策的失衡。二是基于贸易与可持续发展目标相平

① Rorke, Catrina. The Case for Climate and Trade［C］. Climate Leadership Council, 2022.

衡的需要。贸易一方面可以促进技术和资金的流动，支持清洁技术的转移和可持续发展；另一方面也可能增加能源消耗和温室气体排放。因此，在贸易政策制定中需要平衡经济发展和环境可持续性的目标，国际协调与合作可以促进这种平衡的实现。三是基于共同责任与影响差异的问题。气候变化对不同国家和地区的影响不同，发达国家和发展中国家面临不同的挑战。发展中国家受当前发展阶段局限，在减缓甚至降低温室气体排放上面临着更大的压力，应对气候变化的能力也较弱；而发达国家作为历史上的主要温室气体排放者，有责任提供技术转让、资金支持和能力建设，帮助发展中国家应对气候变化。国际协调与合作可以促进共同责任的落实，加强对话，增进合作。四是国际规则和标准的一致性需要。在气候变化和贸易领域，各国之间需要建立一致的国际规则和标准，以确保公平竞争和环境保护。国际协调与合作可以促进各国间的协商和合作，制定共同的原则和规范，推动可持续发展和减排目标的实现。

综上，气候变化和贸易问题的全球性和相互关联性要求国际协调与合作。只有通过各国之间的合作，共同努力应对气候变化和推动可持续发展，才能取得更加有效和可持续的结果。

二、WTO 成员实施的与贸易相关的气候政策及谈判动向

（一）WTO 主要经济体实施的相关政策

根据联合国环境规划署《2022 年排放差距报告》数据，全球大多数的碳排放仅来自少数几个国家。2020 年，排放量前七位经济体（中国、美国、印度、欧盟、印度尼西亚、俄罗斯、巴西）的排放量约占全球温室气体排放量的一半。G20[①]的温室气体排放量约占全球温室气体排放量的 75%[②]。其中，美国和欧盟作为全球主要经济体、国际谈判与国际规则制定的重要行为体，也是全球气候治理的先行和主导者。因此，在这一部分先就美国和欧盟的相关气候政策进行梳理，继而根据几个主要政策类型，梳理其他典型经济体的气候战略与政策情况。

1. 美国的相关政策

在应对气候变化领域，美国的起步和行动较早，一方面不断完善碳减排和气

① 包括中国、阿根廷、澳大利亚、巴西、加拿大、法国、德国、印度、印度尼西亚、意大利、日本、韩国、墨西哥、俄罗斯、沙特阿拉伯、南非、土耳其、英国、美国以及欧盟。

② United Nations Environment Programme. Emissions Gap Report 2022: The Closing Window — Climate Crisis Calls for Rapid Transformation of Societies. [EB/OL]. https://www.unep.org/emissions-gap-report-2022.

候投融资政策体系，例如，2009 年美国就颁布了《美国清洁能源和安全法案》，确定了温室气体的减排途径，建立了碳交易市场机制；2021 年 4 月，美国发布史上第一个“国际气候融资计划”，提出将气候适应项目的融资规模扩大两倍，另一方面不断推进产业结构调整及重点行业碳减排，通过财政政策、税收政策以及信贷政策调整产业结构，推动相关资本向新兴产业转移。

此外，美国还成立一系列气候相关基金，包括国家循环基金、大湖恢复倡议等，通过赠款、低息贷款和技术援助等途径增强对气候变化的适应性。同时，美国环保署牵头建立环境金融中心网络、水基础设施和弹性财务中心，协助管理环境保护计划和活动的成本，拜登政府在《基础设施投资和就业法案》和《通胀削减法案》中规划了超过 1 500 亿美元的增强基础设施韧性资金。

在低碳技术创新领域，美国的低碳技术历年来逐步发展，整体煤气化联合循环（IGCC）技术配合燃烧前碳捕集技术，帮助美国基本实现清洁煤发电，此外，碳捕捉和封存技术（CCUS）是美国气候变化技术项目战略计划框架下的优先领域，二氧化碳年捕获能力在 40 万吨以上的大规模 CCUS 项目全球共有 51 个，其中 10 个在美国。

奥巴马执政期间积极推进适应气候变化，发布《气候变化适应规划》，积极参与全球气候治理。特朗普执政以来一直奉行“美国优先”原则，其政府在全球气候变化议题上采取了多种“开倒车”行为，并从全球气候治理体系中淡出，这在一定程度上削弱了美国的领导地位，也加剧了国际社会对于全球气候治理进程的担忧情绪。拜登政府将气候问题视为内外政策的重点，突出强调了积极应对全球气候变化在振兴美国经济以及巩固全球事务主导地位等方面的重要意义，强调构建布局气候驱动发展战略，并提出 2050 年碳中和目标。

拜登政府提出“绿色新政”作为应对当前气候挑战的关键框架。在气候减缓方面，拜登政府实施碳减排的主要路径包括进一步发展清洁能源，成立高级气候研究计划署（ARPA－C），并通过投资于建筑能效提升和电气化，确保到 2035 年美国建筑物碳足迹减少 50%。在 2020 年以来新冠疫情的冲击之下，拜登政府将抗击疫情、重振经济和实施积极的气候政策作为施政优先项，强调建立以清洁化、低碳化为特征的 100%清洁能源经济模式，从而强化基础设施建设、促进制造业转型升级。2021 年和 2022 年美国分别通过的《基础设施投资和就业法案》和《通胀削减法案》，对于其推进其国内气候治理具有重要意义。

此外，2022 年 6 月美国公布了《清洁竞争法》（CCA）草案，该提案被认为是美国版碳边境调节机制的雏形。但该提案仍处于初步阶段，目前仍在参议院审议中（2023 年 7 月）。

（1）《基础设施投资和就业法案》

2021 年 11 月 6 日，美国国会通过了《基础设施投资和就业法案》，该法案投资总额为 1.2 万亿美元，旨在投资美国基础设施，通过创造和扩大就业，实现美国经济可持续复苏。该法案中将 5 500 亿美元用于基础设施投资。其中，1 100 亿美元用于改善道路和桥梁状况，重点关注气候变化带来的相关影响，以及基础设施体系的韧性、公平性和安全性；660 亿美元用于投资铁路基础设施，建立安全、高效和气候友好型的维修任务。此外，该法案还将投资 1 150 亿美元用于清洁能源转型和电力基础设施升级改造，将 1 520 亿美元用于改善环境污染问题、提供清洁水资源以及改造宽带设施。

该法案相关资金投放措施有助于抵御全球性气候危机，对清洁能源产业、电气化转型、低碳技术等基础设施抵御极端天气能力和现代化升级的投资，有助于美国基础设施的完善，并使得未来的交通运输系统更能适应气候变化，实现交通系统的高效、绿色、清洁和可持续发展。

（2）《通胀削减法案》

2022 年 8 月 16 日，美国总统拜登正式签署总价值 7 400 亿美元的《通胀削减法案》。该法案预计将 3 690 亿美元投资于气候变化和新能源项目，其中 610 亿美元用于平价医疗补贴项目，并将剩余的约 3 000 亿美元用于削减政府赤字，这是美国有史以来针对气候领域最大的投资计划，也为美国清洁能源、清洁制造等气候相关产业带来了前所未有的发展机遇。该法案需求端的政策包括针对新能源车和以前拥有电动车的可退税信贷，供给端的政策包括将投资税收抵免政策延期 10 年，此外，该法案还新增了诸多新能源项目的税收抵免项目。

在气候投资方面，该法案主要包含降低能源成本、保障美国能源安全和国内制造业、实现经济去碳化、维护社区和环境公平、支持农林业的弹性建设五大措施，这些措施将进一步推进美国能源安全建设，同时使得美国能够更有效地积极应对未来气候变化。例如，在实现经济去碳化方面的具体措施方面，该法案指出在清洁燃料税收抵免项目上，对清洁燃料和清洁商用车辆的税收进行减免和补贴，以减少运输部门的碳排放；在赠款捐款计划项目上，该法案指出为清洁能源和能源储存提供税收抵免，为各州和电力公司提供定向赠款和贷款计划，以加快向清洁电力的过渡。

总体来看，《通胀削减法案》对于缓解美国的通胀具有一定的积极作用，尤其是用于能源转型和应对气候变化的 3 690 亿美元支出占据该法案总体支出的 80%，较大的费用占比也可以看出拜登政府对于气候治理的重视程度。法案与气候投融资相关的内容如表 9.1 所示。

表 9.1　美国 2022 年《通胀削减法案》与气候投融资相关的法案内容

单位：亿美元

类型	项目	主要内容	金额
降低能源成本	家庭能源退税	重点关注低收入家庭，以实现家用电器电气化并用于节能改造	90
	10 年税收抵免	降低家庭使用清洁能源的成本，使热泵、屋顶太阳能和热水器等更实惠	—
	清洁车辆抵免	低收入/中等收入个人购买二手清洁汽车可获得 4 000 美元的消费税优惠，购买新的清洁汽车可享受 7 500 美元的税收优惠	—
	赠款计划	提高经济适用房的能源效率	10
保障美国能源安全和国内制造业	生产税收抵免	为美国太阳能电池板、风力涡轮机、电池和关键矿物加工加快生产提供税收抵免	300
	投资税收抵免	建设清洁技术制造设施，如制造电动汽车、风力涡轮机和太阳能电池板	100
	国防生产设施	生产热泵和加工关键矿物	5
	清洁汽车赠款	改造现有汽车，制造清洁车辆，创造就业机会	20
	清洁汽车贷款	建设新的清洁汽车制造设施	200
	科研经费	加速国家实验室突破性能源研究	20
实现经济去碳化	赠款贷款计划	为清洁能源和能源储存提供税收抵免，为各州和电力公司提供定向赠款和贷款计划，以加快向清洁电力过渡	300
	清洁燃料税收抵免	对清洁燃料和清洁商用车辆的税收进行减免和补贴，以减少运输部门的碳排放	—
	工业生产部署	减少化学、钢铁和水泥厂等大型工厂的碳排放	60

续表

类型	项目	主要内容	金额
实现经济去碳化	清洁技术应用	倡导联邦政府采购美国制造的清洁技术产品，以稳定清洁产品市场	90
	清洁技术开发	支持清洁能源技术的开发推广，尤其是在落后社区	270
	减少甲烷排放计划	制订减少甲烷排放的计划，以减少天然气生产和分配过程中的泄漏	—
维护社区和环境公平	赠款资助计划	投资于弱势社区和社区主导项目，以解决重大的环境污染和公共健康危机	30
	社区准入和公平补助金	支持邻里公平，打通邻里社区间的阻碍，减轻交通设施和建设项目对落后社区的负面影响	30
	港口空气污染拨款	支持在港口购买和安装零排放设备和技术，减少港口空气污染	30
	重型车辆清洁	重型车辆清洁建设，如校车、公交巴士和垃圾车	10
	关注弱势群体	制订技术加速和消费者家庭能源退税计划，推动落后社区发展	—
支持农林业的弹性建设	气候智能农业	支持气候智能型农业实践	200
	森林和绿植	支持健康防火的森林带、森林保护和城市绿植，支持农林业的弹性建设	50
	赠款和税收抵免	支持国内生物燃料生产，并建设可持续航空燃料和其他生物燃料所需的基础设施	—
	赠款	保护和恢复沿海环境和社区	26

（3）《清洁竞争法》草案

《清洁竞争法》（Clean Competition Act）是由美国参议员 Sheldon Whitehouse 联合其他三位参议员 Chris Coons、Brian Schatz 和 Martin Heinrich 于 2022 年 6 月 7 日在美国国会提出的一项碳税立法，旨在减少气候污染，同时通过新的激励措施加强美国清洁制造业的竞争力。该法案是美国版的碳边境调节机制（CBAM）的一种形式。《清洁竞争法》的主要内容包括：

征收产品：针对部分碳密集型产品，包括化石燃料、精炼石油产品、石化产品、肥料、氢、己二酸、水泥、铁和钢、铝、玻璃、纸浆和造纸、乙醇等，征收碳税。

征收基准线：针对上述碳密集型产品的生产者，根据提交的二氧化碳排放量、年用电量和年产量数据，美国财政部计算出每个行业的平均碳排放强度作为基准线。随着时间推移，基准线逐年下降，鼓励企业降低碳排放。

征收对象：对超过行业平均水平的碳排放量的生产者和进口商征收碳税。

碳税的利用方式：通过税收筹集的收入的 75%用于资助碳密集型行业的竞争性赠款计划，25%用于帮助发展中国家脱碳和实现净零排放。

与欧盟的碳边境调节机制类似，美国的《清洁竞争法》也对进口商品征收二氧化碳排放费用，并将部分收入提供给发展中国家。然而，美国独特之处在于，《清洁竞争法案》要求对超出美国同类商品碳排放量的部分征收碳关税，并不针对商品的生产全周期碳排放量①，而征收的对象不仅包括进口商，还包括美国国内生产商。

目前，美国在碳定价和碳边境调节方面存在一些复杂性，没有全国性的碳定价体系，也没有对应的温室气体排放交易体系。因此，《清洁竞争法》作为具有一种过渡性特征的碳边境调整税，是美国在应对气候变化和推动可持续发展方面的尝试之一。虽然该法案尚未成为正式法律，但其提出了在美国国内推行碳税的可能性，以实现碳排放的减少和气候目标②。

2. 欧盟的相关政策

近年来，欧盟一直以引领和推动全球绿色和可持续发展为己任。2019 年 12 月，欧盟委员会公布《欧洲绿色协议》（European Green Deal），是欧盟提出的一项全面的气候和环境政策倡议。该协议提出了 2050 年实现碳中和的气候目标，制定了包括减少温室气体排放、推动可再生能源发展、提高能源效率、促进可持续农业和渔业、保护生物多样性、改善空气和水质量，以及推动可持续交通和循环经济六大领域的政策框架，并从资金、科教、监管工具、公众参与、国际合作方面，为气候目标的实现和各领域的绿色转型制定了保障措施。

2020 年 12 月，欧盟领导人同意于 2030 年前至少减少 55%（相较于 1990 年

① 厦门大学中国能源政策研究院. 碳核算是应对欧美碳关税的基础［EB/OL］. https://cicep.xmu.edu.cn/info/1011/10171.htm.

② 新浪财经. 美国碳关税解读——《清洁竞争法案》［EB/OL］. https://finance.sina.com.cn/esg/ep/2022-08-05/doc-imizmscv4927092.shtml.

水平）的温室气体排放量，以实现2050年的净零排放[①]。2021年6月，欧盟理事会通过了《欧洲气候法》，将实现欧盟2030年和2050年气候目标列为一项法律义务。为确保《欧洲绿色协议》的落实，欧盟于2021年7月出台了“落实55%减排目标”（Fit for 55）一揽子计划，包含涉及欧盟碳排放交易体系（EU ETS）、减排分担条例（ESR）、碳边境调节机制，土地利用、土地利用变化及林业战略（LULUCF），以及能源、交通、社会等领域的更积极的一系列立法提案。一揽子提案旨在为实现欧盟的气候目标提供一个连贯和平衡的框架，确保公正和社会公平的过渡，保持和加强欧盟工业创新和竞争力的同时确保与第三国经济运营商的公平竞争环境，并且巩固欧盟在全球应对气候变化方面处于的领先地位。

在“Fit for 55”框架下，2023年4月25日，欧洲理事会经投票，通过了碳边境调节机制的最新法案，以及与欧盟碳市场相关的四项立法。四项立法包括《欧盟碳排放交易体系指令》的修订文本，设立社会气候基金的法规，《海运船舶排放“监督、报告、核查”法规》的修订文本，《航空业碳排放交易体系指令》的修订文本。此外，欧盟也于2023年提出了针对美国《通胀削减法案》的绿色协议工业计划和净零工业法案。以下将对这几个领域的进展进行梳理与概述。

（1）碳边境调节机制

2023年4月25日，欧事理事会经投票，通过了碳边境调节机制。欧盟碳边境调节机制（Carbon Border Adjustment Mechanism，CBAM）法案最终文本于2023年5月16日发布于欧盟公报，在公告后第二日即告生效。2023年10月至2025年底为过渡期，2026年起正式实施。

碳边境调节机制是一种政策工具，指通过对进口商品征收碳关税，抵消那些未在生产过程中遵循相似碳定价措施的国家或地区的碳泄漏效应。作为全球最早实施碳治理的地区，欧盟为了限制碳泄漏、增加财政收入、保护本地区产业竞争力以及抢占碳边境调节机制和全球气候治理的话语权，欧盟提出并设立了碳边境调节机制。2019年12月，欧盟委员会在《欧洲绿色协议》中首次正式提出碳边境调节机制，并逐步推进碳边境调节机制的立法进程。2020年3月，欧盟委员会提交碳边境调节机制影响评估报告；2020年7月至10月，完成公众咨询程序；2021年3月，欧洲议会通过了设立碳边境调节机制的初步决议；2021年7月，欧盟委员会正式提出碳边境调节机制草案。2023年5月，欧盟碳边境

① Council of the EU. Climate Change: What the EU Is Doing［EB/OL］. https://www.consilium.europa.eu/en/policies/climate-change/.

调节机制完成立法，后续还将陆续发布有关实施规章草案的意见征求。

碳边境调节机制的实施机制是在进口商品上征收与其碳排放量成比例的碳关税，以反映其在生产过程中产生的碳排放。通过这种方式，碳边境调节机制试图在国内和进口商品之间建立一个相对平等的竞争环境，鼓励国内产业采取低碳生产方式并减少碳排放。

碳边境调节机制的实施分为两个阶段：过渡阶段和正式实施阶段。2023—2025 年是过渡阶段，在此期间，进口商只需要按时进行申报其进口产品数量、总隐含碳排放量、总隐含间接排放量和进口产品在原产地已经支付的碳价，而无须进行碳关税的缴纳。2026 年开始进入正式实施阶段，欧盟将根据进口产品的隐含碳排放量征收碳关税。

从行业角度来看，碳边境调节机制将首先针对电力、钢铁、水泥、铝和化肥等行业实施碳关税，并从那些碳排放权限相对宽松的国家和地区开始逐步推行。随着过渡期的结束，碳边境调节机制可能会考虑将其扩大至其他领域。就涉及的范围而言，除了那些与欧盟建立了碳市场联系或欧盟排放交易体系（EU ETS）机制内的国家，目前包括列支敦士登、瑞士、挪威、冰岛以及欧盟的 5 个海外领地（包括利维尼奥、梅利利亚、辛根、休达和黑尔戈兰）可被豁免之外，其他国家都将成为碳边境调节机制的执行对象。

在实施方式上，碳边境调节机制的运作采取了申报制度，要求过渡期内的申报人每个季度向进口国的主管部门提交一份完整的碳边境调节机制的报告。报告内容包括货物总量以及在原产国支付的碳价等详细信息。而一旦过渡期结束，申报人则需要准确申报前一年进口到欧盟的产品总量以及这些产品所含的隐含碳排放量，并根据这些排放量购买相应数量的碳边境调节机制证书，以满足规定要求。在排放范围方面，欧盟碳边境调节机制管制的温室气体排放包括二氧化碳、全氟碳化物以及氧化亚氮等。温室气体排放量则是通过商品排放强度乘以其质量计算确定。

欧盟碳边境调节机制一直是世界贸易组织成员关注的焦点，许多成员曾表示，欧方相关措施不符合《联合国气候变化框架公约》“共同但有区别的责任”等基本原则，对欧方执意采取单边措施表示担忧，对欧方措施是否符合 WTO 规则提出关注和质疑。包括中方在内的多个成员方，要求就此类措施，加强多边监督审议和专题讨论。中欧双方在多边贸易体制下就该问题进行过多轮讨论。中方敦促欧方在后续实施细则制定过程中留出足够的评论期，并充分考虑各成员和利益相关方提出的关注和意见，确保有关立法过程符合 WTO 规则。

（2）欧盟碳市场建设与改革

欧盟的碳市场指欧盟推出的欧洲排放交易体系（Emissions Trading System，ETS），是目前世界上最大、最成熟的碳市场之一，也是欧盟应对气候变化的核心政策措施之一。EU ETS 于 2005 年启动，旨在限制欧盟境内工业和能源部门的温室气体排放。该系统涵盖包括电力、钢铁、水泥、炼油等高碳排放的行业，以及航空公司的航空燃料排放。参与 EU ETS 的企业和航空公司必须持有一定数量的碳排放许可证，也称为碳配额或碳排放权。每个许可证代表一吨二氧化碳等效的排放。

EU ETS 采用了“固定量、逐年下降”的原则。每年，欧盟委员会根据科学和经济分析来设定碳排放的总量，即总发行量。然后，总发行量被分割成一定数量的排放许可证，每个许可证代表一定量的碳排放。随着时间的推移，每年可供发行的许可证数量逐渐减少，以逐步减少碳排放。

企业和航空公司必须购买足够数量的许可证来覆盖其实际排放量。如果企业的排放量超过其持有的许可证数量，它们就需要购买更多的许可证。如果企业的排放量低于其持有的许可证数量，它们可以出售多余的许可证。

EU ETS 还设有一些强制性限制措施，如碳泄漏规则。这些规则旨在防止企业由于碳市场的限制而将生产迁移到碳市场外的地区，从而导致全球温室气体排放增加。为了避免这种情况，碳泄漏规则允许特定行业部门免于购买部分或全部许可证，以减轻其在全球市场上的竞争压力。

在碳市场中，碳排放许可证的价格由供求关系决定。如果排放减少的措施较为显著，导致排放许可证供应减少，价格可能会上涨，激励企业更加积极地减少碳排放。相反，如果经济衰退或其他原因导致排放减少较少，供应过剩可能导致价格下跌。

欧盟的碳市场发展经历了四个阶段：第一阶段（2005—2007 年）是为期三年“边做边学”的实验期，成功在欧盟建立了碳价格、排放配额的自由贸易，以及监测、报告和核查排放必需的基础设施，为第二阶段做准备。第二阶段（2008—2012 年）恰逢《京都议定书》的第一个承诺期，欧盟各国需要实现具体的减排目标。在核实了第一阶段年度排放量数据的基础上，第二阶段根据实际排放量降低了配额上限。但两年的经济危机导致减排量大于预期，使得配额和信用额度出现大量盈余，对第二阶段的碳价格造成了严重影响。第三阶段（2013—2020 年）在总结前两阶段的基础上，对 EU ETS 进行了重大改革，主要包括：在欧盟范围内采用单一的排放上限，取代以前的国家上限制度；拍卖作为分配配额的默认方法（而不是免费分配）；适用于配额的统一分配规则仍然采用免费发放的形式；覆盖更多的行业和气体；在新进入者储备（New Entrants Reserve，NER）中预留了 3 亿配额，建立 NER300 基金，用以资助可再生能源技术的创新及碳捕获和储存项目。第四阶段（2021—2030 年）的重要特征是实施更加严格的碳排放控制、更有针对性的碳泄漏规则。这一阶段，欧盟要求每年配额总量减少 2.2%，且不能再使用碳信用抵消。对于碳泄漏风险较小的行业，预计 2026 年后将逐步取消免费分配，同时，将为密集型工业部门和电力部门建立低碳融资基金①。

（3）欧盟绿色工业计划

2023 年 1 月 17 日，欧盟委员会主席正式公布欧盟“绿色协议工业计划”，该计划旨在使欧洲成为工业创新并驱动清洁技术不断发展的家园。具体来说，计划包括四大部分——融资、贸易、监管环境以及技能人才。创造有利的监管环境是该计划的重要先行目标，其能快速扩大绿色产业规模，另外，欧盟将提出一项新净零排放工业法案，简化推进清洁技术生产基地建设的许可程序；在融资方面，欧盟提议以更简单的计算、更简便的程序和更快捷的审批代替原先流程；欧盟还将培养实现转型所需的技能人才，增加产业所需的熟练工人；最后，欧盟需建立一个强大而有弹性的供应链，使清洁技术在全球范围内实现净零排放。

（4）净零工业法案

为了给设立清洁技术项目和吸引投资创造更好的条件，提高欧盟清洁技术制造的竞争力，以帮助欧盟实现清洁能源转型目标，2023 年 3 月，欧盟委员会公布了《净零工业法案》，旨在确保到 2030 年欧盟至少 40%的包括风力涡轮机、电池、热泵、太阳能电池板、可再生氢等在内的清洁技术需求在欧洲本土制造。《净零工业法案》确认了对欧洲清洁能源转型起到关键作用的战略净零技术，包括：光伏和光热（太阳能）、电解槽和燃料电池（氢能）、陆上风能和海上可再生能源、沼气/生物甲烷（生物质）、电池和储能、碳捕集和封存（CCS）、热泵和地热能、电网技术，并提出了改善净零技术投资条件的行动措施，包括通过增强信息、减轻建立项目的行政负担和简化许可授予程序来改善净零技术投资的条件。为了促进净零排放技术供应的多样化，法案要求公共当局在公共采购或拍卖中考虑净零排放技术的可持续性和弹性标准。此外，该法引入了新的措

① 易碳数科. 欧盟排放交易体系（EU-ETS）运行机制［EB/OL］. https://zhuanlan.zhihu.com/p/633334824.

施，以确保有熟练的劳动力支持欧盟的净零排放技术的生产，包括在欧洲净零排放平台的支持和监督下，设立净零工业学院。

3. 其他经济体的相关政策

（1）碳关税

英国对碳关税态度积极，英国财政部早在 2021 年的净零排放战略审查中就提出需建立碳关税机制，苏纳克在任职英国财政大臣期间，也与德国总理朔尔茨讨论过碳关税的建立问题，同时，2021 年七国集团峰会上，英国作为轮值主席国，首相约翰逊极力推动西方七国的碳边境调节机制，应对气候变化是峰会议题之一。在 2023 年 3 月末，英国政府公布了一系列有关能源与安全的政策，其中包括了一项可能导致对碳密集商品征收碳关税的问询，英国政府表示，围绕碳关税采取磋商和公众问询是为了防止本国企业受到气候政策宽松国家廉价进口商品的冲击，预计将持续 3 个月。此外，英国就碳关税问题积极与欧盟展开讨论，目的是通过协调合作应对日益复杂的气候危机。2021 年欧盟推出了首个碳关税机制，对外国进口商品征收碳排放税，涉及钢铁、电力、水泥等多个领域，是欧盟气候目标的核心战略之一。英国能源大臣格兰特·沙普斯认为，此合作将有效地降低碳泄漏的风险，即企业将生产转移到气候政策不严格的国家。

为确保实现 2050 年碳中和目标和 2030 年的中期目标，日本经济产业省于 2020 年 12 月 25 日公布“绿色增长战略”，计划在海上风电、电动车、氢能源、航空业、住宅建筑等 14 个重点领域推进节能减排，并探讨分析制定新的碳税规则，同时，日本产业界认为，在探讨新型碳税的同时需要推进碳边境调节机制，以避免本国产业竞争力降低的问题。具体的碳边境调节机制为对进口商品征收碳边境税或关税等，提高进口产品的碳价格，维持本国产品的竞争力，防止国内生产企业为规避碳税而向碳定价更低的国家或地区流出，造成产业空心化。在 2021 年 3 月 22 日召开的 WTO 会议上，日本提出着手展开磋商的建议，积极推动 WTO 展开正式讨论，除了寻求美国的参与之外，还打算与碳排放较多的新兴国家合作，输出对去碳化贡献大的产品降低进口关税的方案，包括适用于风力、燃料氨、蓄电池及太阳能等领域的多个品种。

澳大利亚为 2021 年 G7 峰会的被邀请国之一，也是英国“碳俱乐部”计划的目标对象，但是澳大利亚经济严重依赖化石能源，总理斯科特·莫里森称欧盟 CBAM 为“另一种名称的贸易保护”，能源部长泰勒也曾表示坚决反对碳关税。

俄罗斯对碳关税也持反对态度，认为碳边境调节机制违反 WTO 规则，其早在 2020 年 7 月参加金砖四国会议时就指出，CBAM 是借气候议程之名建立贸易壁垒。

印度与金砖四国发表了一份联合声明，称 CBAM 是“歧视性的”，并表示其“严重关切”。在那不勒斯二十国集团环境部长会议上，印度引用《联合国气候变化框架公约》中“共同但有区别的责任”原则反驳欧盟、美国、联合国气候机构以及其他发达国家主导的多边机构支持的“2050 年实现净零排放”的目标。

此外，加拿大也在加紧酝酿出台自身的碳边境调节方案。2021 年 8 月，加拿大开始对碳关税正式咨询公众意见。通过建立碳关税体制和完善碳定价体系降低企业“碳泄漏”风险已成为发达国家的共识，全球范围的碳关税“浪潮”即将到来，这对发展中国家产生了巨大外部压力。

（2）碳排放权交易体系

随着 2020 年末英国正式退出欧盟和欧盟碳排放交易体系，英国碳排放交易体系于 2021 年 1 月 1 日开始运行。英国碳排放交易系统的设计特征与欧盟碳排放交易系统第四阶段的设计特征非常相似。然而，英国碳排放交易系统的排放上限更为严格（比欧盟上限低 5%）。英国碳排放交易系统同样设置了一个成本控制机制，旨在缓解持续的极端价格上涨。该机制基于设定的时间和配额价格触发点生效。公众将进一步参与供应调整机制，以应对市场波动性。配额最低拍卖保留价为 22 英镑（约合人民币 197.3 元）/吨二氧化碳。

除了脱欧后的新碳排放交易体系，英国电力行业将继续参与碳定价，2021 年的最低碳价为 18 英镑（约合人民币 161.4 元）/吨二氧化碳。英国政府已经承诺在 2024 年之前停止使用煤炭，该税种将保持到燃煤发电被逐步淘汰。

加拿大作为主要化石能源出口国，2020 年底宣布将对现行碳排放交易体系进行改革，以提振低迷多年的碳交易市场，2022—2030 年，以 50 加元（约合人民币 258.3 元）/吨二氧化碳为基本价格，每年按 15 加元（约合人民币 77.5 元）/吨二氧化碳价格增长，最终达到 170 加元（约合人民币 878.1 元）/吨二氧化碳。这一价格增长将有助于促进加拿大去年 11 月宣布的 2050 年净零排放目标的实现。尽管加拿大多年来并未成功兑现气候目标，但此轮碳系统改革却是北美地区碳交易中少有的积极举措。

韩国于 2015 年启动了全国性碳排放权交易市场，碳市场交易分为三个阶段进行。2021 年，碳市场已正式进入第三个履约期，73.5%的温室气体排放纳入碳排放权交易，涵盖 69 个行业。市场配额方式逐渐从全面免费配额到以免费分配为主、有偿拍卖为辅的方式，配额方法从以历史法（GF）为主逐渐转变为以基准线法（BM）为主。灵活的履约方式赋予参与碳市场的企业更大的选择弹性，允许企业使用韩国核证减排量（KCU）和国际减排项目来抵消排放。

针对欧盟正式发布的碳边境调节机制的立法草案，韩国制定相关应对方案，并通过与欧盟等组织和其他国家进行对话，表明立场，争取本国利益，始终强调该机制的设计和运行应符合世界贸易组织规范，不应使这一制度成为贸易壁垒。

（3）产业及能源转型政策

英国发布“净零战略”和“绿色工业革命十点计划”，聚焦绿色产业发展。2021 年 10 月，英国政府发布“净零战略”，全面阐述英国如何在 2050 年实现有关气候变化的净零排放承诺，“净零战略”包含英国政府一系列长期的绿色改革承诺，涉及清洁电力、交通变革和低碳取暖等众多领域。该战略支持英国企业和消费者向清洁能源和绿色技术过渡，降低对化石燃料的依赖，鼓励投资可持续清洁能源，减少价格波动风险，增强能源安全；支持英国在最新的低碳技术方面获得竞争优势，包括从热泵到电动汽车、从碳捕获到氢能等。11 月，英国政府发布“绿色工业革命十点计划”，该计划涉及清洁能源、交通、自然和创新技术，包括利用海上风能，发展氢能，促进核能，加快向电动汽车过渡，支持零排放飞机和船舶的研究，使建筑物更绿色、更暖和、更节能，每年种植 3 万公顷树木等。此外，英国商业、能源和工业战略部投入 9 200 万英镑的公共资金，为储能、海上风能和生物质生产等创新绿色技术提供支持，助力英国能源系统向清洁、绿色转型。

俄罗斯发布 2050 年前低碳发展战略，细化经济脱碳目标计划。2021 年 5 月，俄罗斯公布了首部《气候法》草案，为该国气候行动的推进建立了政策框架。该草案引入了碳交易、碳抵消、排放情况披露、污染者问责机制等。11 月，俄罗斯政府批准“俄罗斯 2050 年前实现温室气体低排放的社会经济发展战略”，该战略是对俄罗斯低碳发展和减排前景提出的以提高森林等生态系统固碳能力、实现能源转型为基础的“目标计划”。俄将按照“目标计划”中的发展路径实现碳减排和碳中和，确保其在全球能源转型背景下的竞争力和可持续经济增长的同时，实现经济脱碳发展。具体来看，俄罗斯一方面将减少化石燃料生产和运输，在石油开采领域引入现代系统，另一方面将继续开发多元的能源资源储备，促使天然气、氢气、氨气等在低碳能源结构中发挥更大作用。

日本制定推进实现“2050 碳中和”实施路径。2021 年 6 月，日本经济产业省发布新版“2050 碳中和绿色增长战略”。新版战略指出，需大力加快能源和工业部门的结构转型，并将旧版战略中的海上风电产业扩展为海上风电、太阳能、地热产业，将氨燃料产业和氢能产业合并，并新增了新一代热能产业。10 月，日本发布第六版能源基本计划，制定了推进实现“2050 碳中和”和“2030 年温室气体减排 46%”的能源政策实施路径。主要包括两方面内容。其一，实现 2050 年碳中和：使用脱碳电源，创新火力发电等技术，实现电力系统脱碳，并提供廉价稳定的能源供应。其二，面向 2030 年行动政策：通过电气化、氢能化等扩大非化石能源的应用；有效利用蓄电池等分布式能源资源；发展可再生能源作为主要电力来源；重新调整核能政策；规划未来火力发电；大力加强实现氢社会的措施；确保着眼于能源稳定供给和碳中和时代的能源及矿物资源供应；制定未来化石燃料供应体系；进一步推进能源体制改革。

韩国推出碳中和技术开发计划，通过法案及预算投入支持能源转型。2021 年 8 月，韩国政府发布《碳中和产业核心技术开发计划（草案）》，提出实现 2050 年碳中和目标的第一阶段（2023—2030 年）产业核心技术开发计划。该计划针对钢铁、石油化工、水泥、纺织、有色金属等 13 个行业，将投资 6.7 万亿韩元开发氢还原铁、高碳原料替代、氢/氨等无碳新能源/燃料、生物燃料、电加热分解工艺、塑料先进热解等核心技术。同月，韩国通过《碳中和与绿色增长框架法》，将碳中和愿景及其实施机制纳入法律，并规定了在气候影响评估、气候应对基金和公正转型等方面的政策措施。法案提出，将引入气候影响评估体系，对国家重大计划和发展项目的气候影响进行评估，将引入应对气候变化的预算体系，即在起草国家预算时设定减排目标，此外还将新设立气候应对基金，支持产业结构转型。

根据韩国环境部 2022 年预算，政府将投入约 12 万亿韩元推进碳中和行动，并向新设立的气候应对基金（2.5 万亿韩元）拨款 6 972 亿韩元。2022 年，韩国将向碳中和基础设施投入 5 万亿韩元（占总预算的 40%以上），致力于推广普及零排放汽车，减少工业和公共部门的温室气体排放，培育绿色产业和激活绿色金融，扩大碳吸收源，加快向碳中和社会转型。

（二）国际相关合作与谈判动向

1. 减缓气候变化的多边合作

气候变化是一项全球性的挑战，因此国际合作至关重要。在多边层面，《联合国气候变化框架公约》（UNFCCC）是全球范围内最重要的气候变化协议之一，于 1994 年生效，缔约成员达 190 多个，是国际社会在应对全球气候变化问题上进行国际合作的一个基本框架。联合国气候变化大会（COP）是 UNFCCC 的缔约方大会，每年举办一次，为全球各国提供了一个重要的平台，讨论和决策气候变化相关议题。2015 年 12 月 12 日，197 个 UNFCCC 缔约方在巴黎召开的第二十一届联合国气候变化大会上通过了《巴黎协定》，成为多边气候变化进程中的一个里程碑。《巴黎协定》于 2016 年 11 月 4 日正式生效，是具有法律约束力的国际条约，其目标是将 21 世纪全球气温升幅限制在 2℃以内，同时寻求将气温升幅进一步限制在 1.5℃以内的措施。目前共有 194 个缔约方（193 个国家和欧盟）加入了《巴黎协定》[①]。各国在协定中提交了自愿的减排承诺，并同意每五年进行更新和加强。

其他多边环境协定也越来越关注如何在各自框架下加强协调以支持气候行动。如《关于消耗臭氧层物质的蒙特利尔议定书》缔约方通过了《基加利修正案》，以减少氢氟碳化物的生产和贸易。氢氟碳化物是一种具有高全球升温潜能值（GWP）的制冷剂。这一修正案的全面实施有望在 21 世纪末避免全球升温 0.4。

一些部门的合作与行动也与减缓气候变化直接相关，如国际热带木材组织（ITTO）致力于可持续林业发展，国际能源机构（IEA）和国际可再生能源机构（IRENA）对低碳能源转型的支持，以及国际海事组织（IMO）和国际民航组织（ICAO）致力于运输的脱碳。

2. 适应气候变化方面的国际合作

除减缓气候变化外，UNFCCC 和《巴黎协定》的缔约方还认识到，适应气候变化也是全球长期应对气候变化的一个关键组成部分。UNFCCC 内罗毕工作方案（NWP）协助各国，特别是发展中国家，提高对气候影响、脆弱性和适应的理解和评估，并就实际情况做出合理的决定。最不发达国家专家组（LEG）为不发达国家提供技术指导和支持，以制定和实施国家适应计划和行动方案。适应气候变化被 UNFCCC 认为与减缓气候变化具有同等的重要性，并因此得到绿

① 联合国，https://www.un.org/zh/climatechange/paris-agreement.

色气候基金（GCF）等金融机制以及气候变化特别基金（SCCF）、UNFCCC、最不发达国家基金（LDCF）和适应基金等专项基金的支持。此外，许多国际组织和区域开发银行也以不同形式参与其中。如联合国减少灾害风险办公室（UNDRR）帮助日本仙台降低灾害风险，以支持对与气候变化有关灾害的复原。

3. 有关碳定价的国际合作

鉴于碳定价引起的经济、政策和法律问题，不同的碳定价方法已经在国际论坛上引起了重要的讨论。各种区域和国际倡议旨在促进碳定价方面的政策一致性。例如，UNFCCC 的气候行动合作工具（CiACA）倡议协助缔约方制定碳定价工具，以实施其国家发展计划，并促进与其他国家的合作；碳定价领导联盟（CPLC），一个由国家和国家以下各级政府、企业和民间组织组成的联盟，分享在碳定价政策和传播研究方面的最佳实践和做法；国际碳行动伙伴关系（IACP）也是一个国际合作论坛，汇集了已经实施或计划实施排放计划的区域组织。

国际组织也致力于提高碳定价政策的透明度并促进信息共享。例如，WTO 的几个机构一直就碳定价和碳足迹方法的不同方面交流意见和经验；世界银行的碳定价仪表板提供了关于现有和新出现的碳定价倡议的最新信息；经济合作与发展组织编制了能源使用中二氧化碳排放定价的数据，包括燃料消费税、碳税和可交易排放许可证价格等。

4. 促进碳排放测量与核查的国际合作

国际标准化组织（ISO）发布了《ISO14067：2018 温室气体—产品碳足迹—量化要求及指南》，为企业界评估产品的碳排放提供了统一的规范。私营部门也推出了一些文件，如《温室气体核算体系：企业核算和报告标准》，为企业编制企业级温室气体排放清单提供要求和指导。国家层面也有各种碳排放测量的标准，还有为计算特定行业环境中的碳含量而制定的特定行业的标准。虽然在碳测量和核查方面已开展了许多国际合作，但由于碳测量标准越来越多，这个领域需要更多的一致性。WTO 的技术性贸易壁垒委员会和贸易与环境委员会（CTE）已经就碳足迹的贸易相关方面进行了讨论。此外，WTO 可以作为一个论坛，在多边层面就碳测量方法和贸易相关问题进行更具体的讨论。

5. 有关国际运输碳减排的国际合作

在国际海运方面，虽然海运的碳强度相对较低（据估计，国际航运在 2018 年占全球碳排放的 2.9%①），但在国际和区域层面上，政府和企业已经通过并发

① 海事组织，2020 年。

起了各种承诺和倡议，以实现海运去碳化。在国际层面，2018 年的国际海事组织《温室气体初步战略》提供了一个政策框架和指导原则，到 2030 年将国际航运的碳密度（每项运输工作的二氧化碳排放量）至少减少 40%，并努力在 2050 年减少 70%，到 2050 年国际航运的温室气体排放量与 2008 年的水平相比至少减少 50%，该战略同时寻求提高船舶的能源效率。航运业通过一些倡议对这一战略予以支持。例如，在政府的支持下，150 多家公司组成了“实现零排放联盟”，目标是在 2030 年前让零排放船舶在深海贸易路线上运营。区域合作也在积极支持国际海上运输的去碳化。例如，由斐济、基里巴斯、马绍尔群岛、萨摩亚、所罗门群岛、图瓦卢和瓦努阿图发起的太平洋蓝色航运伙伴关系，承诺到 2030 年将太平洋航运的碳排放减少 40%，到 2050 年实现完全脱碳。22 个发达国家和发展中国家在 2021 年签署了《克莱德班克宣言》，旨在到 2025 年在全世界两个或更多的港口之间建立 6 条零碳排放的海上航线。国际合作确保了航运去碳化所需的大量资金，如国际海事组织和挪威启动了“绿色航程 2050”项目，以支持发展中国家，包括小岛屿发展中国家和最不发达国家，实现针对气候变化和航运能源效率的目标。同样，太平洋蓝色航运伙伴关系正在寻求从多边和双边发展融资和私营部门获得 5 亿美元，以利用低碳技术改造现有的货运和客运渡船，并购买零排放船舶。

在航空运输方面，国际航空是碳密集度最高的运输方式，约占全球二氧化碳排放量的 1.3%（国际民航组织，2017）。到 2050 年，国际航空的碳排放量预计将比 2015 年增加 2～4 倍（国际民航组织，2019）。尽管航空业去碳化仍然具有挑战性，但它已经成为该行业商业战略的一个组成部分。公共和私人利益相关者正在引入或实施若干国际和区域倡议，以支持向低碳航空业的过渡。国际民航组织在 2016 年通过了国际航空碳抵消和减排计划（CORSIA），允许飞机运营商从其他部门购买减排工具，以抵消其自身排放量超过 2020 年的增长，从而从该年开始实现碳中性增长。此外，国际民航组织还促进飞机技术、操作和可持续航空燃料的改进，以帮助实现国际航空部门到 2050 年每年燃料效率提高 2% 和从 2020 年起实现碳中性增长的全球目标。国际航空运输协会（IATA），世界航空公司的贸易协会，在 2021 年批准了一项决议，要求全球航空运输业在 2050 年前实现净零碳排放。例如，由航空业的几个国际贷款人于 2022 年发起的航空气候调整金融工作组，承诺参与的金融机构每年披露他们资助的飞机、航空公司和出租人的温室气体排放程度。此外，还可以通过促进数字服务的贸易来减少碳排放，如电话会议，以减少对商务相关航班的需求。世界贸易组织的合作也可以提高该部门的运营效率。

在公路运输方面，国际公路货运占全球碳排放的 3.7%（OECD，2022）。公路货物运输对整个物流链至关重要。据估计，公路货运占全球贸易相关运输的碳排放的 53%，如果按照目前的趋势发展，到 2050 年这一比例可能上升到 56%（WEF，2021）。公路货运部门的去碳化特别具有挑战性，需要协调行动。与其他国际运输方式相比，低碳公路运输方面的国际合作仍然比较零散。在 2021 年第二十六届联合国气候变化大会（COP26）上，许多政府、汽车制造商、托运人和金融机构签署了《关于零排放汽车和货车的格拉斯哥宣言》，承诺确保到 2035 年在主要市场销售的新汽车和货车，以及到 2040 年在世界其他地区销售的汽车和货车都是零排放的。此外，15 个高收入经济体签署了《关于零排放中型和重型车辆的全球谅解备忘录》，共同致力于到 2030 年将新的零排放卡车和巴士的销售占比提高到 30%，到 2040 年提高到 100%。2021 年，代表 80 多个国家的道路运输业的国际道路运输联盟（IRU）发起了一项绿色契约，到 2050 年实现碳中和（IRU，2021）。此外，世界经济论坛（WEF）于 2020 年设立了“零路费”倡议，旨在帮助行业领导者共同制定解决方案，包括扩大融资机制和新的贷款和投资产品的行动计划。

6. 清洁能源等领域的区域和双边合作

在区域和双边层面，也有很多涉及环境议题的谈判与合作，如日美清洁能源转型联合声明、东盟清洁能源未来倡议论坛、欧盟与挪威签署的绿色联盟协定、美欧可持续钢铝问题谈判等。

美日清洁能源合作谈判方面。2023 年 1 月 9 日，日本经济产业大臣与美国能源部长举行了会晤。针对全球能源安全、清洁能源合作形势等议题进行了相关讨论，双方讨论了加强清洁能源合作、核能合作等相关议题，并发表了关于合作实现能源安全和清洁能源转型的联合声明。联合声明的要点一是加强清洁氢、氨的利用，并进一步扩大美国和日本清洁能源企业间的紧密合作；二是支持在美国的上游投资，以加强能源安全方面的合作；三是回顾了美日清洁能源和能源安全倡议的进展，并将进一步合作促进该倡议发展；四是开发和建造下一代先进反应堆，最大限度地利用现有反应堆，建立强大的核部件和包括铀燃料在内的燃料供应链；五是在日本担任 2023 年 G7 轮值主席国期间继续加强清洁能源合作。

东盟方面。第四届东盟清洁能源未来倡议（CEFIA）公私论坛于 2023 年 2 月 16 日在菲律宾宿务岛举行。论坛上，来自日本和东盟的企业、金融机构、政府机关和其他组织的与会者就日本在东盟引进脱碳技术的合作项目、融资、温室气体减排量可视化等问题及未来可能存在的合作进行了相关讨论。论坛形成了不少重要成果：公开了净零能耗建筑和钢铁厂节能技术、脱碳技术、通过协调控制和物联网优化工厂电力等实现节能等旗舰项目的当前进展，并擘画未来合作发展蓝图。公布了 CEFIA 合作路线图，东盟政府和企业还介绍了东盟脱碳领域的最新发展趋势，并从东盟方面表达了对 CEFIA 的热切期望。讨论了可视化温室气体减排量、培养清洁技术企业家、筹集资金等问题。讨论了 CEFIA 推动东盟未来脱碳进程和能源转型升级的一系列新举措。

欧盟与挪威长年来均较为重视环境保护方面的合作。2023 年 4 月 24 日，挪威与欧盟签署了“绿色联盟”协定，计划将在清洁能源、产业转型升级、环境保护、气候变化四大方面加强相关合作，其成立的欧盟—挪威绿色联盟组织将对以下事项进行重点关注：加快清洁能源转型进程，促进绿色工业产业转型升级，包括对清洁交通、制氢、新能源行业及相关清洁技术所需的较为核心的原材料保持重点关注和合作；加大环境保护力度，对生物多样性损毁、森林退化等现象进行及时制止；积极应对气候变化，在储存、去除及捕捉获取二氧化碳方面加大相关合作力度。

美欧可持续钢铝问题谈判方面。美国贸易代表 2023 年 2 月 17 日在慕尼黑会见欧盟委员会执行副主席，双方就正在进行的可持续钢铝全球安排谈判进行了讨论。美国贸易代表指出，美国希望该项协议能有较好效果，能有效应对气候危机并解决非市场产能过剩问题，并有效保护相关工人和较为核心的钢铝工业，还强调了美欧在合作应对经济威胁和其他损害美欧经济的非市场政策行为方面的重要性。

三、中国面临的挑战与对策

（一）警惕发达经济体将气候政策用作贸易武器

2022 年 12 月 18 日，全球首个碳关税法案——CBAM 敲定，并将于 2023 年 10 月起正式运行。CBAM 主要是欧盟针对部分进口商品的碳排放量而征收的税费，要求进口至欧盟或从欧盟出口的高碳产品，需要缴纳相应额度的税费或退还相应的碳排放配额。该机制在初期纳入钢铁、铝、电力、水泥、化肥和氢气六个行业，其中钢铁和铝行业产品贸易量在中国对欧出口业务中占据一定规模，短期来看该机制将使中国产品面临国际竞争力下降的风险，长期来看，若 CBAM 覆盖范围向钢铁、铝行业下游延伸，其对中国出口的影响将发根本性的变化。CBAM 并非孤立事件，G7 国家宣布成立“气候俱乐部”，将联手构建发达国家的“碳关税同盟”，并对非参与国进口商品统一征收关税，以此来抢占全球绿色产业链的重要位置，从而获得低碳红利，遏制新兴经济体的发展。

面对日益严重的气候问题以及国际上日趋激烈的气候政策博弈，中国在寻求经济发展与环境保护平衡的同时，应警惕发达经济体将气候政策作为贸易武器，以不公正不合理的手段阻挠中国的进步。具体而言，首先要警惕绿色贸易壁垒，以中国光伏产业为例，中国光伏产业正处于鼎盛时期，但也面临欧洲和美国不断出台措施支持光伏制造本土化，如欧盟为了促成制造业回流，在 3 月 16 日出台了《净零工作法案》和《关键材料法案》，加上各种绿色贸易壁垒和调查的背景，使得中国光伏出海商充满忧虑。对此应建立减缓和适应风险的策略机制，通过政策工具和资源支持减缓潜在贸易风险，帮助企业和产业适应政策的变化。同时做好本地化战略，根据不同国家法律的差异，充分理解当地政策、入市要求等，采取弹性出海策略，着力打造本土团队、强化合规意识。二要积极加入相关国际组织与合作渠道，加强国际之间的合作以及加强国际环境法律制度的建设和参与，以确保气候政策的透明度和一致性，促进公平和竞争，包括在巴黎协定、生物多样性公约和渔业公约等国际环境治理机构中的参与与合作。在制定相关政策时，确保气候政策不会对本国相关产业或外国竞争对手产生不公平的影响，确保对待各方的政策措施以及激励和支持措施公平公正；在发挥组织职能时，推广公平的气候筹码原则，鼓励所有国家根据其经济实力和责任来公平分摊减排任务，防止现有地缘政治纷争和贸易紧张局势与气候政策结合。三要加强自身的环境保护和气候应对，通过减排和提高环保标准等措施降低其他国家对中国的质疑和指责。中国已经成为全球最大的碳排放国，面临着严峻的气候挑战，因此需要通过实施减缓和适应两大策略，在进一步加强减排力度，推广低碳经济、清洁能源和可持续发展模式的同时，构建有利于应对气候变化的政策体系。减缓是指通过能源、工业等经济系统和自然生态系统较长时间的调整，减少温室气体排放，增加碳汇，以稳定和降低大气温室气体浓度，减缓气候变化速率；适应是指通过加强自然生态系统和经济社会系统的风险识别与管理，采取调整措施，充分利用有利因素、防范不利因素，以减轻气候变化产生的不利影响和潜在风险。二者相辅相成，缺一不可。

（二）低碳时代推动创新与培育产业国际竞争力

目前中国已进入创新驱动发展阶段，国际产业竞争力的提升不再是依靠生产要素的粗放投入，而是要依赖科技创新。技术创新是实现碳达峰碳中和的催化剂和加速器，更是低碳时代下提升相关产业国际竞争力的首要途径。为了提高中国低碳产品的国际竞争力，促进相关行业的贸易发展，以下将从企业、行业和政府三个角度提出积极应对发达经济体将气候政策用作贸易武器的有效措施。

从企业角度出发：（1）应注重中国绿色低碳技术的创新。在钢铁、建材、有色、炼油石化、煤化工等行业及能源、建筑、交通等领域，尽快形成相对成熟的技术推广应用，包括关键工艺流程的低碳化改造、企业和园区的循环经济改造、系统节能改造等。对于已建成的存量产业项目，工艺革新应该是减少二氧化碳排放的最根本手段，也是“双碳”目标下最有效的碳减排途径。此外，还需加快研发和储备重大战略技术，比如部分行业的零碳排放生产技术、储能技术、氢能等替代能源技术等。中国已在二氧化碳捕集、利用与封存、膜法碳捕集技术等绿色低碳前沿技术方面取得了显著进展。二氧化碳捕集利用与封存技术是一种大规模的温室气体减排技术，其相关政策逐步完善，科研技术能力和水平日益提升，试点示范项目规模不断壮大，整体竞争力进一步增强，已呈现出良好的发展势头。（2）企业要善于利用数字技术，通过数字技术赋能生产技术改造、管理模式创新等，革新现有生产模式，构建清洁低碳的能源体系，使绿色低碳生产贯穿产品的设计研发、生产制造、回收利用等全过程。中国已在新能源技术装备制造领域锻造出长板优势，但部分关键零部件、专用软件、基础材料对外依赖性较高，面临受制于人的供给风险。针对这种形势，中国要提升引领性、颠覆性能源技术创新能力，力争在大规模储能、智能电网、先进核电、氢能和燃料电池等重点领域取得突破，实现能源科技创新从“跟跑、并跑”转向“领跑”。

从行业角度出发：首先，应注重技术标准的确立，引导产业发展方向。对涉及新能源行业的技术攻关，必须树立技术标准意识。新能源行业的发展，产业技术标准将成为发达国家制约其他国家的手段。为此，中国应主要依靠自主创新，确定在新能源行业的技术地位，不断推出产业技术标准。其次，应加强对企业碳排放数据的实时监测与分析，以应对国际市场对中国出口绿色产品的“可持续”要求。比如，有关行业协会可以及时搜集汇总国内外信息，帮助企业制定合适的进出口策略，通过绿色资源信息平台促进上下游企业信息共享、协同发展，尤其是率先采取行动并取得一定成效的绿色标杆企业，发挥其带头领跑作用，其他中小企业在有经验可借鉴的基础上协同跟进。同时也可以扮演协调者的角色，帮助企业调解与政府之间的关系，协助企业在贸易谈判中提出合理诉求。

从政府角度出发：首先，政府应以全局思维整体谋划能源转型，实现多项创新技术协同。构建传统能源与新能源“多能互补”新的格局，促进传统油气能源产业实现低碳转型，与新能源产业互联互通、融合发展。推进化石能源清洁高效利用与安全替代，实施清洁能源“多能互补”与耦合应用。其次，通过体制机制改革挖掘能源创新主体潜能。推动能源价格市场化机制建设，营造下游充分竞争的油气市场体系，激励企业作为市场主体的创新潜能，创造新的竞争优势。支持企业牵头组建跨行业、跨技术领域的创新联合体和研发联盟，成为推进能源技术与现代信息、新材料和先进制造技术深度融合的推动力量和主体，创造新产业、新业态、新模式。最后，政府应积极主动加强国际合作，营造开放条件下的绿色低碳产业生态。坚持高水平对外开放，利用好中国超大规模市场优势、产业配套优势，吸引全球绿色低碳相关投资、技术、人才等要素的流入和集聚。落实鼓励外商投资产业目录与相关支持政策，吸引外资投入清洁低碳产业领域。完善鼓励外资融入中国清洁低碳产业创新体系的激励机制，严格知识产权保护。建立技术创新国际合作平台，推动关键技术联合攻关。

（三）积极探索经济增长模式转型路径

中国一直是气候变化应对的积极参与者。从过去来看，中国没有气候变化的历史责任，其历史人均累计碳排放不仅远低于欧美发达国家，也低于全球平均水平。如今，经济高速发展的需要使中国遵循其他发达国家的历史轨迹成为当今时期碳排放量最大的国家，这使中国经济发展面临着更加多样的挑战，因此积极探索中国经济增长模式转型路径具有必要性。中国在经济增长转型之路上已有一定的成就，作为发展中大国，中国勇挑重担，成为新时期多个低碳领域的重要引领者。面对当前气候变化问题突出的现状，中国已构建起“1+N”政策体系，在产业结构、能源结构、交通运输结构、生活消费等多领域多部门共同发力，推动经济社会发展全面绿色转型。尤其在近年“双碳”目标的推动下，应对全球气候危机，中国正在“以变应变”，分别从低碳绩效考核目标转型、能源环境约束到高质量发展的思路转型、单一减排到协同减排的策略转型、重点行业领域过渡到全社会系统降碳的行动转型等多个方面在应对气候变化布局上由浅入深、由表及里地进行了重要升级转型。

然而由于各种政策落地到落实都需要一定时间，实施效果也有一定的不确定性与滞后性，因此，符合绿色标准的经济增长模式转型还应继续积极探索。首先，仍然要大力鼓励关键技术创新，提升已有技术成熟度，将新兴技术运用到资源增效减碳、能源结构降碳、地质空间存碳、生态系统固碳、市场机制融碳的“五碳”并举的领域来推动绿色低碳发展。重视技术、政策、市场三者之间的关系，从新兴绿色技术中获得新的经济增长动能。其次，促进绿色金融的发展，绿色金融在资源配置、风险管理、市场定价方面对中国绿色经济转型能发挥重要作用，如继续致力于构建基于生态系统生产总值（GEP）转化的绿色金融创新实践，其将生态系统服务与“贡献”这种抽象概念具象化作为质押物或还款来源，如浙江丽水推出的将生态系统总价值作为质押物的“生态贷”，最终资金将流入各种绿色生态产业，从而推动中国绿色价值链构建。另外，还可通过允许自然资源产权抵押贷款、生态产业融合发展、加快完善碳排放交易市场的各种机制等方式发展绿色金融，实现中国绿色经济转型。最后，通过鼓励企业在低碳环保领域积极创业，以市场的方式对生产者和消费者进行绿色引导，培养绿色消费习惯。例如，2023 年 6 月，货运平台满帮集团推出面向千万货车司机群体的“碳账户”，这也是目前中国公路货运领域首个司机碳账户体系，作为中国交通领域碳减排的核心战场，货运行业的绿色转型正成为市场重点关注动向。通过多方面的探索与积累，中国绿色经济转型之路可及时形成可复制经验推广到其他新兴经济体。

（四）可推进国际合作的具体领域和议题

在实现全球气候治理和低碳转型中，国际合作是不可或缺的重要的手段，因此，中国要大力推进应对气候变化的区域合作，尤其要加强与丝路沿线发展中国家的气候治理与低碳转型合作。通过支持发展中国家实现低碳转型与可持续发展，推动全球气候治理体系改革。在风能、太阳能、生物能、氢能和储能等新能源领域建构起以企业为主体、市场为导向的技术创新体系，共同开发“一带一路”沿线国家市场。加强以可再生能源为中心的能源项目合作和南南合作低碳示范区建设。

加强以可再生能源为中心的能源项目合作。在能源绿色转型方面，十年来中国与 100 多个国家和地区开展了绿色能源项目合作，在“一带一路”沿线国家的绿色低碳能源投资已超过传统能源。阿根廷胡胡伊省高查瑞光伏电站、埃塞俄比亚阿达玛风电等一大批清洁高效质优的绿色能源项目相继建成。首先，借助中国经验，深化能源转型合作。“一带一路”沿线国家蕴藏着丰富的风光热等可再生资源，是全球绿色能源新的增长点。眼下，多国制定了宏伟的绿色能源发展目标和系统性规划，能源转型共识进一步确立。可以利用中国企业绿色油气田建设、绿电—绿氢—绿色炼化产业链建设的成功经验，加大合作开发力度，实施可再生新能源与产业融合发展。其次，加强绿色标准合作，积极参与国际绿色标准制定，加强与共建“一带一路”国家绿色标准对接。为构建清洁低碳、安全高效的能源体系，必须积极推进清洁能源领域的资源、产业、技术、金融、政策、标准等全要素的国际合作，加强规则标准“软联通”是畅通贸易和投资合作渠道、实现绿色“一带一路”高质量发展的关键之一。应做好以产品创新为中心的可再生能源国际合作的双循环知识体系和能力建设。面对复杂的国际形势，一方面，中国可再生能源企业在国际合作中一定要提供优质、低价、具有国际竞争力的产品，这是中国企业在走向国际市场过程中的核心竞争力。其次，有了优质的产品，中国企业需要建立可再生能源国内市场根据地，可以通过专业化、规模化、国际化建立可持续的国际发展能力。

推动气候变化南南合作低碳示范区建设。首先，加强低碳示范区顶层设计，提升共建成果的广度和深度。建议从国家层面统筹谋划，制定“一带一路”沿线国家应对气候变化南南合作低碳示范区建设规划或方案，明确低碳示范区对推动气候变化南南合作、绿色“一带一路”建设、绿色产业“走出去”的支撑作用，加强在应对气候变化和绿色低碳转型方面的共识，以提升共建成果的广度和深度。其次，共同开展低碳示范区建设规划编制，为东道国推进低碳转型提供支持。与东道国共同编制低碳示范区建设规划，一方面，积极对接东道国气候变化和低碳发展战略及相关政策，务实推动中国气候变化和低碳发展理念、政策、标准的交流合作，促进境外经贸合作区绿色经济发展；另一方面，分享中国低碳工业园区试点的经验和案例，明确示范区建设的原则、目标、任务以及保障措施等内容，保障低碳示范区落地见效，与共建国家共享低碳转型的绿色效益。最后，以低碳环保物资撬动产业合作需求，促进中国绿色技术、装备、产业“走出去”。境外经贸合作区涉及大量项目投资，绿色发展和生态环保需求潜力巨大。建议加大新能源、环境监测、污染治理成套化设备等低碳环保物资的援助力度，通过低碳示范区共建项目搭建合作交流平台，共同开发一批气候治理和环保基础设施建设的示范项目，以撬动境外经贸园区绿色产业合作需求，促进中国优秀绿色技术、装备、产业“走出去”。

第十章

塑料污染与环境可持续塑料贸易非正式对话

塑料污染是当前亟待解决的全球贸易与环境议题，作为国际经贸规则的重要磋商平台，WTO 可以在应对塑料污染上发挥积极作用。2020 年 11 月，中国联合其他成员在 WTO 发起“塑料污染与环境可持续塑料贸易非正式对话”（IDP），这是在 WTO 平台上，利用贸易手段解决环境问题的一次有益尝试。IDP 是以诸边谈判形式发起的，目前已有 76 个 WTO 成员参与联署，取得了一定的谈判成果，这也是利用诸边谈判模式来解决成员普遍关心的问题的一次积极探索，对 WTO 改革有重要意义。

一、IDP 提出的背景

（一）全球塑料污染问题严峻

当前全球塑料污染情况非常严峻，对环境和人类健康造成了重大影响。全球塑料生产和使用量在过去几十年里快速增长。联合国环境规划署（UNEP）的数据显示，自 1950 年以来全球塑料生产量增长了 200 多倍。根据塑料工业协会的报告，2019 年全球新生产的塑料已达到 3.68 亿公吨，预计到 2050 年这一数字可能增加到 12 亿公吨。与塑料生产和使用量的增长相对应的是塑料废弃物的增加。研究表明，只有约 60%的塑料废弃物进入了垃圾填埋场或被焚烧，而剩下的 40%则直接进入环境中，包括陆地、河流、湖泊和海洋。

塑料废弃物对全球海洋生态系统和海洋生物都造成了极大的危害。据估计，全球每年有 800 万吨的塑料进入了海洋。这些塑料垃圾对海洋生态系统和海洋生物造成了严重影响。如果不采取措施，按照现有的情况到 2050 年海洋中的塑料垃圾重量甚至可能会超过鱼类的重量。据估计，每年有大约 10 万多种海洋生物因误食或被缠绕在塑料垃圾中而死亡。此外，塑料微粒污染也是严重的环境问题。微塑料指的是尺寸小于 5 毫米的塑料颗粒，它们普遍存在于水体、土壤和空气中，并通过食物链进入动物和人类体内。塑料微粒污染对生物多样性和生态系统健康会产生不可逆转的影响，对人类造成潜在的健康风险。

当前全球塑料回收率从整体上看仍然处于相对较低的水平。根据世界经济论坛的统计数据，全球塑料包装回收率约为 14%，北美地区的塑料包装回收率相对较高，但也仅有 30%左右。单一使用塑料（Single-Use Plastics）如塑料瓶、塑料袋和塑料吸管等，是全球塑料污染的主要来源之一。据估计，约有 40%的塑料生产用于制造单一使用塑料产品，这也给环境带来了极大的负担。这些数据凸显了全球塑料污染的规模和严重性，为了解决这一问题，许多国家和国际组织都采取了措施，如出台禁塑令、制定塑料回收和循环经济政策等，以减少塑料污染并促进可持续塑料的使用和管理。

（二）IDP 提出的动机

在面对全球塑料污染问题的挑战时，WTO 塑料污染议题的提出具有重要的背景和动机。全球的塑料污染问题已日益严重，对环境和人类健康造成了重大威胁。因此，WTO 塑料污染议题的提出背景在于应对全球塑料污染问题的迫切需求，并通过国际合作和贸易政策的调整来推动塑料污染的解决和管理。

当前各成员面临的环境压力和健康压力不断增加。全球塑料污染问题对环境和人类健康造成了日益严重的危机。塑料垃圾的堆积和废弃物处理的不当影响了环境可持续性和生态系统的稳定性，这引起了国际社会对塑料污染的广泛关注，采取行动解决塑料污染问题的呼声越来越高。

与此同时，无论是发达成员还是发展中成员，环境保护意识都普遍提高。全球范围内环境保护和可持续发展已经成为基本共识，公众和政府对塑料污染问题的认识也在不断提升，呼吁采取更加有效的措施减少塑料废弃物的产生，并对塑料废弃物排放进行严格管理。

国际合作是解决塑料污染问题的必要途径和必然选择。塑料污染是一个全球性的问题，塑料的生产和贸易属于国际范畴，单一成员凭借自己的力量无法独立解决，只有通过国际合作才能寻求解决途径。国际贸易与塑料污染关系密切，塑料及其相关制品的进出口涉及包装材料、一次性塑料制品等，这些产品往往是塑料污染的重要来源。因此，通过贸易政策和措施来应对塑料污染问题成为有必要的举措，而多边贸易机构如 WTO 的参与，可以有效促进全球范围内的协调与合作。

另外，塑料污染新议题也是 WTO 再次焕发生机的机遇。塑料污染议题在 WTO 的推行，不仅有助于塑料污染的全球治理合作，对 WTO 改革与运行也具有重要意义。近年来 WTO 危机不断，上诉机构停摆、总干事选举险些陷入僵局、对于 WTO 改革内部分化问题严重，很难达成共识，而由此导致的国际社会对 WTO 的信心大幅受挫，唱衰 WTO 的声音越来越强烈，严重影响了 WTO 在国际舞台上的公信力和权威性。在当前 WTO 改革前景黯淡且困难重重的背景下，新议题的推行如果能达成有效成果，对于提振信心将十分有利。解决塑料污染问题、促进全球可持续塑料贸易，不仅关系到全体成员的切身利益，而且符合当今新型全球化趋势下对于可持续发展的全球合作的强烈需求，无论在全球化的经济收益上还是在道义、普世价值观上都站得住脚，这样的议题也更容易得到成员的支持和参与。对于塑料污染新议题在 WTO 的稳步推进，有助于搁置 WTO 改革中暂时无法调和的矛盾，为 WTO 改革开辟新的可行路径，是危机中的 WTO 再次焕发生机的有利机遇。

二、WTO 推行塑料污染议题的优势

近年来 WTO 成员越来越意识到引导和运用贸易政策，可以更好地支持向可持续塑料经济的转型，因此在 WTO 推行塑料污染议题十分必要，WTO 在解决塑料污染问题上也具有不可替代的优势。

（一）WTO 成员的覆盖面广泛，有利于塑料污染的全球治理

塑料污染对全球环境造成了巨大威胁。塑料制品作为化石燃料的重要衍生物，随着科学技术的发展，其产量呈现不断上升的趋势，而塑料降解问题越来越成为治理全球环境污染的一个难题。特别是有毒有害的塑料废弃物，往往需要通过焚烧和填埋方式进行处理，造成严重的大气污染和土壤污染。塑料还可以通过影响海洋、淡水和陆地系统中的浮游生物和初级生产来改变全球碳循环。由于海洋生态系统，尤其是红树林、海草、珊瑚和盐沼，在固碳方面发挥着重要作用。因此人类对海洋和沿海地区造成的破坏越多，这些生态系统就越难以抵消和保持对气候变化的适应能力。①

① UNEP. From Pollution to Solution: A Global Assessment of Marine Litter and Plastic Pollution [EB/OL]. https://wedocs.unep.org/bitstream/handle/20.500.11822/36965/POLSOLSum.pdf.

因此，塑料污染问题是一个非常明显的全球治理议题，各国都面临着处理塑料垃圾的技术压力以及对可持续塑料的迫切需求，这是全人类共同的挑战。解决塑料污染超越了发展中成员和发达成员的界限，也不受地域限制，仅凭单一成员或国际关系行为体的力量是无法实现的，急需国际合作和国际组织的参与。实际上作为全球治理的重要环节，塑料污染与可持续塑料议题近年来在国际社会中越来越活跃，无论是控制危险废弃物越境转移的《巴塞尔公约》，还是联合国环境大会、二十国集团大会都对这一议题高度重视。WTO 在解决塑料污染议题上具有广泛性和代表性，在 WTO 推行塑料污染议题，最能体现全球治理的价值。

（二）WTO 在塑料贸易规则制定中发挥重要的平台作用

除塑料降解问题外，全球塑料污染的一个重要表征就是塑料制品和塑料废弃物的进出口，因此它也属于一个贸易与环境领域的问题。而作为全球多边贸易框架的基石，WTO 在塑料制品生产、消费、使用、进出口以及塑料废弃物的进出口等各个环节上都扮演着重要的角色。解决塑料污染不仅是环保组织需要做的努力，WTO 也完全可以在这一领域发挥更大的作用。

例如，对于建立新的塑料制品分类标准、限制一次性塑料制品使用等领域，WTO 都可以有所作为。而在塑料废弃物进出口方面，《巴塞尔公约》修订后依赖出口发展中成员来解决塑料废弃物的模式已无法继续运行下去，迫切需要一个健全的塑料废弃物进出口管理机制，禁止损害环境的贸易行为在发展中成员中上演。在这些领域，WTO 最有能力建立一个稳定、多边的全球塑料贸易政策框架，兼顾贸易中的环境保护问题，对自然环境与人类健康负责。

由于塑料在降解方面存在技术突破的难度，因此发展可持续塑料新材料是解决塑料污染的一种有效手段。WTO 在这一领域可以充分发挥平台作用，将可持续塑料研发和使用方面的主要利益相关者联合起来，在 WTO 平台上讨论可行方案，努力促成以市场、技术和行业为导向的应对塑料污染的相关措施，并将可回收、可降解、可持续的新塑料材料引入国际贸易中，鼓励环保可持续的塑料贸易。同时在贸易规则的制定上，WTO 也可以充分支持发展中成员限制一次性塑料使用和解决塑料污染的行动，并给予发展中成员在进口可持续塑料上一定幅度的关税优惠。而对于在可持续塑料贸易领域出现的新型贸易壁垒问题，WTO 也可以及时采取行动进行贸易救济。

（三）WTO 对塑料贸易规则的执行发挥重要的监督作用

WTO 的通报机制和贸易政策审议机制，在提高塑料贸易规则透明度、增强信息共享、降低可持续塑料贸易壁垒、促进塑料贸易规则的实施上发挥着重要的监督作用。根据 WTO 的相关规定，任何一个 WTO 成员在制定、实施某一与贸易有关的技术标准和技术法规前，都有义务向 WTO 各成员及时通报，报告其即将制定或实施的技术标准、技术法规等贸易文件。与此同时，WTO 其他成员根据《世界贸易组织贸易技术壁垒协议》（WTO/TBT 协议）也有权对通报的文件提出评议意见，减少和消除不当贸易技术壁垒。另外，所有 WTO 成员都需要接受贸易政策审议，这两大法宝共同确保了贸易规则体系的透明度。2009—2020 年，WTO 收到的成员通报中，与环境有关的通报累计 6 785 起，其中涉及与环境有关的贸易措施 14 389 项、与环境有关的贸易政策审议条款 8 707 项，[①]贸易政策中对环境问题的关注度也越来越高。1997—2020 年 WTO 通报中与环境有关的通报数量及占比情况如图 10.1 所示。

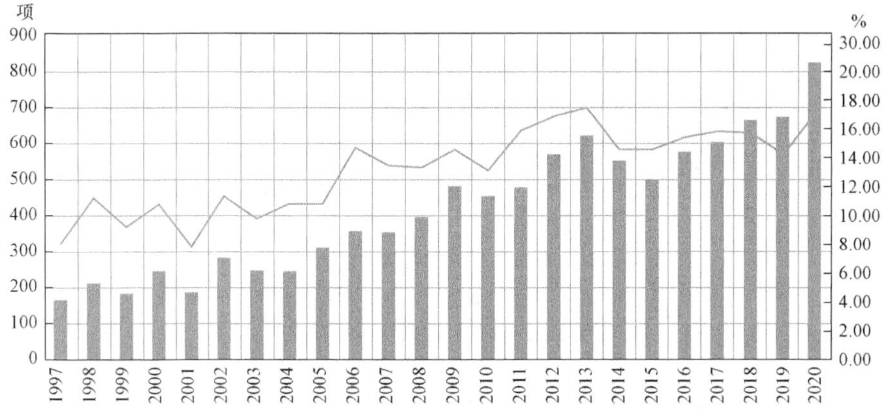

图 10.1　1997—2020 年 WTO 通报中与环境有关的通报数量及占比

资料来源：根据 WTO 环境数据库统计整理。

在 WTO 成员有关环境问题的通报中，对塑料废弃物的管理和回收也越来越重视。例如 2015—2020 年间，中国向 WTO 进行的通报中有 178 起通报与环境

① 资料来源：WTO 环境数据库，https://edb.wto.org/#:~:text=Homepage%20%7 C%20WTO%20-%20EDB%20The%20WTO%27s%20Environmental, the%20Trade%20Policy%20Reviews%20of%20WTO%20members.%200.

有关，其中涉及了共 450 项环境措施。这些通报措施中排名第 4 位的类别是废弃物管理和回收（这一类别多次涉及塑料污染管理与塑料废物回收），共出现了 64 次，占总通报中 450 项环境措施的 14.22%，如图 10.2 所示。①可见，塑料污染在国内与环境有关的贸易措施中处于比较重要的地位。

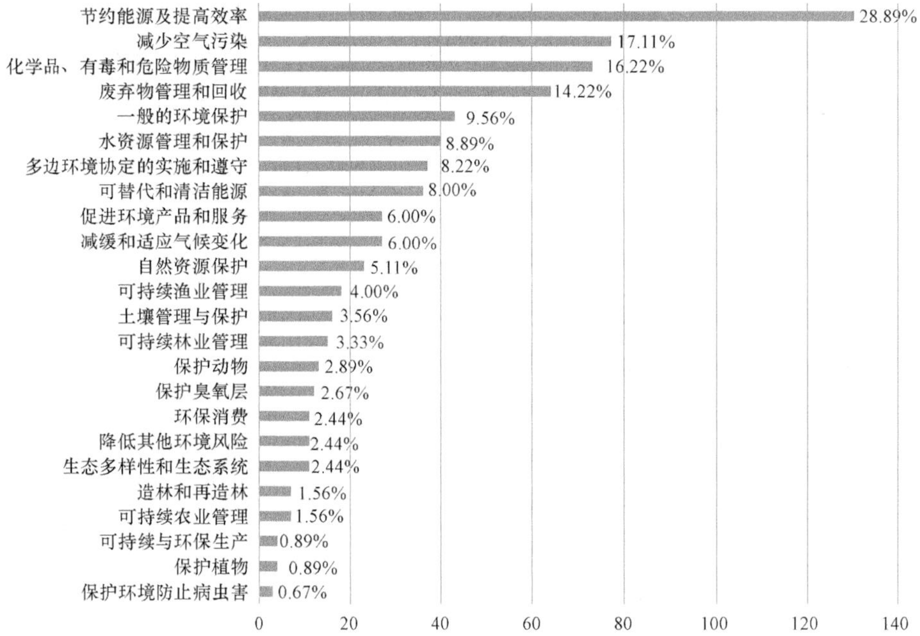

图 10.2　2015—2020 年中国与环境有关的通报措施类别及占比

注：由于一项通报中可能涉及多个议题，因此各类别占比加总后大于 100%。

资料来源：根据 WTO 环境数据库统计整理。

三、IDP 的谈判目标与主要内容

（一）IDP 的谈判目标

在 2020 年 11 月 WTO“贸易与环境周”期间举办了首次会议之后，参与塑料污染话题讨论的成员在致 WTO 贸易与环境委员会（CTE）的联合信函中指出，塑料污染引发的环境、健康和经济成本正在不断上升，并且随着新冠疫情的暴发，这一趋势还会加剧。因此，无论是发达成员还是发展中成员，不论成员大

① 资料来源：WTO 环境数据库，https://edb.wto.org/member/13607.

小，都日益高度重视塑料污染问题。

IDP 议题的目标就是通过对话，采取协调一致的全球行动，在 WTO 规则和机制范围内寻找加强贸易合作的机会，为减少国内、区域和全球的塑料污染努力做出贡献。同时 IDP 也支持其他国际组织、区域组织、专门机构、论坛等在解决塑料污染问题上的努力。IDP 对话旨在成为 WTO 更广泛讨论的一部分，共同努力实现环境可持续发展的大目标。

（二）IDP 的主要内容

IDP 的谈判内容主要涉及以下几个方面：

第一，塑料污染问题的定义和范围。谈判各方需要就塑料污染问题的定义和范围达成共识，这包括对塑料产品和塑料废弃物的定义以及涉及的不同类型的塑料，相关的塑料制品与塑料废弃物的分类标准、污染物处理标准等也需要进行统一。因此 WTO 在塑料污染议题上与国际标准组织、世界海关组织等机构都进行着密切的合作。

第二，减少塑料污染的措施。谈判各方需要商讨可行的减少塑料污染的措施，包括塑料产品设计改进、塑料废弃物处理与管理、回收和再利用措施等。同时，谈判的另一个重点内容是探讨推动可持续塑料产品及塑料替代品的发展和应用，这也是减少塑料生产与使用、降低塑料污染排放量的重要途径。

第三，塑料贸易政策的调整。谈判各方需要商讨是否需要制定新的贸易政策来应对塑料污染。例如，限制塑料产品的进出口、降低可持续塑料产品和塑料替代品的关税、减少对可持续塑料产品的非关税壁垒等贸易政策和措施。

第四，技术转让和能力建设。由于各成员在技术和能力建设方面的差异，为了更有效地应对塑料污染问题，谈判的一个重要部分就是技术转让和能力建设的合作机制。对此，IDP 充分利用 WTO 促贸援助倡议（Aid for Trade），向发展中成员发放调查问卷，发展中成员对于其应对塑料污染所需要的技术援助提出相应需求，在对需求进行评估后提供有效的援助方案也是 IDP 议题涉及的重要内容。

四、IDP 的谈判历程

WTO 在塑料污染的全球治理中扮演着不可替代的角色，WTO 副总干事曾表示，2020—2021 年，塑料污染议题的讨论在 WTO 中比以往增加了 4 倍多。[①]而

① DDG Paugam Highlights Role of Trade in Global Action on Plastic at UN Ministerial Meeting［EB/OL］. https://www.wto.org/english/news_e/news21_e/ppesp_01sep21_e.htm.

本轮塑料污染议题在 WTO 中的讨论热潮始于中国主办的塑料污染研讨会。

2019 年 11 月，中国、斯里兰卡和摩洛哥在 WTO 共同主办了题为“世界贸易组织应对塑料污染是什么角色”的研讨会。会中提到，关于解决塑料污染的讨论主要集中在以下几个方面：一是通过降低生物聚合物和相关产品的关税，以降低塑料替代品的成本。二是通过促进政策的一致性，防止各成员在其禁止某种塑料制品的同时却继续向其他国家出口该产品。其他的角度则侧重于监管合作和能力建设。这些讨论激发了人们对未来可能的运用国际合作来解决塑料污染的新想法。时任总干事阿泽维多表示，成员在 WTO 中处于主导地位，各个成员都有机会在 WTO 解决全球塑料污染问题，未来掌握在成员的手中。①这次会议既是 WTO 成员首次举办全球塑料污染研讨会，也是中国首次在 WTO 主办塑料污染会议，这表示了中国政府治理塑料污染的决心。

除此之外，WTO 塑料污染议题的讨论集中在了 IDP 非正式对话上。

2020 年 11 月 17 日，中国、澳大利亚、加拿大、瑞士、斐济等成员在 WTO 联合启动了 IDP 非正式对话，共有 19 位大使出席，来自政府、国际组织、商业界、学术界和新闻媒体的 237 名代表参加了会议。与会各方介绍了相关机构在解决塑料污染方面所做的工作，并确定了 2021 年将要讨论的主要议题。这些议题包括提高透明度、监测贸易趋势、促进最佳实践、加强政策一致性、确定集体措施的范围、评估能力和技术援助需求以及与其他国际议程的合作。②

2021 年 3 月 29 日 IDP 第二次非正式对话会举行，本次对话重点围绕提高透明度和加强国际合作开展讨论，同时为 MC12 上可能达成的相关成果做准备。联合国贸易和发展会议和研究所分享了他们在创建“塑料生命周期贸易数据库”上的经验。在强调收集塑料贸易流动数据（以不同形式和价值链的不同阶段进行）方面的挑战时，专家们提出了一些建设性的想法和建议，并指出如何进一步提高塑料贸易的透明度的问题。IDP 第二次非正式对话上还起草了《MC12 的路线图和可能结果》，要求重点加强政策连贯性，对能力和技术援助需求进行评估，并确定了集体行动的范围。共同提案国还计划根据全年的一份事实报告，努力争取达成一项 MC12 部长宣言。会议呼吁更多成员能加入 IDP 的讨论，成

---

① DG Azevêdo: Members Have the Opportunity to Address Global Plastic Pollution at the WTO［EB/OL］. 25 Nov, 2019. https://www.wto.org/english/news_e/spra_e/spra295_e.htm.

② New Initiatives Launched to Intensify WTO Work on Trade and the Environment［EB/OL］. 17 Nov., 2020. https://www. wto.org/english/news_e/news20_e/envir_17nov20_e.htm.

为联署国，而尚未加入的许多国家也正在开展关于加入 IDP 的内部讨论。

IDP 第三次非正式对话会于 2021 年 6 月 21 日举行。①对话重点围绕政策一致性、评估能力、技术援助的需求和共同推进方法的范围等方面展开讨论。2021 年对气候变化、生物多样性和可持续发展行动来讲，是至关重要的一年。包括第二十六届联合国气候变化大会、《生物多样性公约》第十五届缔约方会议、联合国贸易和发展会议第十五届会议以及 2022 年的联合国环境大会，都是进行有意义改革的重要机会。特别是年底的 MC12，对 IDP 达成积极成果至关重要。因此 IDP 第三次非正式对话中，对于即将召开的 MC12 可能就塑料污染与环境可持续塑料贸易达成的协议成果以及行动路线图进一步交换了意见。②此时，IDP 联署成员不断壮大，10 月，俄罗斯也加入了 IDP 非正式对话，并与 WTO 其他成员一起起草塑料污染与环境可持续塑料贸易草案，草案有望在年底 MC12 上获得通过。

2021 年 10 月 22 日 IDP 第四次正式对话会举行，与会方讨论了部长声明草案。拟议的声明草案中强调，缔约方要致力于加强在贸易层面处理塑料污染的努力。草案列出了与会者从 MC12 开始以及在 MC13 的准备阶段将采取的行动。这些行动包括分享贸易流动和供应链数据收集方面的经验，加强与其他国际监管程序的合作，确定环境可持续的贸易政策和机制。③该倡议的联合协调员是澳大利亚、巴巴多斯、中国、厄瓜多尔、斐济和摩洛哥。

2022 年开始 WTO 有关 IDP 的会议召开次数有所增加，除常规会议外，还增加了工作流程会议（Workstream Meeting）、全体大会前的预备会议、工作坊等形式，对塑料污染和塑料贸易的讨论越来越频繁。2022 年 3 月、5 月、10 月、12 月分别召开了 IDP 第五次至第八次非正式会议。

2023 年 3 月 13 日，IDP 第九次非正式会议举行。会议审查了此前全体成员在预备会议上讨论的技术性问题，并介绍了 IDP 协调员对在 MC13 上达成务实成果所采取的可能方式与途径。会上中方代表李成钢大使指出，IDP 对话表明 WTO 可以在全球应对紧迫的环境挑战方面发挥重要作用。他强调，发展问题一

① 世贸成员举行“塑料污染与环境可持续塑料贸易”第三次非正式对话［EB/OL］. http://www.mofcom.gov.cn/article/ zwgk/bnjg/202106/20210603127679.shtml.

② Plastics Pollution Dialogue Advances Discussions, Eyeing MC12 Outcome［EB/OL］. 21 June, 2021. https://www.wto.org/ english/news_e/news21_e/ega_21jun21_e.htm.

③ Plastics Dialogue on Track for Very Positive MC12 Outcome, Says Co-coordinator［EB/OL］. 22 Oct, 2021. https://www.wto.org/english/news_e/news21_e/ppesp_22oct21_e.htm.

直是 IDP 讨论的优先事项，能力建设和技术援助是对话的关键内容。IDP 产生了一定的溢出效应，许多成员的贸易、环境、海关和工业官员都参与到了治理塑料污染的行动当中。IDP 对话的文件也已经作为参考资料列入公司谈判当中。在第九次非正式会议上，美国代表发言并正式宣布加入 IDP 倡议，这对议题谈判起到了巨大的推进作用。美方认为，IDP 使得解决塑料污染的各项国际进程中能充分考虑并反映出贸易政策的特点，有利于利用贸易手段治理塑料污染。

2023 年 4 月 27 日，WTO 专门组织了一场有关“与联合国环境规划署合作减少塑料污染和塑料循环利用”的工作坊，WTO 秘书处、联合国环境计划署、联合国贸易和发展会议等多方在工作坊中做了发言。工作坊的目的是向与会成员，特别是需要技术援助的发展中成员和最不发达成员宣传、培训如何通过有效的技术手段降低塑料污染，促进塑料制品的循环利用。2023 年 5 月 25 日，第十次 IDP 非正式会议召开，对未来在 MC13 上达成实质性成果做出计划和部署。

五、IDP 的谈判成果

IDP 是由中国牵头发起的诸边谈判（JSI）议题，从起初只有几个成员参加的非正式讨论会至今，已经发展为颇具规模的 JSI 议题。截止到 2023 年 4 月，参加 IDP 对话的 WTO 成员已经有 76 个，其中包括了美国、欧盟、俄罗斯、日本、加拿大等发达成员。2021 年 12 月 IDP 发表了首份部长级声明，这是 IDP 谈判历程中的重要成果。在 2022 年 6 月的 MC12 上，IDP 也发表了一份部长级声明，但这份声明与 2021 年 12 月的相比主要是总结性的，实质性成果较少。因此，未来 IDP 谈判的突破性成果很有可能会在 MC13 上发布，在 MC13 上达成新的实质性声明目前正是 IDP 谈判的主要目标。

2021 年 12 月，发表的部长级声明制定了 IDP 的谈判路线图，并确定了对话将重点关注的一些关键领域，其中包括：如何提升塑料贸易流、供应链和贸易政策的透明度；加强与其他国际机构的监管与合作；制定环境可持续的贸易政策和机制；加强对包括最不发达成员和小岛屿发展中成员在内的脆弱经济体的与贸易有关的技术援助。

2022 年 6 月，MC12 上的 IDP 声明指出，塑料污染是世界面临的巨大挑战。WTO 塑料污染对话的共同发起国承诺解决与贸易有关的塑料污染问题，并寻求贸易和贸易政策方面的合作机会，以支持正在进行的一系列国内和国际上减少塑料污染的努力。同时，IDP 期待与共同发起国和所有 WTO 成员一道，努力解决与贸易有关的塑料污染问题，并力争在 MC13 前取得更加具体、务实和有效的成果。

六、IDP 与其他国际议程的合作

IDP 议题强调要全面绘制塑料价值链的整个生命周期，包括“嵌入式”塑料（Embedded Plastics）中的“隐藏贸易流”（Hidden Flows），并分析这其中包含的机遇和挑战。为此，IDP 加强了与其他国际组织和国际议程的合作，特别是塑料污染三大国际公约（《巴塞尔公约》《鹿特丹公约》和《斯德哥尔摩公约》）、联合国环境大会（UNEA）、G20、联合国贸易和发展会议、世界海关组织等国际组织和国际议程，都与 WTO 在 IDP 议题上保持着密切的对话。

关于塑料污染的全球治理可以追溯到《巴塞尔公约》。《巴塞尔公约》是控制危险废弃物跨境转移，特别是向发展中成员转移的国际公约，1989 年瑞士巴塞尔联合国环境规划署全权代表会议上通过，1992 年 5 月生效。该公约要求缔约方将危险废弃物数量尽可能控制在最低，并以最有利于保护环境的方式尽量就地处理和储存废弃物。2019 年《巴塞尔公约》第十四次缔约方大会上，超过 187 个缔约方一致通过了修改提案，将混合、不可回收和受污染的塑料废物出口纳入到了《巴塞尔公约》的管制制度中。这在当时被国际社会称为“全球环境正义和循环经济上的一个重大突破”。[①]同时公约还要求所有塑料垃圾在出口时必须要得到进口国家或地区政府的同意。《巴塞尔公约》为解决塑料污染和塑料垃圾问题奠定了规则框架，它意味着靠出口别国来处理塑料污染的时代已经过去。自 IDP 对话启动以来，WTO 一直与巴塞尔公约秘书处保持着密切的联系，IDP 议程也从治理塑料污染领域十分重要的三大公约中学习到了很多经验。

塑料污染特别是海洋塑料污染议题也是近年来国际会议关注的热点。2019 年 G20 峰会上通过的《大阪宣言》提出了以 2050 年为目标，争取达到海洋塑料垃圾的零排放。这表明了在全球贸易形势紧张的情况下，应对塑料污染依然成为各国的共识。2019 年 11 月，联合国环境大会通过了一项关于海洋塑料垃圾和微塑料的决议，决议中制定了塑料使用和生产指南、国家或区域行动计划，同时对应对海洋塑料垃圾和微塑料的相关战略和方法的有效性进行了评估。[②]

① 《巴塞尔公约》第十四次缔约方大会在瑞士召开［EB/OL］. http://aoc.ouc.edu.cn/2019/0516/c9829a244960/pagem.htm.

② UNEA. Compilation of United Nations Environment Assembly Resolutions on Marine Litter and Microplastics, UNEP/AHEG/2019/3/INF/2［EB/OL］. https://wedocs.unep.org/bitstream/handle/20.500.11822/32238/ UNEAML_en.pdf?sequence=1&isAllowed=y.2019.

在 2021 年第五届联合国环境大会上，塑料污染问题成为其中的关键议题。由于新冠疫情的影响，第五届联合国环境大会分为两阶段举行。第一阶段会议于 2021 年 2 月在肯尼亚内罗毕举行，大会肯定了环境外交在应对气候变化、生物多样性丧失和环境污染三大全球危机上的重要性。2022 年 2 月的续会又对实质性问题进行了深入谈判。其中值得关注的是，联合国环境大会计划在 2024 年之前达成一项新的具有国际约束力的多边协议，以全球合作的方式解决塑料污染。WTO 与联合国环境大会就协议谈判密切合作，共同致力于塑料污染问题的应对。

除此之外，COP26 于 2021 年 11 月在英国格拉斯哥召开。虽然在气候变化方面，2020 年各国行动有所延迟，但在解决塑料污染问题上各国都陆续出台了禁塑令，纷纷采取积极行动应对塑料污染。COP26 的召开给进一步推广可持续发展理念创造了机遇，而减少塑料污染也有利于减少碳排放，促进气候变化问题的解决。因此，WTO 也与 COP26 在塑料污染议题上保持着合作，共同从多边层面推进全球治理。

七、未来挑战与前景

尽管 IDP 谈判已经取得了一定的进展，但未来仍面临着一些挑战和不确定性因素。

首先，体现在谈判各方的利益平衡上。各个国家和地区的利益差异给谈判带来了一定的困难。由于解决塑料污染涉及塑料废弃物的跨境转移问题，而 2017 年中国禁止废塑料进口后，塑料废弃物贸易成为 WTO 中的敏感议题。美国等发达成员从自身利益出发，更加关注 IDP 对塑料废弃物贸易的影响。而发展中成员一方面担心减少塑料相关贸易可能会对其经济发展造成不利影响，另一方面为治理塑料污染又要继续寻求技术援助和能力建设支持。

其次，制定涉及塑料贸易的新政策可能会引发贸易限制和争端。IDP 谈判涉及有关塑料制品的贸易政策调整，需要确保减塑措施在未来不会成为一些成员实施非关税壁垒或贸易保护主义的借口。同时，对于可持续塑料和塑料替代品的关税和非关税壁垒也可能成为后期谈判的一个难点，平衡各方利益，找到最优解是 IDP 要想达成共识的一大挑战。

再次，发展中成员参与 IDP 还面临着资金和技术方面的困难。发展中成员在塑料废弃物处理、塑料污染治理、可持续塑料和塑料替代材料生产上，都需要技术和资金上的支持。为了实现 IDP 议题的目标，发达成员需要提供技术转让和能力建设支持，并帮助发展中成员解决资金缺口。IDP 谈判目前的思路是通过 WTO 促贸援助机制实现对发展中成员的技术支持，但促贸援助的作用效果以及具体实施能否顺利进行，都存在着不确定性。

最后，IDP 的达成需要一个持久的国际合作机制。长期稳定的合作机制对于有效应对塑料污染问题至关重要。WTO 作为一个多边贸易组织，需要与其他国际组织和利益相关方建立合作关系，形成全球范围内的合作框架，这才能确保 IDP 未来达成谈判协定后能真正得到落实。因此，WTO 在未来加强与国际组织、区域机构、国际议程的进一步合作，从多边角度推进塑料污染的全球治理，是一项艰巨的任务。

IDP 谈判旨在通过贸易手段应对塑料污染问题，并在全球范围内制定减塑措施。虽然目前谈判仍处于早期阶段，并面临一定的挑战，但 IDP 议程和未来的行动取决于 WTO 成员之间的共识与合作。随着国际社会对塑料污染问题的深入了解和治理塑料污染意识的增强，塑料污染议题很有可能在未来成为国际贸易讨论的重要议题之一，并在 WTO 众多议题中得到更多的关注。通过各方的合作与协商，IDP 在未来很有可能为解决塑料污染问题、实现可持续发展做出积极的贡献。

第十一章

欧盟碳定价政策的全球影响与中国应对[①]

气候变化和环境污染问题是当今世界所面临的热点问题。本章聚焦欧盟的碳定价政策，分析其运行的逻辑、潜在的挑战、产生的影响以及中国的应对方案。欧盟施行碳排放权交易、碳税并存的复合碳定价政策，采取循序渐进的方式分阶段减排。欧盟碳定价政策会对国际经贸规则、贸易壁垒、绿色贸易以及发展中国家产品出口等方面产生国际影响。不过，欧盟碳交易市场的建设仍有待完善，“碳关税”引发了诸多发展中国家的担忧，且对其他地区存在污染转移问题。中国应完善相关的政策与制度，以更好地应对欧盟碳定价政策等发达国家施加的绿色贸易壁垒。

如何解决气候变化和环境污染是当今世界所面临的热点问题。从经济学角度看，气候变化和环境污染具有“外部性”特征，需要各国政府运用公共政策（如征税补贴或可交易排污许可证）解决“市场失灵”问题。为实现 1992 年《联合国气候变化框架公约》、1997 年《京都议定书》以及 2015 年《巴黎协定》设定的减排目标，欧盟、美国、新西兰、韩国、中国等国家或地区先后征收碳税或建设碳交易市场以控制污染排放。其中，欧盟是国际碳减排的先行者和领路人，实行既有碳税又有碳排放权交易的复合碳定价政策。一方面，自 20 世纪 90 年代以来，芬兰、荷兰、丹麦等欧洲国家便开始引入碳税降低二氧化碳排放；另一方面，欧盟在 2005 年又启动了覆盖电力、工业、航空等领域的欧盟排放交易体系（European Union Emission Trading Scheme，EU ETS）。EU ETS 以限额交易为基础，是全球最大的碳排放总量控制与交易体系之一，也是世界上第一个多

① 本章相关内容已发表在 2023 年第 11 期《中国国情国力》上，题目为《欧盟定价政策的影响与应对》。

国参与的排放交易体系。

就碳交易市场而言，2023 年 2 月 21 日，欧盟碳排放价格首次突破 100 欧元/吨。而中国碳市场的价格目前约为 60 元/吨，欧洲的碳价为何是中国 10 倍以上？除能源价格和企业减排效率外，碳市场配额总量、配额发放方式、市场稳定机制、减排量抵消机制等碳市场定价机制和各国所处的减排阶段是背后的重要影响因素。作为全球影响力最大的碳交易市场，欧盟碳定价政策的内容逻辑、潜在挑战以及全球影响是怎样的？中国如何采取应对政策？这些问题为本章的主要关注点。

近年来，国际碳交易市场的碳价波动情况引发了广泛关注。如图 11.1 数据显示，欧盟碳市场的碳价自 2021 年 3 月到 2022 年 1 月持续上升，从 42.55 欧元上涨到 89.69 欧元，涨幅超一倍。自 2022 年 1 月至 2023 年 7 月，碳价则一直在 89 欧元上下波动。其中，2022 年 9 月碳价最低，2023 年 2 月碳价最高。此外，美国、新西兰、韩国等国家碳市场的碳价也有所波动。在碳交易市场中，碳定价的影响因素和运行逻辑是怎样的？碳排放权交易市场属于合规市场，由政府向企业分配可交易的碳配额，并由市场供需来决定碳配额的价格。当配额的成交量或者企业对配额的需求量增加时，碳配额的价格便会上涨。而企业在年底时需要使用足够的碳配额来抵消碳排放量，否则，会面临一定罚款，且罚款金额通常会大于配额的市场购买价格，因此企业通常会根据自身情况选择在碳

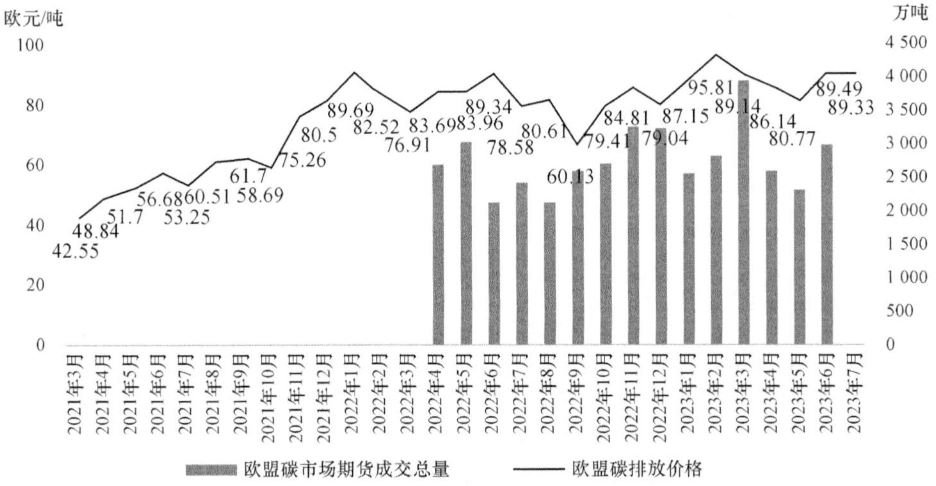

图 11.1　2021 年 3 月至 2023 年 7 月 EU ETS“碳交易”的价格曲线和成交量走势图

注：选取的指标分别为欧盟碳排放月底收盘价（欧元/吨）和欧盟碳市场期货日均成交量（万吨）。

资料来源：欧盟碳排放价格来自新浪财经数据库，欧盟碳市场期货日均成交量来自河北碳排放服务中心公众号“国际碳市场交易行情”月报数据，经作者整理而得。

交易市场购买或出售碳配额。例如，特斯拉的碳排放量要低于欧盟标准，因此拥有大量的碳配额可以出售。在 2022 年，特斯拉通过出售碳积分（Regulatory Credits，即碳排放信用额度）便赚取了 17.76 亿美元，该项收入约占企业全年总营收的 2.18%。

基于上述讨论，本章聚焦欧盟的碳定价（碳税和碳排放权交易产生的碳价）政策，分析其运行的内容逻辑、潜在的问题和挑战、产生的全球影响以及中国的应对之策。一方面，解决污染等外部性问题的一个有效途径便是界定产权并提供一个市场来为污染定价，将外部性问题内部化。欧盟减排便是通过碳配额和碳交易来将污染问题市场化，通过市场形成碳排放的交易价格（即碳交易费用）。另一方面，除碳交易市场外，碳税是另一种成熟的碳定价工具。碳税是指政府通过设定税率，使得碳排放企业为其排放的二氧化碳等温室气体交税。进一步地，为防止“碳泄漏”，欧盟还计划于 2023 年 10 月试运行、2026 年全面实施碳边境调节机制。

一、欧盟碳定价政策推进的内容逻辑

（一）依据“污染者付费”原则，施行碳排放权交易与碳税并存的复合碳定价政策

欧盟主要利用碳税和碳排放权交易市场两种工具对碳排放进行定价（吴斌等，2020）。无论是碳税还是碳排放交易体系，欧盟均采用“污染者付费”的原则，要求厂商为碳排放付费。不过，两者也存在着明显区别。前者是政府根据温室气体排放量或者能源使用量实施一定比率的从量税，后者是排碳企业在碳交易市场基于碳价进行排放权交易。碳排放权交易和碳税对减排的相对重要程度还与各国所处的减排阶段和碳交易市场的成熟程度有关。在碳交易市场不太成熟的早期，各国主要运用相对简单的碳税政策让“污染者付费”。在 EU ETS 实施后，欧盟国家的减排政策开始以碳排放权交易为主，碳税仅起到辅助作用。而且，随着碳交易市场的日趋成熟，EU ETS 的碳价机制也在不断优化。如最早是各国根据国情和减排目标确定最终的排放配额总量，后来该项权利回收到欧洲委员会手中。企业获得碳配额的方式由政府无偿发放逐渐转向以政府拍卖方式为主。

一方面，欧盟还未能对所有成员征收统一的碳税，各成员仍可以根据本国国情和减排力度制定自身的碳税。早在 20 世纪 90 年代，芬兰、丹麦、瑞典、挪威、荷兰等北欧国家就曾施行引入碳税和降低个人所得税的税收结构改革措施。

此后，英国、法国、葡萄牙等国家都先后实施了碳税。整体而言，碳税有效抑制了二氧化碳等温室气体的排放。2021 年 3 月，欧洲议会通过了关于 CBAM 的议案，要求自 2023 年起对欧盟进口的高二氧化碳排放商品征收碳关税，起到防止全球碳泄漏的政策效果（许廷双等，2022）。另一方面，区域性的 EU ETS 碳价与各国内部的碳税相互配合，形成了协调有效的碳定价政策。碳交易市场运作的基本原则是“总量管制与交易”（Cap and Trade）。欧盟排放交易体系在减排时会规定二氧化碳等温室气体排放总量的上限值（即“总量管制”），并根据实际情况逐年调整，企业则通过买卖行政许可（碳配额）的方式进行排放。EU ETS 配额的分配逻辑大致如下：首先，各国或欧洲委员会根据各国国情和减排目标确定最终的排放配额总量。其次，各国会在综合考虑历史排放、行业基准、行业发展预期、减排潜力等方面因素，决定各行业的碳排放量预算，各行业排放量预算会进一步地分配至各设施。最后，企业通过政府无偿发放、政府拍卖以及在碳市场交易等方式获得足够的碳配额，满足每年的排放需求，否则，将受到超额罚款。

（二）采取循序渐进的方式，分阶段减排

从 20 世纪 90 年代到 21 世纪初期，欧盟各国主要通过施行碳税来控制二氧化碳等温室气体的排放。2005 年 EU ETS 启动后，通过碳排放权交易形成碳价成为最主要的碳定价方式。无论是碳税、碳关税，还是欧盟碳交易市场，欧盟的减排策略主要是通过碳定价政策计算出排污成本，循序渐进地实现减排目标。

欧盟碳交易市场的发展历程大致如下：2005—2007 年，试验阶段，进行了碳交易市场的初步探索。不过，此阶段仅选择二氧化碳作为交易的温室气体，覆盖行业碳排放只占欧盟总排放的 50%。而且，各成员这一阶段的碳配额由自己制定并免费分配，碳价并不高。2008—2012 年，欧盟新纳入二氧化硫、氟氯烷等温室气体以及航空业等行业，重新设置了年排放权总量。2013—2020 年，欧盟新增一氧化二氮、六氟化硫、全氟碳化合物等，继续扩大温室气体的覆盖范围，并新增化工、石化、合成氨、有色和炼铝、己二酸等行业，排放总量在此时间内以每年 1.74%的速度下降。欧盟委员会规定自 2021 年起碳配额发放上限从逐年下调 1.74%提升至逐年下调 2.2%。[①]在分阶段减排的过程中，碳定价政

① 参考中华人民共和国商务部、中华人民共和国驻爱沙尼亚共和国大使馆经济商务处编制的“欧盟排放交易体系”。

策也在不断优化。其一，碳配额的分配机制更加合理，拍卖比例逐渐增加。EU ETS 前期的配额大部分是免费发放，拍卖比例极低（不足 5%）。近年来，配额开始采用“免费+拍卖”的形式，逐步提高配额的拍卖比例。而且，拍卖比例仍有扩大趋势，并逐渐以拍卖为主。其二，履约与惩罚机制以及监测、报告与核查制度逐步完善。欧盟不仅规定了每吨的超排罚款金额，而且还不断提升惩罚标准，罚金由 40 欧元提升至 100 欧元。同时，审计和监管机构加强对碳排放信息的核查，不断完善监管体系。

（三）碳交易市场存在多种定价机制，减排成本是决定碳价的主要因素

碳交易市场存在碳市场配额总量、配额发放方式、市场稳定机制、减排量抵消机制等多种定价机制。其中，碳市场配额总量和配额发放方式会影响政府对企业碳配额的供给，EU ETS 的前期就是因为配额的发放过多，导致碳价很低。此外，市场稳定储备等市场稳定机制①和减排量抵消机制等不断完善的碳市场定价机制也会影响企业对碳配额的供需关系。其一，市场稳定储备机制（MSR）会削减过剩配额，欧盟每年会发布碳市场累积过剩配额总数，然后过剩配额总数的一定比例转入 MSR，在年度配额拍卖量中减去相应数额，通过减少配额供给支撑碳价。其二，核证减排量等减排量抵消机制也会影响碳价。由于发达国家的减排成本（碳配额价格）远高于发展中国家，而世界任何一个地区减排同量的温室气体会产生同样的环境效果。因此，鼓励发达国家在发展中国家进行具有温室气体减排效果的项目投资，借此获取核证减排量。目前而言，减排成本是决定碳价的主要因素。一个国家的碳价应该与该国减排目标相对应的边际减排成本相关，减排成本会影响企业对碳配额的需求，进而影响碳价。随着配额供给的收紧和快速发展的可再生能源，减排责任逐渐从电力行业转向工业部门，这就需要更昂贵的减排措施，高昂的减碳成本是目前碳价居高不下的重要原因。

（四）对接 WTO 规则，引领环保议题的国际规则设计

在全球气候治理格局中，欧盟是国际规则环保议题的主要领路人。欧盟认为《巴黎协定》签订以后，部分国家背弃了所谓的“共同但有区别的责任”原则，使得碳排放问题并没有得到很好解决。欧盟想在双边、区域以及多边层面将环境保护和应对气候变化等议题纳入到国际经贸规则，以解决“贸易执法和透明度不足”等问题，建立新的全球治理秩序。2020 年 10 月，欧盟委员会向 WTO

① 市场稳定机制主要包括市场稳定储备、成本控制储备、设置价格上下限、拍卖保留价等。

提交了《WTO 下可能的贸易与气候倡议》，旨在推动世贸规则谈判与气候变化、环境等问题联系起来。此外，为防止“碳泄漏”风险，欧洲议会在 2021 年 3 月通过了有关 CBAM 的议案，尝试使用碳关税“倒逼”其他国家加大减排力度（刘斌和赵飞，2021）。欧盟不仅注重内部独立性，还在规则制定时侧重于对接 WTO 规则，引领环保议题的全球发展。比如，欧盟在制定碳关税时考虑到规则是否符合国际机制的约束与规范，是否与 WTO 的相关法律规则兼容，包括与《关税与贸易总协定》的“最惠国待遇”和“同类产品非歧视性原则”等规则兼容。

二、潜在的问题和挑战

（一）欧盟碳交易市场仍有待完善

当前，欧盟碳交易市场仍面临着一些问题。首先，碳排放权的分配问题。如何公平分配排放权是一个需要解决的问题，欧洲碳市场的免费碳配额将成为碳关税合法化的主要障碍。例如，航空企业等部分行业享受着大量的免费碳配额，这种做法会造成竞争扭曲。其次，监管问题。欧盟碳交易市场的监管缺乏统一规范，不同国家间对碳交易的监管标准和机制存在差异，各成员自行制定的国家分配计划（National Allocation Plan，NAP）存在很多差异。而且，影响 EU ETS 碳配额发放的单位产品碳排放（碳足迹）核算问题也并未被很好解决。最后，国际碳价的协调问题。欧洲碳价最高时超过 100 欧元，而中国不到 60 元人民币。实施全球同一的碳价并不符合实际，国际碳交易市场的建设需要统筹兼顾各国的国情差异。

（二）“碳关税”引起发展中国家担忧

欧盟的“碳边境调节机制”（即碳关税机制）会形成新的绿色贸易壁垒，成为限制新兴经济体特定领域发展的工具，并引起这些国家的担忧。这些担忧因素包括以下几点：第一，丧失碳定价的国际话语权。欧盟通过 CBAM 将其对碳排放或应对全球变化的机制推广到全球，使得其他国家也遵循这种规则。很多发展中国家会担忧规则制定国际话语权的丧失及其对国内产业的负面影响。第二，发展中国家可能面临更强的纳税义务。由于发展阶段不同，很多发展中国家会面临更强的减碳压力。目前全球碳排放多的国家均会对欧盟的 CBAM 碳定价政策再三斟酌。第三，拉平不同国家的碳价是 CBAM 的争议所在。对于高碳排放的发展中国家，由于没有碳价的定价机制或者说碳价比较低，跟欧盟的碳价差距很大。CBAM 更多是从贸易税收的角度要求出口国家的碳价跟欧盟的价格拉到同一水平线，这在短期来看具有很高的实施难度。对比 2022 年中国与欧盟的能源结构（见图 11.2），中国对煤炭的消费比例明显高于欧盟。欧盟的碳定价政策并未考虑各国能源结构的差异，这使得中国等能源结构以煤炭消费为主的发展中国家将承担更大的碳减排压力。

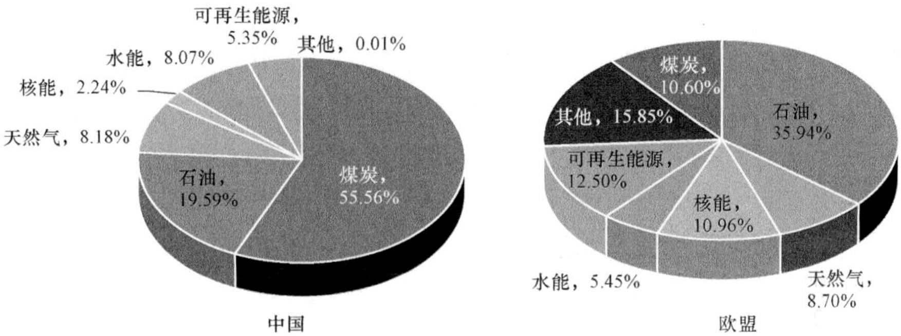

图 11.2　中国和欧盟的能源消费结构

（三）污染转移问题成为欧盟环境保护过程的衍生品

虽然欧盟的碳税和碳排放体系通过增加排污成本降低了污染排放，但是在无形中也增加了欧盟内制造业的生产成本，这促使部分高耗能、高污染行业向欧盟外部转移，大量企业纷纷转移到亚非拉等地区投资设厂。一方面，欧盟的碳定价政策促使欧盟内部的企业采用清洁技术，这降低了碳排放量，保护了当地环境；另一方面，考虑到发展中国家的碳配额价格较低，很多欧盟企业会转移高污染企业的生产经营场所，亚非拉等地成为“污染天堂”或“污染避难所”。亚非拉地区碳排放量的增加使得世界的碳排放总量并没有减少，污染转移问题成为欧盟环境保护过程的衍生品。

三、对全球经济贸易的影响

欧盟碳定价政策将对全球的经济与贸易产生重大影响，包括国际经贸规则、贸易壁垒、绿色贸易以及发展中国家产品出口等诸多方面。

（一）对多边和区域国际经贸规则构成挑战

欧盟制定的碳定价政策引发了国际社会对其合法性的质疑与讨论，对多边贸易体制和区域贸易协定等国际经贸规则构成挑战。欧盟碳定价政策的正式实施有可能挑战以 WTO 协定为基础的多边贸易体制的权威性和合法性。有学者认为，欧盟的碳定价政策由于其差异性对待产品、存在过高征收关税的可能性以及并不能保证给予同等待遇，违反了 WTO 的非歧视原则和国民待遇原则等义务（黄以天，2021）。此外，截至 2023 年 7 月，欧盟对外签订了 45 个双边和区域贸易协定，其中有 39 个贸易协定是与发展中国家签订的[①]。在发展中国家对于欧盟碳定价政策态度较为消极的情形下，欧盟碳边境政策可能会对区域贸易协定在未来的签订生效和升级造成负面冲击。

（二）不利于发展中国家相关产品的出口

本章基于欧盟碳定价政策所关注的产品领域，选取了钢铁、铝、化肥、水泥四类产品，研究分析了 2022 年欧盟对碳定价政策相关产品的进口情况（见表 11.1）。欧盟的碳定价政策将在短期内对发展中国家对欧盟出口贸易造成负面影响。其中，中国对欧盟的出口体量最大，达到了 136.99 亿美元，俄罗斯和土耳其两国也均超过了 100 亿美元。从四个产业出口额占所有行业总出口额的比重来看，印度占比最大并达到了 11.23%。由于目前世界上大多数发展中国家主要的出口产品由于含碳量较高，将在短期内不可避免地在不同程度上受欧盟碳定价政策的影响，使得发展中国家的对外出口在政策冲击下萎缩，发达国家由于其在技术方面的优势而使得其受到的影响将低于发展中国家。如果欧盟将碳定价为每吨 44 美元时，发展中国家被欧盟碳定价政策所针对的产业的出口将萎缩 1.4%，当定价为每吨 88 美元时，发展中国家的这一数字将达到 2.4%（UNCTAD，2021）。

表 11.1　　欧盟自主要贸易伙伴及钢铁、铝、化肥、水泥的进口额

单位：亿美元

贸易伙伴	进口额	钢铁	铝	化肥	水泥	四类商品合计
中国	6 576.57	60.07	56.09	3.66	17.19	136.99
美国	3 723.56	10.32	8.75	6.95	9.37	35.39
英国	2 134.67	43.82	21.35	3.21	5.68	74.06
俄罗斯	1 955.98	59.10	29.91	27.01	1.23	117.26
瑞士	1 540.82	15.20	25.55	0.14	2.66	43.55

① 资料来源：世界贸易组织区域贸易协定数据库，http://rtais.wto.org/UI/PublicAllRTAList.aspx.

续表

贸易伙伴	进口额	钢铁	铝	化肥	水泥	四类商品合计
土耳其	1 035.52	58.98	40.51	3.99	5.29	108.77
挪威	1 029.16	18.18	61.45	4.61	1.57	85.81
韩国	751.49	47.22	6.24	0.072	1.39	54.92
日本	730.80	18.25	2.38	0.036	3.55	24.22
印度	710.80	52.76	22.23	0.11	4.79	79.89

注：钢铁、铝、化肥、水泥等四类产品所对应的 HS2 位编码分别为 72、76、31、68。
资料来源：联合国贸易数据库（UN Comtrade）。

（三）促使新型绿色贸易壁垒的形成

在实质上，欧盟碳定价政策已经成为一种新型绿色贸易壁垒，这可能会触发发达国家的连锁反应。一方面，相对于发展中国家而言，发达国家的出口商品含碳量少，同时掌握绿色清洁的技术优势。目前，发达国家中已呈现出逐渐建立绿色贸易壁垒的趋势，七国集团所提出的气候俱乐部便是一个较为典型的绿色贸易壁垒。另一方面，随着近年来贸易保护主义的不断抬头以及包括非关税壁垒的不断扩大，发达国家通过非关税壁垒从而实现自身保护的行动也在不断推进与扩大。在欧盟碳定价政策的影响下，2022 年 7 月，七国集团就推动和建立气候俱乐部已经达成了相应协议。七国集团气候俱乐部将针对俱乐部内的成员强制性减排，而对于未加入气候俱乐部的国家将征收相应的碳关税，并提出了欢迎《巴黎协定》的缔约方加入。伴随着七国集团气候俱乐部协议的达成，绿色贸易壁垒正在由欧洲扩展到全球。

（四）抑制自身经济活动的开展

欧盟碳定价政策的机制为“碳价—电价—消费者或生产者”，这种碳定价机制通过抬高碳价实现自身的节能减排。尽管欧盟的碳定价政策一定程度上实现了碳排放量的减少，然而也会抑制自身的经济活动。第一，欧盟的碳价抬高将导致市场的能源成本抬高，从而使得企业的产能在能源成本抬高的情形下降低自身的产能。欧元区的产能利用率自 2022 年 7 月的 82.6%持续下降到 2023 年 7 月的 81.2%，同时也将影响到下游的一系列相关产业。第二，欧盟的碳价抬升导致了通胀和融资成本的上升。2021 年欧盟的通胀率达到了 9.2%，而这其中能源的贡献率就达到了 2.88%[1]。同时，在美国不断加息与通胀的背景下，欧盟企业的融资成本随着碳定价政策的到来与实施而进一步提升。第三，欧盟碳定价机制的到来会直接影响到欧洲能源的问题，会使得原本因为俄乌冲突而导致的欧洲供暖问题进一步加剧。在欧盟的碳价已经占据电价超过 50%的情形下，欧洲的能源短缺和供暖不足的问题将进一步加剧。

（五）削弱其他国家碳市场规则制定的话语权

相对于其他发达国家和发展中国家，欧盟的碳市场更为成熟。在其他国家建立起成熟和完善的碳市场体系的情形下，遵循欧盟所提出的碳定价政策、接受欧盟的规则输出便成为很多国家特别是发展中国家被迫去接受的一种政策。同时，欧盟作为世界上经济体量最大的区域性国际组织，在国际贸易领域形成了以自身为中心的经济体系。出于参与到欧盟市场中的需要，加之自身碳市场制度和机制的不完善、不健全的现实，接受欧盟在碳定价方面的制度输出成为欧盟大多数贸易伙伴的选择。欧盟的碳定价政策的在世界范围内的制度输出是依靠自身成熟的碳市场进而扩大自身话语权的需要，同时也削弱了其他国家的话语权，特别是碳市场建设不完全、市场化程度不高的发展中国家在碳市场建设方面的话语权将随着欧盟碳定价政策的进一步实施而削弱。

（六）推动绿色贸易迎来新契机

伴随着碳定价政策的实施，绿色贸易将迎来新的发展契机。第一，绿色贸易的主要产品如环保科技类产品、废水处理和污染治理设备以及可再生能源产品等均属于环境友好型产品，其产品和贸易均致力于减少碳排放或降低碳排放的含碳量，从而使得其不会受以含碳量为主要依据的碳定价政策的过多制约。第二，以欧盟为代表的发达经济体是世界绿色贸易的重要出口目的地，其绿色贸易进口额仅次于美国位居世界第二位（李晓依等，2023），这表明欧盟对于绿色贸易的巨大需求与市场，给了世界绿色贸易发展一个较大的契机。第三，欧盟碳定价政策下的绿色贸易也意味着更多技术含量更高、污染排放量更低的产品将越来越受到各国的重视，这有助于推动各国减碳、除碳等技术的革新与进步。

① 资料来源：欧盟统计局，https://ec.europa.eu/。

四、启示与对策

在欧盟碳定价政策的影响下，中国应完善相关的政策与制度，以更好地应对欧盟碳定价政策等在内的发达国家对中国施加的绿色贸易壁垒。

（一）积极开展与欧盟的对话，减少碳定价政策对中国的影响

欧盟作为碳定价政策的制订方，对于政策的颁布和实施有着最终解释权，在碳定价政策并未正式公布的情形下，与欧盟的碳定价政策谈判是中国减少碳定价政策影响的必由之路。中国至少可以从双边对话和多边对话两个方面加强与欧盟的碳对话与合作。在双边对话框架下，积极推动中欧双方双边领域多主体对话。欧盟和中国的高层气候与环境对话机制已建立 3 年，在此背景下我们应充分利用高层对话机制，并鼓励包括地方政府、企业、民间等在内的主体同欧盟的对话并寻求建立对话机制，加深中欧双方对于碳排放量测算的理解并寻求共识。在多边框架下，积极利用多边贸易体制展开对话。中国可以利用世界贸易组织以及全球气候治理框架等机制在多边贸易领域与欧盟及其成员积极开展有关碳定价政策的对话，由此避免碳定价政策成为横亘在世界各国贸易往来路径之中的绿色壁垒。

（二）加强与发展中国家的合作，共同应对碳定价政策的挑战

欧盟的碳定价政策使得包括中国在内的广大发展中国家面临着较严峻的挑战，其中除中国之外，俄罗斯、印度、南非、土耳其等二十国集团的发展中国家均对于欧盟碳定价这一带有着单边主义和贸易保护主义色彩的贸易政策持观望或反对态度（俞晓凡，2023），这也为中国与上述国家开展碳定价合作提供了基础。为应对好欧盟碳定价政策带来的挑战，中国可以从如下三个方面展开与发展中国家的合作：第一，加强与发展中国家的绿色金融合作，包括绿色期货、绿色信贷等在内的合作方式可以为中国与广大发展中国家的合作提供更为充足的资金来源；第二，利用中国基础设施建设的经验加快推进能源基础设施的合作，中国在能源基础设施建设方面具有丰富的建设经验以及良好的国际声誉，面对欧美发达国家的绿色壁垒，中国与发展中国家的合作可为发展中国家缓解能源方面的转型压力；第三，推进中国与发展中国家的绿色合作倡议签署，面对欧美发达国家碳定价政策等绿色壁垒，需要政府层面的政策沟通作为绿色合作倡议签署的法律依据与重要保障，中国可通过双边及区域贸易协定以及绿色合作倡议等方式探索制订符合发展中国家发展实际的规则模板，进而为中国争取国际碳市场的话语权奠定基础。

（三）进一步完善中国的碳定价体制，实现与国际接轨

目前中国是世界上碳排放量最高的国家，而中国与欧盟等国碳定价机制的不同使得中国企业出口产品将会在碳定价政策正式实施后面临较大的阻碍与难题。由此，中国必须完善碳定价体制，并尽快实现与国际的接轨。完善碳定价机制中国可在如下方面加强努力：第一，在矿产和交通工具等有可能产生较高污染的行业中可先行按照碳排放量征收相应的关税，从完善税收制度开始为中国同欧盟等地区碳定价制度接轨打下基础；第二，进一步完善中国的碳排放权交易市场，利用市场手段逐步向欧盟等经济体的交易市场靠拢；第三，在完善中国的碳定价市场的同时，进一步修订中国出口产品的碳排放量核算标准并向欧盟等发达经济体接轨。

（四）加强减碳技术创新，从源头实现减碳排放

欧盟碳定价政策对钢铁、铝、水泥、化肥、电力、有机化学、塑料、氢、氨九个行业以及上述行业所使用非自身发电所产生的间接排放一并纳入碳定价政策的制订范围中。为减少碳定价政策对于中国的负面影响，在节能减排方面的科技创新尤为重要。为促进国内节能减排，从源头层面减少碳排放量，中国企业可在如下四个方面采取相应措施：第一，加快设备的更新换代，引进并研发更多吸碳、除碳的设备，从生产源头减少碳排放；第二，加强与高校及科研院所的合作，共同开发并研究减碳除碳技术，增加减碳、除碳技术应用的效率，将产教融合的效果发挥到最大；第三，加大除碳技术的科研攻关，需要通过改善需求端的结构、加强国际合作和完善保障机制等助力中国在高耗能和高污染行业显著降低污染水平，为中国实现 2030 年“碳达峰”和 2060 年“碳中和”的“双碳”目标贡献力量；第四，鼓励并督促中国高耗能、高污染的行业使用清洁能源，加快能源利用的转型，从根本上将欧盟碳定价政策对于中国的影响降至最低。

（五）大力发展绿色贸易

国际绿色贸易格局已呈现出中国、美国和欧盟“三足鼎立”的局面，且对于国际经贸规则中的环境保护条款话语权和解释权的竞争愈发激烈。在欧盟碳定价政策等一系列将有可能对中国钢铁、铝和化工等一系列高耗能、高污染产业出口贸易产生消极影响的情形下，大力发展绿色贸易成为中国规避碳排放风险并推进实现“双碳目标”的重要路径。为此，中国可以在如下三个方面大力发展绿色贸易：第一，建立绿色贸易示范区。基于中国各地绿色贸易发展呈现地区间差异的情形，中国可依托目前已初步形成规模的自由贸易试验区，在绿色

贸易较为发达的广东、上海、江苏、浙江、山东等地先行建立绿色贸易示范区。第二，研究制订绿色低碳产品名录。在欧盟已提出碳定价政策的情形下，中国应考虑将一些含碳量较低的产品纳入到名录中，并通过税收优惠、财政支持以及简化贸易程序等措施促进名录中所纳入的产品进一步做大做强，从而能抵消欧盟碳定价政策带来的不利影响。第三，进一步加强绿色贸易中主体的扶持与培育。发展好中国的绿色贸易，需要绿色贸易主体广泛地参与进来，从而构建起较为成熟的绿色产业体系。不仅需要对于绿色金融、绿色装备制造、绿色材料和新能源设备工具等产业加大力度扶持，也需要对于钢铁、铝、化工和水泥等传统碳排放量较高的产业鼓励转型升级，从而减少碳排放量，为 2030 年实现“碳达峰”和 2060 年实现“碳中和”贡献中国力量。

参 考 文 献

1. 刘斌，赵飞. 欧盟碳边境调节机制对中国出口的影响与对策建议［J］. 清华大学学报（哲学社会科学版），2021（6）：185－194＋210.

2. 吴斌，曹丽萍，沃鹏飞. 复合的碳税和碳排放权交易政策：欧盟的经验与启示［J］. 广西师范大学学报（哲学社会科学版），2020（4）：84－94.

3. 黄以天. 制造业国际分工对发展中国家减排政策的双重影响：一个分析框架［J］. 复旦国际关系评论，2021（2）：115－134.

4. 李晓依，许英明，肖新艳，张剑. 绿色贸易发展：国际格局、中国趋势和未来方向［J］. 国际贸易，2023（4）：40－50.

5. 许廷双，钟成春，霍明悦. 碳定价发展现状、趋势及对我国碳税改革的启示［J］. 黑龙江金融，2022（11）：63－65.

6. 俞晓凡. 浅析碳定价及其跨境调节机制对我国的影响［J］. 国际税收，2023（4）：23－28.

7. 张瑞萍，贾佳. 欧盟碳边境调节机制对中国—东盟绿色低碳发展的影响及应对［J］. 国际贸易，2023（3）：18－28.

8. 姜云飞. 荆棘在途的世界经济：新挑战、新趋势、新动力——2023 年世界经济分析报告［J］. 世界经济研究，2023（1）：3－11＋134.

9. 李晓依，许英明，肖新艳，张剑. 绿色贸易发展：国际格局、中国趋势和未来方向［J］. 国际贸易，2023（4）：40－50.

10. 聂新伟，卢伟. 俄乌冲突对全球能源格局影响及我国的应对建议［J］. 能源，2022（5）：63－65.

11. 王明利，鄢朝辉. 俄乌冲突对世界及我国食物安全的影响与应对策略［J］. 经济纵横，2022（7）：97－106＋2.

12. 金观平. RCEP政策红利持续释放[N]. 经济日报，2023－06－08（1）.

13. 国家发展改革委，商务部. 鼓励外商投资产业目录（2022年版）[R]. 2022.

14. 刘啟仁，陈恬. 出口行为如何影响企业环境绩效［J］. 中国工业经济，2020（1）：99－117.

15. United Nations Conference on Trade and Development. A European Union Carbon Border Adjustment Mechanism: Implications for Developing Countries［C］. 2021.

16. Rorke, Catrina. The Case for Climate and Trade［C］. Climate Leadership Council, 2022.

17. United Nations Environment Programme. Emissions Gap Report 2022: The Closing Window—Climate Crisis Calls for Rapid Transformation of Societies［R］. Nairobi, 2022.

18. UNEP. From Pollution to Solution: A Global Assessment of Marine Litter and Plastic Pollution［R］. 21 Oct., 2021.

19. Asian Development Blog. Your Questions Answered: What is the Trade Finance Gap and Why Does it Matter？［Z］. 2023.

20. IMF.World Economic Outlook Update (May 2023)［EB/OL］. https://www.imf.org/zh/Publications/WEO/Issues/2023/04/11/world-economic-outlook-april-2023.

21. Office for National Statistics (June 2023)［EB/OL］. https://www.ons.gov.uk/.

22. UN. World Economic Situation and Prospects 2023［EB/OL］. https://www.un.org/zh/desa/wesp_2023.

23. World Bank. Global Economic Prospects 2023［EB/OL］. https://www.shihang.org/zh/home.

24. World Bank. Commodity Markets Outlook［EB/OL］. https://www.shihang.org/zh/home.

25. S&P Global Commodity Insights［EB/OL］. https://www.spglobal.com/commodityinsights/en/energy-transition-service?utm_source=google&utm_medium=cpc&utm_content=emea_energytransition_alwayson_googlesearch_2023&utm_term=programs&utm_campaign=2023customermarketing-emea_etxsell&gclid=EAIaIQob

ChMI2LGl8YG6_wIVxfZRCh165wl-EAAYASAAEgKNRvD_BwE.

26. UNCTAD.Global Trade Update (March 2023) ［EB/OL］. https://unctad.org/system/files/official-document/ditcinf2023d1en.pdf.

27. UNCTAD.Global Trade Update (July 2022) ［EB/OL］. https://unctad.org/system/files/official-document/ditcinf2022d2en.pdf.

28. World Bank.Global Economic Prospects (January 2023) ［EB/OL］. https://openknowledge.worldbank.org/server/api/ core/bitstreams/254aba87-dfeb-5b5c-b00a-727d04ade275/content.

29. UNCTAD.Technology and Innovation Report 2023［EB/OL］. https://unctad.org/tir2023.

30. World Economic Forum.The Global Risks Report 2023（18th Edition）［EB/OL］. https://www3.weforum.org/docs/WEF_Global_Risks_ Report_2023.pdf?_gl=1*otmv7c*_up*MQ..&gclid=EAIaIQobChMIo-z2qZW0_wIViXyLCh0m6An0EAAYASAAEgIV4_D_BwE.

31. UNCTAD. World Investment Report 2022: International Tax Reforms and Sustainable Investment ［R］. 2022.

32. UNCTAD. Trade and Development Report 2022, Development Prospects in a Fractured World: Global Disorder and Regional Responses ［R］. Geneva: United Nations Publication, 2022: 46.

33. WTO. Trade Policy Review Report by the Secretariat (Switzerland 2022) ［R］. 2022.

34. WTO. Trade Policy Review Report by the Secretariat (Djibouti 2022) ［R］. 2022.

35. WTO. Trade Policy Review Report by the Secretariat (Brazil 2022) ［R］. 2022.

36. WTO.Report of the Trade Policy Review Body for 2022 ［R］. 2022.